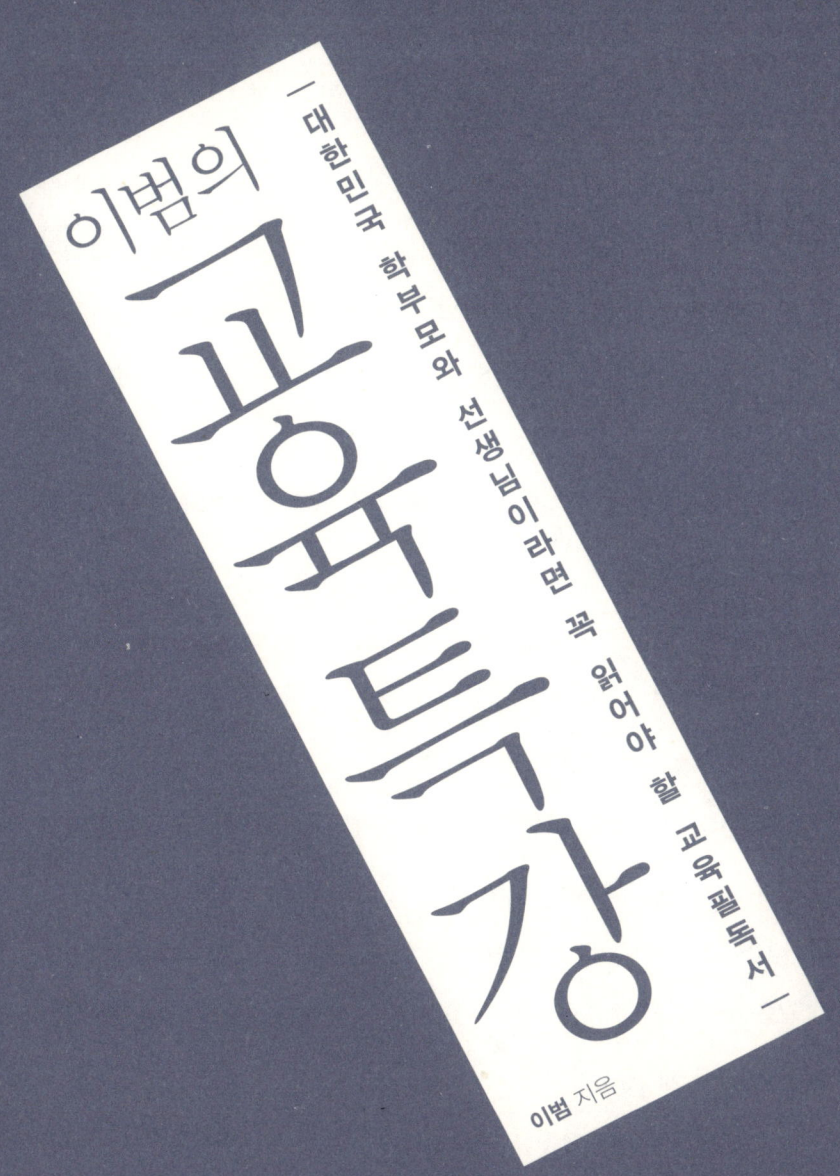

서문

2007년 연말, 나는 한 대통령선거 후보의 TV 지지유세에 출연하였다. MBC에서 20분짜리 TV 지지유세를 녹화하기로 한 날은 공교롭게도 검찰이 BBK 수사결과를 발표한 다음 날이었다. 이미 이명박 후보가 대통령이 될 것임은 누가 봐도 뻔한 상황이었지만, 나는 이명박 후보의 교육정책에 대하여 날선 비판을 날렸다. 나중에 들은 바로는 2007년 대선 후보 지지유세 전체 중에서 최고의 시청률을 기록했다고 한다.

얼마 전에 우연히 그 TV 유세 동영상을 다시 볼 기회가 있었다. 이명박 대통령이 '80년대 건설사 사장하던 마인드'로 우리 교육을 말아먹을 거라는 식의 표현이 있었다. 당시 나는 이명박 후보가 대통령이 되고 나서 2~3년 정도 교육정책을 겪고 나면 사람들이 '교육정책이 이런 식으로 가선 안되겠구나'라고 느낄 것이라고 예상했다. 그런데 웬걸, 2~3년은커녕 2~3개월도 안 걸렸다! 아니, 취임하기 전 인수위 시절부터 교육과 관련된 초대형 사건이 터지기 시작했다. '아륀지'로 상징되는 영어몰입교육 파동이 그것이다.

영어몰입교육 파동은 전초전에 불과했다. 이명박 대통령이 취임하고 나서는 교육 관련 문제가 그야말로 쓰나미처럼 밀려왔다. 0교시, 우열반, 특목고, 국제중, 일제고사, 본고사, 고교등급제, 수능성적 공개, 자사고… 그리고 요즘 하루가 멀다하고 뉴스를 장식하는 입학사정관 제도에 이르기까지, 전국의 학부모와 학생과 교사들을 어리둥절하게 만드는 대형 이슈들이 끊이지 않았다. 상당수 부정적인 평가를 받는 일들이었다. 일이 이렇게 되고 보니, 나에게 각종 인터뷰와 기고 요청이 쇄도했다. 기자들 사이에 내가 '이명박 정부의 교육정책의 문제를 예견한 사람'이라는 이미지가 세워진 모양이었다. TV에서 나를 봤다거나 신문에서 내가 쓴 칼럼을 잘 읽었다는 인사도 곧잘 받게 되었다.

2008년 중반이 되자 몇몇 기자들이 나에게 '이제 프로필을 대입 강사라고 쓰지 말고 교육운동가라고 쓰지 그러냐'고 제안하기 시작했다. 하지만 정말로 오랜 기간 동안 헌신적으로 교육운동을 해온 분들이 많은데, 내가 그 분들과 나란히 '교육운동가'라는 프로필을 쓴다는 것은 결례라고 생각되었다. 고심 끝에 선택한 것이 바로 '교육평론가'라는 프로필이었다.

이 책은 교육평론가로서 첫 번째로 내놓는 본격적인 교육비평서이다. 이 책의 앞부분에서는 우리나라 대입문제를 분석하고 이명박 정부 임기 중에 어떠한 변화가 나타날 것인지를 예상해볼 것이다. 우리나라 교육문제에 관심있는 분들에게 유용한 내용일 것이며, 4~5년 내로 대입을 치를 중고생 및 그 부모들도 참조할 만한 내용이다. 이제는 단순히 정부의 정책 발표만 들어봐서는 대입제도의 변화를 예측하기가 불가능하고, 정치권과 대학, 교육관료 등의 세력관계와 전략을 총괄적으로 분석해야만 하는 시대가 되었기 때문이다. 참고로 말하자면 우리가 수수방관하고 있으면 지금까지보다 훨씬 큰 '메가 쓰나미'가 몰려올 것으로 예상된다. (여태까지 겪은 일들은 예고편에 불과했다!)

책의 중반부에서는 우리나라의 교육문제의 근원이 무엇인지를 밝히고, 문제에 대한 정확한 인식을 가로막는 각종 이데올로기적인 편견과 오개념들을 분석한다. 이 과정에서 평준화, 수월성, 다양성, 자율화 등의 핵심적인 개념들이 한국 사회에서 어떻게 오용되고 있는지가 적나라하게 드러날 것이다.

후반부에서는 우리나라 교육문제를 해결하기 위한 나름대로의 지침과 정책을 제안하였다. 단순한 입장과 원칙론만을 제시하는 것이 아니라, 구체적으로 한국 사회에서 우리가 단계적으로 추구해야 할 목표들을 명시하였다. 그리고 좌파와 우파가 교육문제의 해결을 위해 대화해야 하는 이유와 그 출발점을 제시하였다.

원래 이 책의 후반부는 '지침' 편으로 꾸밀 예정이었다. 그래서 교육 쓰나미 시대를 지혜롭게 대처하기 위해 학부모와 학생들에게 권하는 내용들로 채우려고 했다. 그런데 집필을 하다 보니 이 부분만으로도 별도의 책 한 권이 능히 만들어질 것임을 깨닫게 되었다. 이 책의 후속작으로 우리나라 학생과 학부모들이 교육과 관련된 구체적인 문제들에 부딪힐 때 참조할 수 있는 일종의 '교육 가이드북'을 펴낼 것을 약속한다.

나는 되도록 넓은 범위의 독자들이 읽기를 바라며 이 책을 썼기 때문에, 최대한 쉽게 서술하려고 노력했다. 아울러 오랫동안 닫혀있던 내 홈페이지 이범넷 www.LeeBum.net 이 이 책의 출간과 더불어 다시 문을 연다는 것을 알린다. 이 홈페이지를 통해 교육 쓰나미 시대에 살아남기 위한 개인적·집단적 대안과 실천방안을 공유하고자 한다. 독자들의 참여와 소통을 바란다.

끝으로 《이범 공부에 反하다》, 《학원발가벗기기》, 《수호천사 이야기》에 이어 이번 책까지 늘 나와 함께 책 기획을 함께 진행하며 곁에서 도와주는 서정콘텐츠에이전시 분들과 이번 교육비평서 출간을 협력해준 다산에듀 편집진에게 감사드린다. 또한 지난 3년간 나의 칼럼을 게재함으로써 교육문제에 대한 견해를 다듬을 기회를 준 한겨레신문의 여러분에게도 감사를 드린다. 무엇보다 사랑하는 댜의 아내 천은희와 지우, 채원, 정우, 그리고 곧 태어날 넷째에게 이 책을 바친다.

2009년 8월
이 범

차례

1부. 대예언! 새 대입제도 예측

14 본고사, 왜 도입되기 어려운가?
연세대는 본고사 찬성, 고려대는 본고사 반대?! | 연세대와 고려대의 눈치작전
이명박 정부는 왜 본고사를 싫어할까? / 주의! 이과 논술은 이미 본고사에 가깝다

23 고교등급제, 공식적인 도입은 어렵지만…
고교등급제의 두 가지 방법 | 고려대 고교등급제 의혹, 그 내막은?
고교등급제? 비교과영역 가중치? 입시사고? | 고려대 사기극의 교훈

35 미국식 입학사정관제의 특징
성적순 선발에서 벗어난다 | 미국 고등학생이 과외활동에 열심인 이유
미국은 대학별로 학생선발 기준이 다르다 | 미국 대학은 성장환경을 고려해서
선발한다

45 한국의 입학사정관제, 귤이 탱자로 변신?
입학사정관제는 '공정함'을 따질 수 없는 제도 | 기여입학과 부정입학의 우려
사교육비가 늘어난다니까! | 대입 컨설팅 시장이 뜬다

59 냉정한 진실 : 대학 서열경쟁과 학생선발
대학 서열 판정법 1 : 대학 평가 | 대학 서열 판정법 2 : 수능 커트라인
대학 서열 판정법 3 : 최상위 명문고생 유치
입학사정관제 하에서 고교등급제가 실시될 위험 | 김연아도 서열경쟁의 도구?

2부. 한국 교육, 왜 이 모양 이 꼴인가?

76 한국 교육은 일본 교육의 짝퉁
공통점 1 : 내신 성적표에 석차가 나온다 | 공통점 2 : 국가가 교육내용을 속속들이 통제한다 | 공통점 3 : 문과와 이과를 구분한다 | 공통점 4 : 대학이 입시를 출제한다 | 공통점 5 : 대입 이전부터 선발경쟁이 벌어진다

87 한국 교육의 양대 문제: 선발경쟁과 학교관료화
선발경쟁, 왜 이렇게 치열한가? | 한국 학교는 교육기관이 아니다
교원평가가 도입되어도 큰 효과 없다 | '선발경쟁'과 '학교관료화'의 관계

105 사교육, 한국 사회에 짱박히다
'탈학원 운동'이 필요하다 | 사교육업계의 '봉'이 되어버린 엄마들
사교육, 금융자본과 손을 잡다 | 교육관료와 사교육업계의 공생

124 이명박 정부가 사교육비를 낮춰줄까?
외고 입시제도 변화, 사교육비 줄이지 못할 것 | 건설업 마인드를 보여주는
'사교육 없는 학교' | '명문학교'와 '특별한 학교'를 주의하라

139 노무현 정부의 대입정책은 왜 실패했는가?
내신 위주 선발은 학생간 경쟁의 강도를 높인다 | 내신 위주 선발은 사교육비를
줄이지 못한다 | 대학측의 역습과 '죽음의 트라이앵글'의 탄생 | 이명박 정부,
과거 정부의 실패로부터 교훈 얻어야

3부. 핵심 개념 분석

152 **평준화, 어떻게 이해할 것인가?**
'무시험 학교배정'으로서의 평준화 | '획일적 교육'으로서의 평준화
미국식 평준화: 일반 학교에서 심화 프로그램 제공 | 핀란드식 평준화 : 과목 선택의 자유를 극대화 | 학교간 차이가 크니까 평준화를 폐지하자?
학교선택제는 평준화 해체인가? | 오바마의 평준화 정책

173 **'하향평준화'라는 사기극**
하향평준화론의 시작: 이공계 기피와 의약계열 쏠림현상 | 상황을 악화시킨 7차 교육과정과 수능제도 | 고교평준화로 인해 학력이 저하되었다고?
고교평준화와 학력저하의 관계, 입증 가능한가?

186 **다양화, 왜 거꾸로 가고 있나?**
일제고사, 선택권 부여가 당연하다 | 학교별 성적 공개의 무서운 결과
'수월성'은 '학력'이 아니라니까

197 **자율화와 경쟁**
'자율-규제 프레임'의 위력 | 경쟁시켜라, 그것이 자유의 증거이다
누구에게 자율권을 주는가? | 교장공모제, 시장주의 정책의 진보성?

4부. 우리 교육의 희망을 위한 대안

214 선발경쟁을 완화하려면
　　　선발방식 개혁은 '입시 간소화'부터
　　　'사립대 재정공영화'로 등록금 문제까지 해결하자

228 학교를 관료의 지배에서 해방시키자
　　　'획일적 교육'과 '무책임 교육'의 원인 ｜ 교사 해방운동이 필요하다
　　　승진 및 평가제도를 전면 혁신해야 ｜ 주입식 교육 패러다임에서 벗어나자

246 교사·학생의 자율에 기반한 다양한 교육을!
　　　학생과 교사의 자율권을 높이려면 ｜ 중-고 통합 무학년 학점제를 도입하면서
　　　특목고를 폐지하자 ｜ 미래 교육의 지표 : 책임교육, 맞춤교육, 창의적 교육
　　　경쟁에서 협동으로 : 핀란드 교육에서 배우자

262 교육정치, 좌파와 우파가 대화해야
　　　좌파와 우파의 공감대가 가능한 이유

후기

267 학원가와의 질긴 인연, 그리고 무료강의의 우여곡절 ｜ 2007년 대통령 선거
　　　2008년 총선 ｜ 2008년 서울시 교육감 선거 ｜ 2009년 경기도 교육감 선거

1부.

대예언! 새 대입제도 예측

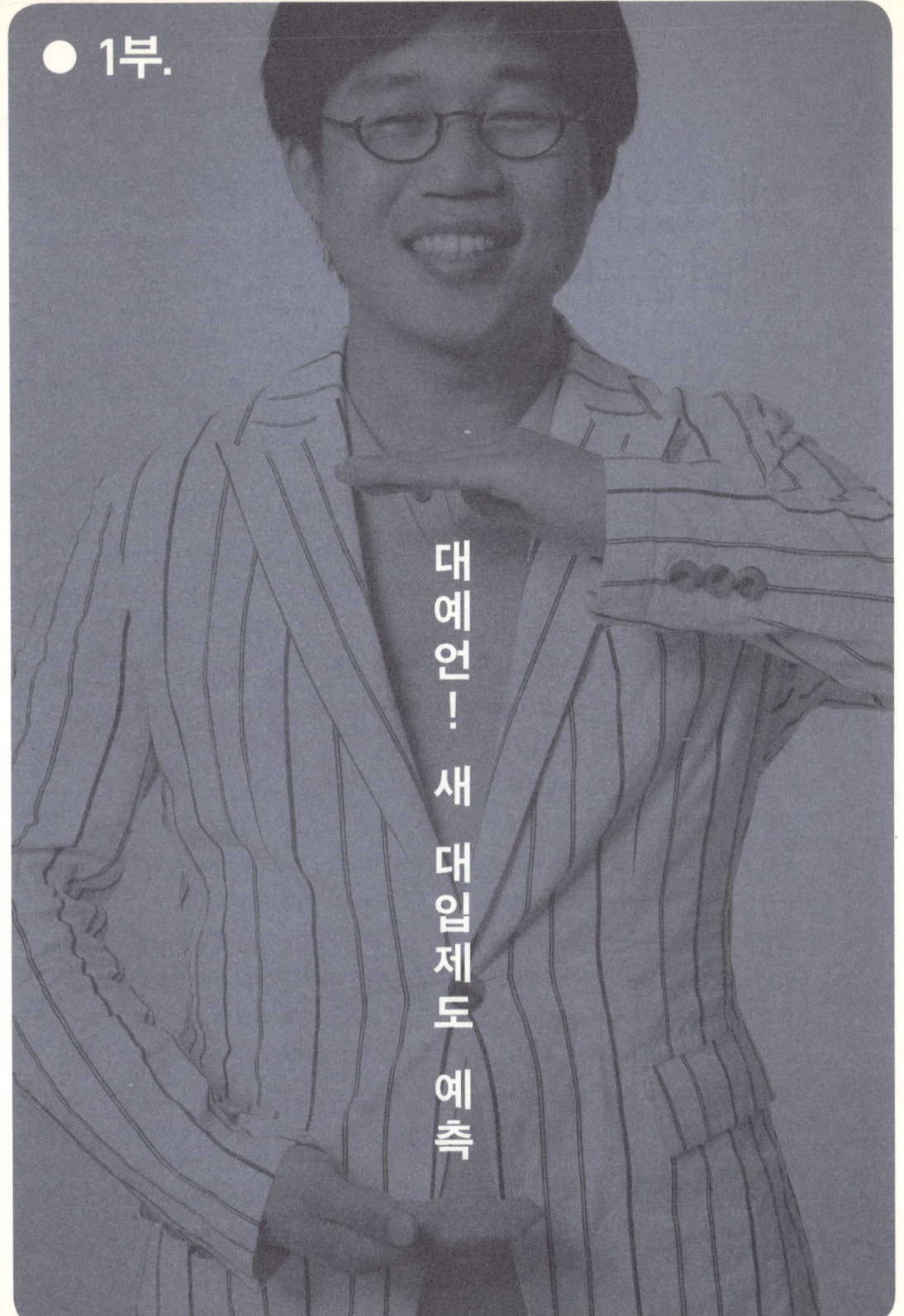

본고사, 왜 도입되기 어려운가?

이명박 대통령의 당선과 아울러 2008년 초에 대입제도가 1단계 자율화되었다. 1단계 자율화의 핵심은 수능, 논술, 내신 등의 반영비율이 자율화된 것이다. 노무현 정부 내내 내신 반영비율을 둘러싸고 정부와 대학 사이에 피곤한 줄다리기가 벌어졌었는데, 이제 이런 일은 더이상 벌어지지 않을 것이다. 실제로 많은 대학에서 정시정원의 절반 이상을 수능 100%로 뽑고 있고, 수시전형에서도 상당히 높은 수능 등급을 요구하는 일들이 빈번하게 벌어진다.

문제는 대입제도 완전자율화(2단계 자율화)가 예고되어 있다는 점이다. 완전자율화는 2012학년도(2011년 하반기에 치러지는)부터라고 알고 있는 경우가 많았다. 하지만 2009년 2월, 한나라당 제6정책조정위원장을 맡고있는 나경원 의원이 대입 완전자율화는 2013학년도(2012년 하반기에 치러지는)부터임을 공식 확인하였다. 인수위 시절에 이미 2013학년도에 대입이 완전자율화된다는 로드맵을 발표했는데, 이것이 잘못 전해졌다는 것이다. 이렇게 보면 대입 완전자율화는 2009년 중3에 재학중인 학생부터 적용되는 것이다.

완전자율화(2단계 자율화)의 핵심은 바로 3불정책이다. 3불정책이란 본고사, 고교등급제, 기여입학제를 금지한 것이다. 즉 지금까지는 3불정책이 유효한데, 완전자율화가 되면 이 규제가 모두 풀린다. 자연히 본고사 부활 논의가 불거질 수밖에 없다.

| 연세대는 본고사 찬성, 고려대는 본고사 반대?! |

최근에 본고사 논의에 불을 지핀 것은 연세대 총장이었다. 연세대 총장은 2009년 1월 중앙일보와의 인터뷰에서, '완전자율화가 되면 정시전형은 수능 100%로 선발하고, 수시전형은 본고사를 치러 입시를 단순화시키겠다'고 밝혔다. 즉 정시는 수능만으로, 수시는 본고사만으로 선발하겠다는 것이다. 이러자 본고사 부활을 우려하는 목소리가 각계에서 쏟아져 나왔다.

중앙일보는 연세대 총장과의 인터뷰를 보도한 다음 주에 고려대 총장과의 인터뷰를 싣게 되어있었다. 그런데 고려대 총장도 '본고사를 보겠다'고 할 수 있을까? 불가능했다. 왜냐하면 이명박 대통령이 대통령후보 시절부터 여러차례 '대입이 자율화되어도 본고사는 없을 것'임을 천명해왔기 때문이다. 그런데 이명박 대통령이 바로 고려대 출신이 아닌가? 이명박정부의 인사정책이 '강부자'_{강남 부동산 부자} 와 '고소영'_{고려대-소망교회-영남} 을 우대해왔음은 주지의 사실이다. 고려대 인맥은 이명박 대통령의 지지세력 중 핵심 중의 핵심이다. 그렇다면 바로 그 고려대 총장이 대통령의 말을 정면으로 뒤집고 '우리는 본고사 볼 겁니다'라고 선언할 수는 결코 없는 것이다.

아니나 다를까, 연세대 총장과의 인터뷰가 실린 1주일 뒤, 고려대 이기수 총장은 중앙일보 인터뷰에서 '대입이 완전자율화 되어도 본고사를 보지 않을 것'임을 분명히 천명했다. 이것으로 게임 끝이다. 서울대 이장무 총장은 이미 '내 임기 중에 본고사 추진은 없다'고 여러차례 못박은 바 있다. 이장무 총장의 임기는 2010년 7월까지이다. 혹시 차기 총장이 혹시 본고사를 부활해야 한다는 소신을 가지고 있다 할지라도 국립대학의 속성상 이를 실현시키기는 어렵다. 또 본고사와 같은 새로운 전형요소의 도입은 적어도 3년 전에 공지하는 관행이 있으므로, 서울대가 대입이 완전자율화되는 2013학년도에 본고사를 도입하기는 사실상 불가능하다.

| 연세대와 고려대의 눈치작전 |

그렇다면 2013학년도에 이런 상황이 벌어지는 것을 가정해 보자. 서울대와 고려대는 본고사를 배제한다. 연세대는 본고사를 본다. 그렇다면 서울대나 연고대를 노리는 최상위권 학생들이 어느 쪽에 초점을 맞춰 공부할까? 당연히 서울대와 고려대 쪽에 무게중심을 둘 것이다. 연세대는 잘못하면 최상위권 수험생들로부터 왕따당하는 수모를 겪을 수 있다.

고려대와 연세대가 서로 동떨어진 방식으로 학생을 뽑는 것을 기피한다는 사실은 입시전문가들 사이에서는 새삼스러운 일이 아니다. 과거로 거슬러 올라갈 필요도 없이, 바로 2009년에 치러지는 2010학년도 대입에서 정시전형 논술을 치르느냐 안 치르느냐를 놓고 고려대와 연세대가 벌인 신경전만 봐도 알 수 있다. 2009학년도 대입부터 정시전형의 논술고사는 대부분 폐지되었고 주로 수시전형에만 남아있었다. 정시전형에 계속 논술을 치르는 대학은 서울대, 연세대, 고려대와 일부 교대, 신학대 정도밖에 없었다. 그런데 2010학년도 대입전형 최초안을 발표할 때, 고려대는 정시전형에서 논술고사를 계속 본다고 발표한 반면 연세대는 논술고사를 폐지한다고 발표했다.

고려대 입장에서는 허를 찔린 것이다. 정시전형에서 고려대는 논술고사를 보는데 연세대는 논술을 안 본다면, 수험생들이 정시 원서를 접수할 때 연세대로 쏠릴 가능성이 크다. 왜냐하면 아무리 상위권 학생이라 해도 논술이라는 또다른 시험을 본다는 것은 부담스러운 일이기 때문이다. 아니나 다를까, 고려대는 2010학년도 대입전형 '최종안'을 발표할 때에는 논술을 폐지할 것이라고 발표했다. 우리나라 최고 명문대학 중의 하나가 '원서접수의 논리'에 굴복해서 선발방식을 변경한 것이다.

비슷한 일이 2013학년도 본고사를 둘러싸고도 재연될 가능성이 크다. 2013학년도 대입에서 서울대와 고려대는 본고사를 배제하는데 연세대는 본고사를 도입하게 된다면, 연세대는 수험생들로부터 왕따당할 가능성이 있다. 이러한 위험을 무릅쓰고 연세대가 끝까지 본고사를 고집할 것인가? 내가 보기엔 결국 연세대도 고려대와 유사한 제도로 가거나, 그렇지 않다면 본격적인 본고사를 도입하는 대신 '논술고사 유형의 심화·확장' 정도로 변경할 가능성이 크다.

| 이명박 정부는 왜 본고사를 싫어할까? |

왜 이명박 정부는 본고사 도입을 두려워할까? 두 가지 이유가 맞물려 있다. 하나는 본고사가 입시지옥을 가중시키고 사교육비를 치솟게 만들 것이 분명하기 때문이다. 본고사가 1970년대까지만 치러졌다고 생각하는 사람들이 많은데, 그렇지 않다. 김영삼 정부 시절이던 1994학년도에서 1996학년도까지 3년에 걸쳐, 본고사가 잠깐 부활되었던 것이다. 이때 본고사 준비 학원들은 그야말로 떼돈을 벌었다. 본고사 수준의 수업을 제공할 수 있는 강사나 학원은 많지 않기 때문에, 엄청난 수강료를 받았다. 입시지옥이 가중되고 사교육비가 치솟는다는 비판론이 들끓으면서, 결국 정부도 본고사를 부랴부랴 폐지할 수밖에 없었다.

또하나 요인은 바로 대입이 완전자율화되는 2013학년도 대입이 차기 대통령선거와 맞물려있다는 점이다. 2013학년도 대입전형은 2012년에 치러진다. 그런데 2012년 연말에, 대통령 선거가 치러진다. 바로 이런 예민한 시기에 본고사가 부활되고 학생들이 본고사 학원으로 떼를 지어 몰려가고 입시경쟁과 사교육비 부담이 더 심해졌다는 아우성이 터져 나온다면…? 이것은 고스란히 현 집권세력의 정치적 부담으로 작용할 것이다. 결국 이명박 정부의 입장에서 볼 때 대입을 완전자율화한다는 명분론을 내세우면서도, 대학이 자율적으로 본고사를 도입하는 사태는 막고 싶은 것이다.

그밖에 이명박 정부가 본고사를 선호하지 않는 부차적인 이유가 또하나 있다. 이명박식 교육개혁을 이끌어가는 세력의 수장은 2009년 현재 교육과학기술부의 제1차관으로 재임중인 이주호 차관이다. 장관보다 센 '실세'차관이라는 별명을 가진 이주호 차관은, 이명박 대통령이 대통령 후보 시절일 때부터 이명박 정부의 교육개혁을 기획했고, 지금은 그것을 집행하는 자리에 있는 '실세 중의 실세'다. 이주호 차관을 필두로 하는 이명박식 교육개혁 주도세력은 미국의 공화당의 교육정책을 한국에 옮겨심는 것을 목표로 삼는다. 그런데 미국에는 본고사가 없다. 사실 미국만이 아니다. 서구 선진국 어디를 봐도 일본을 제외하고는 본고사를 보는 나라는 없다. 선진국의 대입 시험들은 모두 국가고시와 같이 정부가 주관하는 시험이거나, 아니면 공인기관에서 출제하고 관리하는 시험이다. 연구하느라 바쁜 교수들이 직접 시험을 출제하고 채점한다는 발상은 전세계적으로 매우 희귀한 현상인 것이다.

| 주의! 이과 논술은 이미 본고사에 가깝다 |

여기서 한 가지 주의할 점이 있다. 이과 논술은 이미 본고사화되었다는 것이다. 사실 어디까지가 논술고사이고 어디부터가 본고사인지에 대해서는 많은 논란이 있을 수 있다. 노무현 정부 시절인 2004년에 교육부는 다음과 같은 '논술 가이드라인'을 발표한 적이 있다. 다음 네 가지 유형은 논술고사가 아니라 본고사 문제에 해당하니 출제를 금지하며, 이를 어길 경우 대학지원금을 삭감하는 등 강력한 조처를 취

하겠다는 것이었다. 금지되었던 유형은 다음과 같다. ①객관식이나 단답식 문제(이런 문제는 누가 봐도 '논술'고사라고 볼 수 없을 것이다) ②특정한 과목의 암기된 지식을 묻는 문제(교육부가 직접 예시하기를 '노동3권이 뭔지 쓰시오'와 같은 문제는 안된다는 것이다) ③제시문이 외국어로 된 것(당시 수시전형 논술고사에 영어 제시문이 나오는 게 유행처럼 번져가고 있었는데 여기에 제동을 건 것이다) ④수학·과학에서 풀이과정과 정답을 요구하는 문제(역시 당시 수시전형 이과 논술에서 이런 문제가 출제되어 논란이 되고 있었는데 여기에 쐐기를 박은 것이다.)

  이 중 문제되는 것은 ④유형, 즉 '수학·과학에서 풀이과정과 정답을 요구하는 문제'였다. 2004년까지 수시전형의 일부 대학 이과^{자연계열} 논술고사를 보면, 시험 이름은 분명히 '논술'인데 출제된 문제를 보면 그저 수학문제를 풀어서 답을 내라는 문제가 섞여나오곤 했다. 정부가 이상의 유형들을 금지하자 2006, 2007학년도에는 이런 문제들은 논술고사에서 자취를 감췄다. 그런데 2008학년도부터 특히 ④유형에 해당하는 문제들이 다시 등장했다. 2008학년도 대입 논술고사는 대통령 선거를 치른 2007년에 시행된 것이었는데, 어차피 정권이 바뀔 것으로 예상한 대학들이 가이드라인을 본격적으로 어기기 시작한 것이다. 이어 2009학년도에도 역시 ④유형의 문제들이 출제되었다. 특히 고려대의 경우 2009학년도 정시 논술에서 ④유형으로 거의 도배를 했는데, 새로 바뀐 정부는 이런 문제에 대하여 수수방관으로 일관했다.

  결론적으로, 이과^{자연계열} 논술은 문과 논술과 달리 본고사적 문제가 출제되고 있으며, 이명박 정부는 이를 단속할 의지를 보이지 않는다. 이렇게 되어버린 원인은 복합적이다. 정권이 교체되면서 대학의 자율성을 강조하는 방향으로 정책기조가 변화한 것도 작용했지만, 대학 측의 준비와 성의가 부족한 면도 한몫 했다고 볼 수 있다. 실제 논술문제를 출제하는 자연대나 공대 교수들의 이야기를 들어보면, '연구하느라 바빠 죽겠는데 문제를 잘 출제했다고 보상이 있는 것도 아니고, 손쉽게 문제를 출제할 유혹에 빠지게 된다'고 말한다. 다양한 접근이 가능한 문제보다는 풀이과정과 정답이 딱 떨어지는 문제가 출제하기도 편하고 채점하기도 편한 것은 사실이다. 사정이 이렇다 보니 서울대의 경우, 2008학년도 정시 논술고사에서 대학 수학 교재에 있는 문제를 그대로 베껴 출제한 것이 발견되어 망신을 산 적도 있다.

논술고사를 출제하는 교수들의 고충을 이해하지 못하는 것은 아니지만, 수학·과학에서 표준적인 풀이과정과 정답을 요구하는 문제를 '논술'이라는 이름으로 출제하는 것은 아무래도 이상하다. 그러려면 아예 '논술' 대신 '본고사'라고 이름붙이는 것이 솔직하다. 참고로 말하자면 문과 논술은 난이도가 높다고 해서 본고사적이라고 보기 어렵다. 별로 배경지식을 요구하지 않기 때문이다. 최근의 문과 논술문제들은 지식 knowledge 을 테스트하는 것이 아니라 독해력이나 추론능력, 논지전개 능력과 같은 역량 competence 을 테스트한다는 논술고사의 취지에 비교적 잘 부합한다. 하지만 이과 논술 가운데 과학논술은 상당한 수준의 배경지식을 요구하는 경우가 많고, 수리논술은 대학 교재를 미리 공부하면

덕을 볼 수 있는 경우가 많다. 이과에서 논술과 본고사의 경계는 이미 허물어진 것이다. 이과 논술을 둘러싼 논란에 있어 뭔가 매듭을 지어야 하는데, 현 정부는 이런 문제를 교통정리할 의지가 전혀 없는 것으로 보인다.

고교등급제,
공식적인 도입은
어렵지만…

최근 여러 보도를 보면 고교등급제는 당장이라도 도입될 것 같다. 고려대는 2009학년도 수시 일반전형에서 이미 고교등급제를 시행했다는 시비에 휘말려, 결국 학생들로부터 소송까지 당했다. 하지만 고교등급제를 기술적으로 잘 살펴보면, 이 제도를 도입하는 게 생각보다 어려운 일임을 알 수 있다.

| 고교등급제의 두 가지 방법 |

고교등급제를 도입하는 것이 생각보다 쉽지 않다. 왜 그럴까? 고교등급제를 시행하는 방법을 구체적으로 살펴보자. 고교등급제에는 두 가지 방식이 있을 수 있다. 첫째는 출신 고등학교별 학력격차를 반영하여 내신성적을 보정해주는 방법이다. 두 번째는 선배들의 실적을 후배들의 선발과정에 반영하는 것이다. 이 중 첫 번째 방법, 즉 내신성적을 보정하는 방법은 고등학교들간의 학력격차가 상당히 크다는 점이 명분이 된다. 즉 학력수준이 높은 학교 출신학생은 내신성적에서 상대적으로 불리했을 테니 내신성적에 가산점을 주고, 학력수준이 낮은 학교 출신학생은 반대로 내신성적을 깎는 것이다. 이 방법은 일견 그럴듯하다. 내신성적은 학교별 학력격차를 반영하지 않은 것이니, 이를 반영하여 보정해주는 게 당연하지 않을까?…

하지만 우리에겐 '수능'이라는 또하나의 시험이 있다. 수능은 전국의 모든 학생이 일시에 동일한 문제로 치르는 시험이므로, 학력 격차가 '학교' 수준이 아니라 아예 '개인' 수준에서 백일하에 드러난다. 그리고 대학 측이 수능성적을 어떻게 활용하는지는 완전 자율이다. 이미 수능·내신·논술 등의 반영비율은 이명박 정부가 들어서자마자 이미 자율화되었고, 실제로 서울지역 명문 사립대들의 경우 정시전형의 절반 이상을 내신이나 논술성적을 반영하지 않고 수능 100%로 선발한다. 심지어 수시전형에서도 수능을 활용한다. 수시에서는 수능'점수'를 활용하지는 않지만 수능'등급'을 최저학력기준으로 설정하는 식으로 수능성적을 요구하거나, 일정 수준의 수능 등급을 획득한 학생을 우선적으로 선발하기도 한다.

노무현 정부 시절 한때 고교등급제가 뜨거운 감자가 되었던 적이 있었다. 이것은 당시 정부가 수능 점수를 없애고 수능 등급만을 남긴 채 주로 '내신성적으로 선발하도록 하는' 제도를 추진했기 때문이다. 하지만 대학 측에서 수능성적을 얼마든지 자유자재로 활용할 수 있게 된 상황에서, 도대체 그런 보정작업이 왜 필요하느냐는 근본적 의문에 부딪히게 된다. 전국 수천 개의 고등학교를 일렬로 줄을 세워서 'A고등학교는 플러스 1.47점, B고등학교는 마이너스 2.56점…'이런 식으로 피곤하게 보정을 하는 방법은, 비록 기술적으로 가능하기는 하겠지만 현재 대학들 입장에서 별로 채택할 실익이 없는 것이다.

그렇다면 고교등급을 매기는 두 번째 방식은 어떨까? 이 방법은 선배들의 진학실적을 반영하는 것이다. 예를 들어 내가 연세대 입학처 책임자이다. 작년 입학실적을 보니 A고등학교는 작년에 15명이 합격했고, B고등학교 출신은 작년에 5명이 합격했다. 이 실적을 1년 뒤의 후배들에게 적용하여, 연세대에 입학원서를 제출한 A고등학교 학생에게는 가산점을 주고, B고등학교 학생에게는 핸디캡을 주는 것이다.

이 방법은 '연좌제'라는 치명적인 문제점을 가지고 있다. 연좌제가 무엇인가? 아버지가 범죄를 저질렀다는 이유로 아들이 불이익을 받는 식의 제도이다. 이것은 우리나라 헌법에서 엄격히 금지하고 있다. 그런데 두 번째 방식의 고교등급제는 연좌제가 아닌가? 선배들은 선배들이고 나는 나인데, 어떤 학교 학생은 선배들이 잘했다는 이유로 자동으로 고평가 받고, 반대로 다른 어떤 학교 학생은 선배들이 못했다는 이유로 자동으로 저평가받는다면, 이것이야말로 연좌제가 아니라면 무엇이란 말인가? 아마도 당장 위헌소송이 날 것이다.

사실 엄밀히 따져보면 고교등급제의 첫 번째 방식도 연좌제의 혐의를 가지고 있다. 학교별 학력격차를 반영하여 내신성적을 보정할 경우, 학력이 낮은 고등학교의 전교1등은 제아무리 발버둥을 쳐도 학력이 높은 고등학교의 전교1등보다 낮은 내신성적을 받게 될 것이 아닌가? 이것도 위헌소송 감이 아닐 수 없다.

사실 고교등급제가 이러한 문제점을 안고 있다는 것은 이명박 정부도 잘 알고 있다. 이주호 교육과학기술부 차관은 2009년 2월 중앙일보 선데이판 인터뷰에서 "고교등급제는 위헌적인 부분도 있다"고 언급한 바 있다. 고교등급제는 당장이라도 실시될 것 같지만, 생각보다 난관이 심각한 것이다.

| 고려대 고교등급제 의혹, 그 내막은? |

물론 이렇게 질문하는 사람도 있을 것이다. '고려대는 2009학년도 수시전형에서 이미 고교등급제를 했다는데?' 잠깐 그 사건의 배경을 살펴보기로 하자. 고려대는 2009학년도 수시 일반전형에서 1단계

는 학생부 교과영역 90%, 비교과영역 10%로 정원의 17배수를 통과시키고, 2단계에서 논술고사를 치러 최종 합격자를 가려냈다. 여기서 주의할 점은 교과영역이 곧 내신성적이고, 비교과영역에는 학생회 활동, 봉사활동, 교내외 각종 수상실적(경시대회 입상실적 포함), 외국어공인시험(토플, 토익, 텝스 등) 성적이 모두 적히게 되어있다. 그런데 교과영역(내신성적) 반영비율이 90%나 되기 때문에, 상대적으로 내신성적이 불리한 특목고생은 1단계를 통과하기 어려울 것으로 예측되었다. 이 때문에 고려대 서태열 입학처장은 2008년 9월 중앙일보와의 인터뷰에서 "그동안 특목고 출신이 강세를 보였던 입학 구도에 일부 변화가 있을 것"이라고 밝히기도 했다.

그런데 막상 뚜껑을 열고 보니 그게 아니었다. 외고생 중에는 내신 평균등급이 6~7등급인데도 불구하고 1단계를 통과한 경우가 있는가 하면, 일반고 학생 중에는 내신 평균등급이 1등급대 초반인데도 불구하고 1단계에서 탈락한 경우도 있었다. 한 외고의 경우 1단계를 통과한 학생의 숫자가 무려 153명에 이르는 기록을 세우기도 했다. 이 학교의 국내대학 진학반이 200여명에 불과한 점을 고려하면 정말 엄청난 기록이다. 정황상 내신성적은 1단계 통과 여부에 별다른 영향을 미치지 못했음이 확실했다.

어떻게 하면 이런 결과가 나올 수 있을까? 두 가지 가능성이 있다. 첫 번째 가능성은 교과영역 내신성적 을 비교할 때 고교등급제를 적용한 것이다. 즉 고려대가 선호하는 일부 상위권 외고 출신 학생들의 내신성적에 가산점을 듬뿍 줄 경우, 이런 결과가 충분히 나올 수 있는 것이다. 두 번째 가능성은 비교과영역을 10% 반영한다는 고려대 측의 발표와 달리 비교과영역에 엄청난 가중치를 주었을 경우이다. 외고생들은 비교과영역 중에서 특히 토플 성적 등을 가지고 있기 때문에, 비교과영역의 공인영어시험 성적 등을 중시한다면 내신성적이 상당히 안좋은 외고생도 1단계를 통과하는 상황이 충분히 나올 수 있다.

첫 번째 고교등급제이든 두 번째 비교과영역 가중치이든 고려대가 사기극을 벌인 것은 분명하다. 고교등급제를 한 것이 맞다면 고려대는 스스로 발표한 수시전형 선발기준을 어긴 것이자 동시에 정부에서 금지하고 있는 고교등급제를 어긴 것이다. 이명박 정부 들어서면서 대입이 자율화되었다지만 이른바 '3불'이라고 불려온 고교등급제, 본고사, 기여입학제는 계속 공식적으로 금지되어 있는 상태이며 대학들의 협의체인 대교협^{대학교육협의회}에서도 3불정책을 지킬 것임을 공언해온 바 있는데, 고려대가 불쑥 이를 어긴다면 법적·도덕적으로 지탄받아야 마땅한 것이다.

만약 고교등급제를 한 것이 아니라 비교과영역에 가중치를 둔 것이라 해도, 고려대는 역시 지탄받아야 마땅하다. 왜냐하면 '교과영역(내신성적) 90%, 비교과영역 10%'로 1단계 통과여부를 가린다고 발표해놓고 이를 지키지 않았다면 수험생들을 기만한 것이기 때문이다. 수시 일반전형의 경쟁률은 30대 1이 넘었고, 고려대는 무려 4만여 명의 수험생들로부터 20억 원이 넘는 전형료 수입을 올렸다. 이들은 대체로 내신성적에 의해 통과 여부가 갈릴 것이라고 여기고 지원한 학생들인데, 고려대가 애초의 발표와 다른 방식으로 학생들을 선발했다면 이건 거의 돈을 갈취하는 야바위꾼의 행위나 다름없는 일이다.

| 고교등급제? 비교과영역 가중치? 입시사고? |

고려대가 고교등급제를 한 것일까, 아니면 비교과영역에 가중치를 준 것일까? 아니면 둘 다일까? 고려대의 행태에 대하여 적극적으로 문제제기한 민주노동당 권영길 의원 등은 고교등급제에 초점을 맞춰 고려대를 공박했지만, 나는 초반부터 비교과영역 가중치에 초점을 맞췄다. 실제로 고려대가 고교등급제를 했는지 아니면 비교과영역에 가중치를 준 것인지는 고려대가 자세한 자료를 내놓기 전에는 판단할 수 없는 일이지만, 설령 고교등급제를 실행했다 할지라도 고려대가 이를 시인할 리는 만무하고 '비교과영역에 가중치를 뒀다'는 식으로 해명할 것이 뻔했기 때문이다. 다음은 당시 일간지에 기고한 나의 칼럼이다.

고려대에 내기를 건다

2000년대 이후 정부가 내신반영비율을 높일 것을 요구하자, 대학들은 내신성적에 잔뜩 기본점수를 부여하는 방식으로 대응했다. 예를 들어 '명목'반영비율은 40%인데 모든 학생들에게 36%를 기본점수로 줘서 '실질'반영비율을 4%로 낮추는 식이다. 이게 내신성적이 불리한 강남권 학생이나 특목고생을 고려한 처사였음은 불문가지이다. 사정이 이러니 학생들에게 설명하기도 난처

했다. "얘들아, 대학측이 발표하는 반영비율을 믿어서는 안된다. 너희들이 야간 '자율' 학습하는 게 자율이 아닌 것과 비슷하지?" ● 이명박 정부가 들어서고 대학이 학생선발 자율권을 가지게 되면서, 여러 가지 우려에도 불구하고 적어도 한 가지 위안되는 일이 있었다. 이제는 대학과 정부의 숨바꼭질이 종말을 고하고, 대학 측이 학생선발 기준을 솔직하게 드러낼 것으로 보였던 것이다. 당사자들이 원하는 바를 솔직히 드러내야 합리적인 토론과 사회적 합의가 시도될 수 있지 않겠는가?

그런데 고려대가 수시 2학기 일반전형의 1, 2단계에 걸쳐 이러한 기대를 참담하게 저버렸다. 고려대는 1단계(정원의 15~17배수 통과)에서 학생부 교과영역(내신성적) 90%, 비교과영역 10%를 반영한다고 발표했다. 그런데 뚜껑을 열고보니 그게 아니었다. 내신성적이 불리한 특목고 학생들이 무더기로 통과하고, 일반고에서도 내신성적이 훨씬 뒤떨어지는 학생이 내신성적이 높은 학생을 제치는 일이 속출했다. ● 일각에서는 노골적인 고교등급제를 했다고 주장하기도 하지만, 그보다는 내신성적에 엄청난 기본점수를 주는 등의 방식으로 변별력을 낮추고 비교과영역(토플점수, 경시대회 성적, 학생회 직위 등)에 세밀한 변별적 점수를 주었을 가능성이 크다. '교과영역 10%, 비교과영역 90%'로 적어야 마땅한 것을 '교과영역 90%, 비교과영역 10%'라고 발표하여 수험생을 기만한 것이 고려대의 1단계 사기극의 요체인 것이다.

그런데 같은 전형의 2단계에서 다시 사기극이 벌어졌다. 자연계열(이과) 논술이 본고사형 문제로 채워진 것이다. 여태까지 여러 대학의 자연계열 논술에서 표준적인 풀이과정과 정답이 뻔히 존재하는 본고사형 문제가 일부 섞여나온 적이 있었다. 하지만 이번 고려대의 경우만큼 본고사형 문제로 도배된 적은 없었다. 앞으로는 학생들에게 "얘들아, 대학측이 본고사를 보지 않겠다고 발표하는 것을 믿어서는 안된다"고 얘기해야 할 판이다. ● 이러한 사기극에 대한 고려대의 태도는 충격적이다. 고려대는 1단계 사기극에 대해서는 '우리는 잘못한 게 없다', 2단계 사기극에 대해서는 '본고사가 아니다'라고 우길 뿐이다. 현직 대통령을 배출한 명문학교다운 소신있고 책임감 있는 입장표명과는 너무나 거리가 멀다.

내년에는 어떻게 될까? 본고사 논란은 어차피 한번 거쳐야 할 홍역으로 여기고 정면돌파할 가능성이 높다. 대학별 본고사나 논술고사를 치르는 나라가 OECD 국가들 중에 일본과 우리나라밖에 없다는 점은 철저히 숨길 것이다. 고려대 입장에서는 '지맘대로' 뽑는 게 중요하지, 사교육비가 어쩌고 사회적 공정성이 저쩌고 하는 건 남의 나라 일일 테니까. • 내신 반영비율 문제는? 작년까지 시행한 '논술+학생부 합산제'로 돌아감으로써 시비를 예방할 가능성이 높다. 작년까지 고려대는 1, 2단계를 거치지 않고 학생부 교과영역(내신성적), 비교과영역, 논술고사 성적을 합산하여 합격자를 선정했다. 따라서 대학 측이 꼼수를 벌인다는 의심이 들어도 '논술고사 성적이 낮아서 떨어졌겠지'라고 결론지을 수밖에 없었다. 고려대가 자신들의 꼼수를 은폐할 수 있는 합산제로 회귀할 것이라는 데 백만 원 건다. 내기에서 지면 고려대 학교발전기금 구좌로 백만 원을 송금하겠다.

_한겨레신문 2008년 11월 25일자

그렇다면 고려대 입시에서 일부 '사고'가 일어났다는 지적은 무엇일까? 같은 고등학교의 두 학생이 고려대의 똑같은 학과에 지원했는데, 교과영역이나 비교과영역에서 모두 앞선 학생은 탈락하고, 교과영역과 비교과영역 어디를 봐도 분명히 상대적으로 처지는 학생이 통과한 경우가 언론에 여러 건 보도되었다. 이것은 고교등급제나 비교과영역 가중치 문제와는 다른 차원의 문제이다. 나는 이러한 입시 '사고'는 그야말로 '사고'이며, 학생부 내용을 입력하는 과정에서 이러한 사고가 벌어졌을 가능성이 높다고 본다.

교과영역(내신성적)은 점수, 등수 등 모두 수치로 되어있다. 고려대가 마련한 프로그램에 전산화된 내신성적을 자동으로 입력시켜 처리하면 된다. 그런데 비교과영역은 수치가 아니라 담임교사가 직접 글로 적어놓은 것이다. 따라서 이를 고려대가 마련한 프로그램에 자동 입력시키기는 곤란하고, 누군가 수동으로 일일이 옮겨 입력해줘야 한다. 그런데 이러한 입력작업을 교수가 했을까? 조교가 했을까?… 4만 명이 넘는 엄청난 숫자의 지원자들의 기록을 교수나 조교가 일일이 입력했을 것이라고는 상상하기 어렵다. 아마도 '알바'가 했을 것이다! 그리고 4만 명이 넘는 지원자의 비교과영역을 짧은 시간 안에 입력하는 작업을 진행하다가, 입력상의 오류를 발견하지 못한 채 그냥 넘겼을 가능성이 높다.

| 고려대 사기극의 교훈 |

내가 '고려대에 내기를 건다'는 제목의 강력한 항의성 칼럼을 기고한 것이 2008년 11월 말이었다. 나는 고려대가 다시는 이러한 시비에 휘말리지 않기 위해 예전처럼 '단계별 전형을 하지 않고 논술고사를 치른 뒤에 일괄합산해서 합격자를 발표하는' 방식으로 돌아갈 것이라고 예견하고, 내 예상이 틀리면 고려대에 학교발전기금으로 100만 원을 내겠다고 썼다. 논술성적을 일괄합산해서 발표하면, 설령 대학 측에서 사기를 친다 해도 학생들 입장에서는 '내 논술고사 성적이 안좋아서 떨어졌나 보다'라고 생각하게 되기 때문이다.

그런데 12월 1일, 고려대 입학처 관계자라고 밝힌 사람이 나에게 전화를 걸어왔다. 고려대가 2010학년도 전형안을 발표했는데, 여전히 단계별 전형을 유지하되 1단계에서 학생부 비교과영역 없이 교과영역(내신성적)만으로 25~30배를 통과시키기로 했다는 것이다. 전화를 받으며 인터넷으로 뉴스검색을 해봤더니 그날 아침 고려대가 실제로 이러한 발표를 한 게 사실이었다. 고려대 입학처 관계자는 나에게 흥분한 목소리로 '그러니 100만 원을 바로 내라, 꼭 받아내야겠다'고 대여섯 번씩이나 강조했다.

    나중에 알고 보니 나에게 전화를 건 사람은 고려대 입학처의 팀장이었다. 형식적으로는 내가 분명히 내기에서 진 것이 맞으니, 100만 원을 학교발전기금으로 기부하면 된다. 하지만 고려대가 꼼수를 쓴 것 같아 좀 억울했다. 1단계에서 30배수를 통과시키면, 1단계는 하나마나 한 게 되어버리기 때문이다. 바로 2009학년도 고려대 수시 일반전형의 경쟁률이 31대1이었다. 2010학년도에도 이 정도 경쟁률이 유지된다면, 1단계에서 탈락하는 학생은 거의 없으며 지원자 거의 전원이 2단계로 넘어가게 되는 것이다.

    그래도 기부는 했다. 2009년 1월에 고려대에 장학금 명목의 학교발전기금으로 100만 원을 기부했고, 영수증도 받았다. 그런데 2009년 4월 고려대는 2010학년도 대입전형 최종안을 발표하면서, 갑자기 단계별 전형을 포기하고 '논술고사 일괄합산'으로 되돌아갔다. 내가 예언한 그대로 된 것이 아닌가? 나에게 다짜고짜 전화해서 '반드시 100만 원을 입금하라'고 신신당부한 고려대 입학처 팀장에게 '당신도 100만 원 내놓으라'고 말하고 싶다.

    사실 내 돈이 아까운 것은 아니다. 여태까지 내가 여기저기 기부한 돈을 헤아려보니 3억 원에 육박하고, 그중 대학에 기부한 액수도 상당한 액수이다. 고려대에 100만 원 더 기부한다고 해서 내 배가 아플 일은 없다. 더구나 아마도 형편이 어려운 학생을 위한 장학금으로 쓰였을 것 아닌가? 하지만 고려대가 수험생을 상대로 사기친 것과 아울러 이범이라는 개인에게까지 사기를 친 일은 당사자로서 두고두고 잊지 못할 것이다. 고려대는 2010학년도 대입전형에서도 상위권 특목고생을 선호하는 성향을 그대로 보일 것이다. 그러나 이러한 성향은 '논술고사 일괄합산' 특유의 불투명성에 의해 은폐될 것이다. 고려대가 입학사정관제와 같은 불투명한 선발방식을 누구보다도 앞장서 도입하는 데에는 그만한 속셈이 있는 것이다. 고려대의 이같은 행태는 입학사정관제의 앞날에 어두운 그림자를 드리운다.

미국식 입학사정관제의 특징

이제 요새 연일 뉴스를 장식하는 입학사정관제에 대하여 알아보자. 입학사정관제는 미국에서 운용하는 매우 독특한 제도이다. 대학이 평준화되고 일정 수준 이상의 학력을 갖추면 모두 대학에 입학시키는 유럽의 프랑스, 독일, 스웨덴 등과 다른 것은 말할 나위도 없고, 같은 영어권인 영국이나 캐나다, 호주 등과도 매우 다르다. 특히 우리에게 낯선 점은, 성적순 선발을 하지 않는다는 것이다. 만약 성적순으로 학생을 선발한다면 입학사정관이라는 별도의 전문가가 필요하지 않을 것이다. 그저 '수능 몇%, 내신성적 몇%…' 이런 식의 기준만 정해놓고 지원자들의 성적을 프로그램에 입력하면, 자동으로 합격·불합격 여부가 가려질 테니까 말이다. 즉 입학사정관이라는 별도의 전문가가 존재한다는 사실 자체가 이미 성적순 선발에서 이탈한다는 의미를 내포하고 있는 것이다.

| 성적순 선발에서 벗어난다 |

미국에는 사립대에도, 주립대에도, 2년제인 커뮤니티 컬리지 community college 에도 모두 입학사정관이 있다. 한국에는 크게 '수시전형'과 '정시전형'의 두 가지가 있지만 미국은 이보다 더 복잡한 여러 가지 전형이 존재하고, 각 전형에서 모든 학생의 선발에 입학사정관이 관여한다.

미국의 대학들이 학생들을 선발할 때 참조하는 요소는 크게 세 가지이다. 첫째는 규격화된 시험 성적, 즉 SAT와 AP 성적이다. 이 중 미국의 SAT는 한국 수능과 비슷한 시험이지만 구체적으로 비교해 보면 꽤 다른데, 어쨌든 규격화된 시험으로서 대부분 객관식 오지선다형 문제이다 (AP에 대해서는 뒤에서 별도로 설명하겠다). 둘째는 고교 내신성적이다. 미국의 고교 내신성적은 평균적으로 SAT에 맞먹는 중요도를 가진다. 셋째는 흔히 '개인적 특성'이라고 불리는 것으로서, 대체로 성적 이외의 요인들로 구성된다. 미국의 입학사정관이 개인적 특성 가운데 중시하는 것은 열정, 헌신성, 성찰력, 리더십 등이다. 이렇듯 성적 이외의 요인이 평균적으로 1/3 정도의 중요도를 가진다는 것, 이것이 미국 대학의 학생선발이 가진 독특한 특징이다.

미국 대학들은 학생의 개인적 특성을 알아보기 위해 학생들에게 에세이 essay 를 요구한다. 많은 경우 대여섯 편을 요구하기도 하는데, 주로 요구하는 주제는 '여태까지 겪은 사건이나 경험 중에 자신에게 가장 큰 영향을 준 것은 무엇인가?'라든가 '우리 대학에 진학하면 무엇을 전공해서 앞으로 어떤 일을 하고 싶은가?' 등이다. 우리나라의 일부 대입전형에서 요구하는 '자기소개서'나 '수학계획서'가 바로 이러한 에세이를 본뜬 것이다. 에세이 외에 추천서도 요구한다. 대체로 추천서의 2/3 가량은 학교 교사가 쓰고, 나머지 1/3 가량은 대부분 그 학생의 성장과정이나 과외활동 등을 봐온 경험이 있는 사람이 쓰게 된다. 우리와 다른 점은 추천서를 지원하는 학생 본인은 추천서를 미리 볼 수 없고, 추천서를 쓰는 사람이 직접 대학에 보내는 경우가 일반적이라는 점이다. 그래서 평소에 이기적인 행태를 보여온 학생으로부터 추천서를 의뢰받으면 교사가 '이 아이는 자기중심적'이라는 뉘앙스의 추천서를 써서 보내는 경우도 있고, 이럴 경우 그 학생은 명문대에 합격하기가 상당히 어려워진다.

이처럼 '개인적 특성'이 상당 부분 반영되면서, 미국의 대입 학생선발은 '성적순'에서 상당히 벗어나게 된다. 구체적으로 내신성적이 비슷한 경우, 아이비리그 대학에서 SAT(최근에 2400점 만점으로 개편되었다) 2300점대가 떨어지고 2100점대가 합격하는 경우가 꽤 발생한다. 이 정도 점수 차이는 우리나라 수능을 기준으로 볼 때 탐구과목 [사회탐구, 과학탐구, 직업탐구] 중 한 과목을 치르느냐 안 치르느냐 정도의 비중을 가지는 것이기 때문에, 상당한 차이라고 할 수 있다.

┃ 미국 고등학생이 과외활동에 열심인 이유 ┃

미국의 학생선발 과정을 보면 성적순 선발에서 벗어나게 되면서 크게 세 가지 특징을 나타내게 된다. 첫 번째 특징은 과외활동 extracurricular activities 이 매우 중요하게 고려된다는 것이다. 2008년에 미국 컬럼비아대 박사학위 논문으로 통과된 한 연구에 의하면, 미국에서 명문대에 진학한 학생들이 고교 시절에 공부와 과외활동에 투입한 시간 비율이 50 : 50이다. 이 비율은 백인의 경우이며 다른 인종의 경우에는 이 비율이 달라지는데, 어쨌든 평균적으로 과외활동에 상당한 시간을 투입한다는 것을 알 수 있다.

미국 학생들은 과외활동으로서 각종 봉사활동이나 학내외 특별활동 등에 많은 시간을 할애하는데, 학내외 특별활동 중에는 운동부나 밴드부, 치어리더, 학생회, 학교신문 등이 상당한 비중을 차지한다. MIT 신입생 중에서 고교 운동부 대표선수 출신이 절반에 달하며 20%는 주장 출신이라는 MIT 입학사정관의 진술은 우리에게 상당히 충격적이다. 따지고 보면 오바마 대통령도 고교시절 학교 농구부 대표선수였다. 우리가 영화 속에서 보는 미국 고등학생들의 생활은 다소 과장은 있을지언정 나름대로 상당한 사실적 근거를 가진 것이다. 우리나라는 어떨까? 우리나라의 경우 명문대에 진학하는 학생이 고교시절 공부와 과외활동에 투자하는 시간 비율은 아마 100:0에 육박할 것이다.

미국 학생들이 봉사활동이나 기부에 익숙한 것도 입학사정관제의 영향이 크다. 한 재미교포 학생의 경우, 방학 때가 되면 필리핀에 가서 빈민들을 위해 집을 지어주는 봉사활동을 한 달씩 하고 오곤 했다. 지미 카터 전 대통령 등이 이끌어온 사랑의 집지어주기 운동 Habitat for Humanity 이 국경을 넘어 국제적 운동이 되었는데, 여기에 참여하고 있는 것이다. 내가 그 학생의 어머니에게 '그건 너무 심한 거 아니냐?'고 하자 그 어머니는 아무렇지도 않게 '좋은 대학에 가려면 당연히 그래야죠'라고 대답했다. 미국이 배금주의가 판치는 정글 자본주의 나라이기도 하지만 다른 한편으로 봉사활동이 잘 조직되어있고 기부금을 내는 문화가 정착되어있는 양면성을 가지고 있는데, 이러한 문화가 정립되는 데 입학사정관제가 상당한 영향을 준 것이다.

| 미국은 대학별로 학생선발 기준이 다르다 |

두 번째 특징은 대학별로 학생을 선발하는 기준이 상당히 분화된다는 것이다. 하버드대의 경우 제출한 에세이에 진취성과 도전정신이 뚝뚝 묻어나는 학생을 선호한다. 빌 게이츠가 하버드대 수학과에 입학한 것은 전국에서 가장 수학문제를 잘 풀어서가 아니라 고교시절 이미 당시로서는 매우 드물었던 컴퓨터 프로그래머로서의 역량을 인정받고 있었던 데다가 에세이에 그의 진취성이 잘 드러났기 때문이다. 실제로 빌 게이츠의 진취성은 나중에 그가 하버드대를 중퇴하고 회사를 설립하는 것으로 드러난다. 그 회사가 바로 마이크로소프트사이다.

반면 프린스턴대의 경우 한국식으로 표현하면 '선비'같은 학생을 선호한다. 프린스턴대는 학풍 자체가 하버드와 많이 달라서, 전문대학원인 의학전문대학원, 법학전문대학원, 경영대학원(MBA) 등이 없고 기초학문을 중시하는 경향이 강하다. 2007년 버지니아 공대에서 한국계 미국인 조승희가 30명을 총으로 살해하고 자신도 자살한 사건을 기억할 것이다. 바로 조승희의 누나가 프린스턴대에 진학했는데, 가난한 이민자의 딸임에도 불구하고 공부도 잘 했고 봉사활동에서 뛰어난 리더십을 발휘했던 것이 프린스턴대에 진학할 수 있었던 요인으로 꼽힌다.

MIT나 스탠퍼드는 과외활동 등을 그다지 안 한 학생이라 할지라도 수학·과학 재능이 특별해 보이면 선발하는 경우가 많다. 미국 고등학교에서 수학·과학 재능이 뛰어나지만 다른 영역의 재능이나 사교성은 약한 학생들은 종종 얼간이(nerd) 라고 불리는데, 전통적으로 공과대학이 강한 MIT나 스탠퍼드는 이런 학생도 뽑아주는 경향이 있다.

미국에도 엄연히 대학 서열이 존재하고 누군가 하버드대를 나왔다고 하면 한번 더 쳐다보게 되는 것은 사실이다. 미국의 언론 US뉴스지에서 매년 미국 100대 대학 랭킹을 매겨 발표한다. 하지만 대학마다 학풍이 다르고 학생을 선발하는 기준도 다르며 전공별로 장단점을 가지고 있기 때문에, 대학 랭킹은 그야말로 참조 대상인 것이지 우리나라의 '설연고서성한(서울대-연세·고려대-서강·성균관·한양대)' 식으로 무조건 선호대학이 일렬로 줄서있지는 않다. 그리고 중산층 이하는 등록금이 비싼 사립대보다 주립대를 선호하는 경향이 있다. 평균 등록금을 비교해 보면 사립대는 1년에 2만5천 달러를 훌쩍 넘어가지만 주립대는(자기가 거주하는 주의 대학에 진학할 경우) 7천 달러 미만이어서 사립대에 진학하는 경우에 비해 대략 1/3의 비용으로 대학을 다닐 수 있기 때문이다.

| 미국 대학은 성장환경을 고려해서 선발한다 |

셋째로 미국 대학들은 대체로 학생들의 성적이나 경력을 평면적으로 비교하지 않고, 학생이 자라온 환경이나 이력을 십분 고려한다. 특히 어려운 환경에서 공부한 경우를 높게 쳐주는 경향이 있다. 미국 버클리대에서 2008년에 버클리대에 입학한 학생들의 출신 고등학교를 4개 등급으로 구별하여, 어느 등급 고등학교 출신이 버클리대에 많이 입학했는지를 조사한 연구결과가 있다. 미국의 고등학교는 학력수준이 모두 공개되어 있고 특히 버클리대가 위치한 캘리포니아주에서는 주단위의 일제고사를 치르기 때문에 학력에 따라 고등학교 등급을 매기는 일은 매우 간단하다. 연구결과를 보면 버클리대에 가장 많은 합격자를 배출한 고등학교는 역시 1등급 고등학교들이었다. 그러나 두 번째로 많은 합격자를 배출한 고등학교는 4등급, 즉 가장 낮은 학력수준을 나타낸 고등학교였다.

미국에서 학력 수준이 낮은 고등학교는 전형적으로 저소득층 밀집지역에 위치해 있다. 미국이 교육선진국으로 불리지 못하고 오바마 대통령이 연일 교육개혁을 부르짖는 것은, 지역별 교육격차가 심각한 수준이기 때문이다. 특히 지역 전체가 교육을 포기했다고 볼 수 있는 경우가 상당히 많다. 흑인이나 히스패닉 밀집지역, 또는 백인 육체노동자 밀집지역의 경우 공부를 열심히 하는 학생이 경원시되는 일이 종종 벌어질 정도이다(최근 우리나라에도 일부 지역에서 이런 경향이 감지되기 시작한다). 즉 사회계급이 지역별로 고착화되면서, 저소득층 지역의 문화가 아예 교육을 통한 계층상승을 포기하는 방향으로 가버린 것이다. 계급분화의 역사가 미국보다 오래된 영국 같은 경우는 심지어 노동계급 밀집지역에서 공부를 열심히 해서 교사 정도가 되면 '저 집안은 중간계급$^{middle\ class}$으로 가버렸다'며 백안시하는 일이 벌어지기도 한다.

    미국의 지역별 교육 격차가 극심하고 또 이것이 보정되지 못하는 또다른 이유가 있다. 우리나라는 교육재정을 중앙정부가 관리하여 학교별로 비교적 균등하게 배분하는 데 반해, 미국은 학교 운영예산의 절반 정도가 교육구(우리나라의 학군 정도에 해당한다)별로 걷히는 재산세로 충당된다. 잘 사는 사람들이 몰려있는 지역은 재산세가 많이 걷히니 학교가 재정적으로 넉넉하고 교육의 질도 높다. 미국에서 이런 '좋은 학군'이 어디인지는 한국 교포들이 많이 몰려있는 지역이 어딘지를 살펴보면 대략 알 수 있다. 한국인들의 높은 교육열은 미국에서도 유감없이 발휘되어, 다소 무리해서라도 이런 지역에 집을 마련해서 살려는 경향이 강한 것이다. 반면 저소득층 밀집지역은 재산세가 별로 걷히지 않을 테니 학교에 돈이 없다. 극단적인 경우 학교에 돈이 부족해서 방학을 앞당기기도 한다. 미국에서는 방학중에는 교사 월급을 안 줘도 되기 때문에, 지출을 줄이기 위해 방학 기간을 늘리는 것이다. 가히 '비참하다' 라고 말할 만한 상황이 아닌가?

　　얘기가 나온 김에 좀더 언급하자면, 최근 미국의 오바마 대통령이 한국의 교육열을 예찬하는 발언을 해서 화제가 되었는데, 오바마의 발언은 미국의 상황을 잘 고려해서 이해되어야 한다. 오바마는 물론 한국의 고등학생들이 10시가 넘도록 학교에 갇혀있고 초등학생이 학원에 시달려 자살하는 상황을 잘 모르기 때문에 그런 얘기를 했을 것이다. 하지만 흑인으로서 '교육을 포기한' 비참한 지역들의 상황을 생생하게 경험해본 오바마의 입장에서는, 어쨌든 보편적으로 높은 교육열을 유지하는 한국의 문화가 부러웠을 만도 하다.

　　버클리대에서 최저 학력등급을 나타내는 고등학교 출신 학생들을 두 번째로 많이 선발한다는 것은 의미심장하다. 이것은 미국의 입학사정관제가 서로 다른 배경과 환경을 가진 학생들을 평면적으로 비교하는 것이 아니라는 점을 잘 드러낸다. 미국의 주요 대학과 기업들은 소수인종 등의 사회적 약자를 우대하는 '적극적 차별철폐정책' Affirmative Action 을 채택하고 있는데, 쿼터를 설정하거나 가산점을 일률적으로 주는 방식은 2003년 미연방대법원에서 위헌 판결을 받았기 때문에 이 정책을 지속하기 위해 다양한 방식을 고안하고 있다. 어려운 환경에서 열심히 공부하고 좀더 나은 사회적 지위로 올라서기 위해 애쓰는 학생들에게 다양한 방식으로 '보이지 않는' 가산점을 주고 있는 것이다. 입학사정관제에 대한 보도를 보면 입학사정관이 '잠재력이 뛰어난 학생'을 선호한다는 식의 표현이 종종 나오는데, 열악한 환경에서 자라온 학생이 풍족한 환경에서 자라온 학생에 비해 크게 뒤떨어지지 않는 성적이나 활동 결과를 보여줬다면 그 학생은 더 큰 잠재력을 가지고 있다고 판단할 수 있는 것이다.

또한 버클리대의 사례를 보면 미국에서 고교등급제라고 하는 것이 고교를 일렬로 줄세운 뒤 학력수준이 높은 고등학교 출신자를 우대하는 등의 단순한 방식으로 이뤄지는 것이 아님을 알 수 있다. 미국에서 출신 고등학교의 학력수준은 지원자가 보여준 다양한 성취를 성장배경이나 교육환경과 연관하여 파악하기 위해 참고하는 자료인 것이지, 우리나라에서 이해하는 것처럼 학교를 서열화한 뒤 내신성적을 보정해주거나 하기 위한 자료가 아니다. 그런 의미에서 미국에서 학력을 기준으로 서열을 매긴 고교 등급이 존재하는 것은 사실이지만, 학교의 평균학력을 기준삼아 학생들을 차별한다는 의미의 '고교등급제'가 존재한다고 보기는 어렵다.

우리나라에서도 최근 수년간 시범적으로 실시되어온 입학사정관 전형을 통해 대학에 진학한 학생들을 살펴보면, 대체로 독특한 경력을 가지고 있는 학생이거나 아니면 어려운 환경에서 공부해온 학생들이다. 문제는 입학사정관제가 급격히 확대되면서, 이러한 경향이 계속 유지될 것 같지 않다는 점이다.

한국의 입학사정관제,
귤이 탱자로 변신?

교육과학기술부의 '실세' 차관인 이주호 차관이 2009년 1월에 부임하자, 2월 들어 이명박 대통령이 "대학이 성적순으로 학생을 뽑으면 안된다"는 얘기를 하기 시작한다. 입학사정관제를 염두에 둔 발언이 분명했다. 그리고 3월이 되자 각 대학들이 바로 2010학년도 대입에서부터 입학사정관제 전형(또는 입학사정관이 '참여'하는 전형)을 대폭 늘리겠다고 발표한다. 대부분의 주요 대학이 전체 정원의 10% 이상을 입학사정관제에 할애하고, 심지어 20% 이상을 할애한 대학도 있다. 이제 입학사정관제가 태평양을 건너 우리나라에 본격 이식되기 시작한 것이다. 결론부터 말하자면, 나는 입학사정관제를 도입하는 취지는 긍정적이나, 예상되는 결말은 비관적으로 본다. 특히 사교육비를 줄이는 데는 완전히 실패할 것이다. 입시에서 보다 다양한 스펙을 갖출 것을 요구하게 되기 때문에 학생들의 부담이 늘어날 것이기 때문이다. 또한 명문대학들은 입학사정관제를 서열경쟁의 수단으로 활용할 것이다. '귤이 회수를 넘으면 탱자가 된다'는 고사를 연상하게 하는 상황이다.

| 입학사정관제는 '공정함'을 따질 수 없는 제도 |

미국의 입학사정관제는 한마디로 학생의 '총체적 됨됨이'를 기준으로 선발하는 제도이다. 미국의 입학사정관제를 들여다보면 나름대로 장점이 많은 제도임을 알 수 있다. 성적 못지않게 학생의 과외활동을 중시하고, 대학마다 서로 다른 기준으로 학생을 선발하며, 다양한 성장환경을 고려한다는 것 등은 입학사정관제가 가진 중요한 긍정적 측면들이다. 특히 우리나라처럼 아무리 성적이 높은 학생도 0.1점이라도 더 높이기 위해 끝없이 성적경쟁에 매몰되는 것보다는, 일정 수준의 성적을 유지하면서 다양한 경험과 경력을 쌓아가는 것이 상당한 장점을 가지고 있을 것임은 명백하다.

하지만 입학사정관제는 상당한 단점 또한 가지고 있다. 나는 언론사 기자들로부터 '입학사정관제에 찬성하느냐 반대하느냐'는 질문을 받곤 하는데, 여기에 대한 답변은 '대학 하기 나름'이라는 것이다. 왜 이런 답변이 나올까? 입학사정관제는 말 그대로 '대학 하기 나름'이기 때문이다.

입학사정관제에는 핵심적인 규칙이 따로 존재하지 않는다. 입학사정관제에 어떤 핵심적 규칙이 존재해서 '이 규칙을 따르면 입학사정관제이고 따르지 않으면 입학사정관제가 아니다'라고 말하기가 곤란하다. 미국에서도 대학별로 입학사정관제를 운영하는 방식이 제각각이다. 대학의 선발 원칙과 철학에 따라 무수히 다양한 입학사정관제의 하위 버전 version 들이 존재할 수 있는 것이다.

특히 유의할 점은 입학사정관제가 매우 불투명한 선발방식이라는 사실이다. 미국의 대학들은 어떤 기준으로 학생을 선발하는지를 구체적으로 공개하지 않는다. 학생선발 기준과 관련하여 여러 가지 미사여구를 늘어놓기는 하지만, 구체적으로 어떤 요소를 얼마만큼 고려해서 선발하는지는 비밀이다. 앞 장에서 서술한 하버드와 프린스턴과 MIT, 스탠퍼드의 학생 선발기준의 차이도 명시적으로 발표된 것이 아니라 각 대학의 전통을 통해 암시적으로 드러나는 경향일 뿐이다. 그래서 미국에서도 대학을 상대로 하는 소송 분쟁이 끊이지 않았다. 대학에 불합격한 학생이나 그 학부모가 대학을 상대로 '왜 불합격했는지 이해할 수 없다'며 소송을 거는 것이다. 개중에는 연방대법원까지 올라간 것도 여러 건인데, 결국 대부분 대학 측이 승소하였다. 이런 과정을 거쳐 미국의 입학사정관제가 살아남은 것이다.

따라서 입학사정관제를 놓고 공정성 문제를 제기하는 것은 그 자체가 하나의 웃지못할 코미디이다. 입학사정관제의 핵심적인 특징 자체가 '불투명함'인데, 도대체 무엇을 기준으로 공정성을 따질 것인가? 입학사정관제에서는 좁은 의미의 공정성이란 존재하지 않는다. 그보다는 넓은 의미의 '사회적 공정성'을 주장하면서 미국처럼 적극적 차별철폐 원칙을 일정부분 도입하자고 주장하는 것이 차라리 현실적이다. 공정성보다는 대학들의 '솔직함'이 훨씬 중요하다. 특히 명문대들이 앞에서는 각종 미사여구를 늘어놓으면서 뒤로는 이와 동떨어진 기준을 적용할 가능성이 높기 때문이다. 2009학년도 고려대 수시 일반전형을 둘러싸고 벌어진 고교등급제 논란은 대학의 이중플레이가 얼마나 심각한 수준으로 벌어질 수 있는지를 보여주는 예고편이었다.

| 기여입학과 부정입학의 우려 |

입학사정관제 특유의 불투명함은 미국에서 기여입학을 유지시키는 가림막 역할을 겸하고 있다. 미국의 아이비리그 대학을 기준으로 기여입학으로 들어간 학생은 10%가 조금 넘는 정도로 추산된다. 미국에서는 기여입학을 레거시 입학 legacy admission 이라고 부르는데, 아이비리그 대학 지원자 중 합격하는 비율이 10~20%대인데 비해 레거시 대상자 중 합격하는 비율은 40% 내외로 추정되므로 레거시 대상자는 일반 지원자에 비해 상당히 명문대 입학에 유리하다고 볼 수 있다.

　　미국에서 기여입학제는 어떻게 운영되는가? 흔히 생각하듯 거액의 기부금과 합격증을 맞바꾸는 방식은 드물다. 대체로 지원자의 아버지나 어머니가 그 대학 동문으로서 꾸준히 기부금을 내왔다면 그 자녀가 지원했을 때 특혜를 주는 방식이다. 그러나 명문가 출신인 경우에는 꼭 부모가 동문이 아니어도 입학시키기도 한다.

　　기여입학이 의심되는 인물 중 가장 유명한 예가 오바마의 전임 대통령인 부시 George Walker Bush 일 것이다. 부시 대통령은 지적 능력이나 사회적 역량 어느 면을 봐도 예일대와 하버드 경영대학원 MBA 를 거칠만한 인물이 아니었다. 그가 젊은 시절 한때 심지어 알콜중독 증세를 겪기도 했던 것은 유명한 일이고, 대통령에 당선되고 나서도 잘못된 발음이나 철자를 많이 써서 미국 코미디언들의 단골 메뉴가 되었다. 하지만 그의 아버지 부시 대통령 George Herbert Walker Bush 이 예일대 출신이며 텍사스의 재벌 명문가로서 많은 기부금을 내왔기 때문에 이에 힘입어 예일대 학부와 하버드 MBA에 진학할 수 있었던 것으로 보인다. 우리에게 잘 알려진 재미교포 골프선수 미셸 위가 스탠퍼드 대에 입학한 것도 그의 할아버지와 고모가 스탠퍼드 출신이라는 점이 작용했을 것이라는 설이 파다했다.

　　몇 년 전부터 우리나라의 명문 사립대 총장들이 기여입학제를 허용해야 한다는 주장을 지속적으로 해왔고 2009년 5월에는 고려대 이기수 총장이 기여입학제 도입을 강력하게 주장하기도 했다. 그런데 여기서 한 가지 주목할 것은, 미국의 명문대 가운데에는 기여입학을 인정하는 대학도 있지만 여전히 기여입학을 공식적으로 부인하는 대학도 있다는 것이다. 이런 대학의 입학사정관들과 인터뷰를 해보면 손사레를 치며 기여입학에 관한 발언을 극도로 자제한다.

　　왜 그럴까? 한마디로 기여입학이 '쪽팔린' 일이기 때문이다. 제아무리 재정 확충이라는 명분을 내세운다 해도, 대학의 학생 선발이 교육적 기준이 아닌 금전적 기준에 영향받는다는 것은 매우 부끄러운 일이다. 사실 기여입학제는 미국의 사립대학들에서나 볼 수 있는, 전세계적으로 희귀한 현상이다. 미국 내에서도 2004년 월스트리트저널에서 심층 취재하여 보도하기 전에는 기여입학제의 실상이 거의 제대로 알려지지 않았었다.

    이에 비하면 명문대 총장이 기여입학제 도입을 앞장서 주장하는 우리나라의 현실은 참으로 개탄스럽다. 재정 확충이 필요하다면 '우리 대학이 이러이러하게 우리 사회에 기여해왔고 앞으로 저러저러한 방향으로 발전하기 위해서는 돈이 더 많이 필요하다, 그러니 좀더 많은 국고를 지원해 달라'고 정부와 국민들에게 호소할 수도 있지 않은가? 그런데 대뜸 '기여입학제 허용해 달라'니, 어이가 없는 일이다.

    단언컨대, 입학사정관제가 본격 도입되면 우리나라 명문대에서는 그 불투명함을 이용해서 은밀하게 기여입학을 시도할 것이다. 이보다 더 심각한 것은, 심지어 부정입학이 벌어질 소지도 있다는 것이다. 2005년 서강대 입학처장이 자기 아들을 부정입학시킨 것이 적발되고 2007년 연세대 총장 부인이 의대 편입학 청탁으로 뇌물을 받았다가 적발된 것으로 미루어 볼 때, 내로라하는 명문대에 적발되지 않은 부정입학 사례가 더 존재할 수 있다. 그런데 그나마 부정입학 사례를 나중에라도 적발할 수 있는 것은, 여태까지 학생 선발 기준이 '성적순'이었기 때문에 부정입학이 이뤄질 경우 나중에라도 자료를 뒤져 증거를 잡을 수 있기 때문이다. 그런데 입학사정관제와 더불어 성적순 선발에서 이탈하게 되면, 누가 부정입학을 했는지를 가려낸다는 것 자체가 매우 어려워진다. 정말로 걱정되는 일이 아닐 수 없다.

| 사교육비가 늘어난다니까! |

노무현 정부 때 대입제도 개혁을 추진하다가 엉망진창이 되어버린 일을 기억할 것이다. 노무현 정부가 추진했던 2008학년도 대입제도 개선안은 거칠게 말하면 '내신성적으로 선발하는' 제도였다. 미리 말하자면 나는 내신성적으로 선발하는 제도는 대입정원의 일부를 할애했을 때에는 긍정적이지만, 이 제도는 결코 보편화되어서는 안 되었던 제도라고 생각한다. 하지만 이 제도의 문제점에 대해서는 2부에서 별도로 얘기하기로 하고, 일단 당시 정부가 추진하던 제도가 왜 망가졌는지를 따져보자. 내신으로 선발하도록 하려는 정부의 시도가 망가지는 데 결정적인 영향을 준 세력은 대학들이었다. 당시 내신성적 위주로 학생을 선발할 수 없다고 여긴 대학들은 이용가능한 모든 수단을 총동원했다. 논술고사 비중을 높이고, 수능 점수는 폐지된 상황임에도 불구하고 수능 등급을 역으로 점수화하여 주요한 선발기준으로 역시 활용했다.

그 결과 나타난 괴물같은 상황이 이른바 '죽음의 트라이앵글'이다. 2007년에 고3이 된 학생들은 내신도, 논술도, 수능도 모두 골고루 챙겨야 대학에 합격할 수 있는 현실에 직면하고 이를 '죽음의 트라이앵글'이라 외치며 절규했다. 사교육비도 폭증했다. 학생들에게 여러 가지 요건을 고루 갖추도록 요구할 때, 학생들의 부담과 사교육비가 더욱 증가한다는 것은 사교육업계에서는 잘 알려진 상식이다.

그런데 입학사정관제를 잘 들여다보면, 트라이앵글^{3각형}이 아니라 펜타곤[5각형]이나 헥사곤[6각형]이 될 수도 있다는 것을 알 수 있다. 대교협[대학교육협의회]에서는 2009년 5월 5일 '입학사정관제 4단계 공통전형안'이라는 것을 발표했다. 4단계라고는 했지만 그 핵심은 2단계이다. 즉 서류심사를 한 뒤에, 면접·토론을 거쳐 선발하는 것이다. 그런데 서류심사 항목을 보면 학생부 교과영역인 내신성적과 비교과영역, 수능성적, 자기소개서와 추천서 등이 포함된다. 여기서 중요한 것은 학생부 비교과영역에 토플·토익·텝스와 같은 공인영어시험 성적이나 각종 경시대회 수상실적, 그리고 교내외 각종 수상실적 등이 모두 기재된다는 것이다.

그리고는 주요한 학생선발 기준으로 '관련 분야에 대한 소질 및 학업적성'을 떡하니 적어놓았다. 그렇다면 어지간한 문과계열 학과로 진학하고자 할 때, 토플 고득점 성적표를 가지고 있다면 당연히 그 학생의 '관련 분야에 대한 소질 및 학업적성'을 높이 평가할 수밖에 없다. 지원하려는 분야와 연관된 경시대회 입상실적을 가지고 있다면, 그 또한 높은 '관련 분야에 대한 소질 및 학업적성'을 가지고 있다고 볼 수밖에 없다. 이러한 스펙들이 '관련 분야에 대한 소질 및 학업적성'을 입증하는 자료임은 부정할 수 없기 때문이다.

특히 가뜩이나 적은 인원의 입학사정관이 많은 학생을 짧은 기간 안에 선발해야 하는 현실에서, 입학사정관들이 이런 '스펙'을 가진 학생들에 우선 눈길을 돌리게 될 것임은 자명한 일이다. 미국의 경우 입학사정관이 지원자 1명의 서류를 1차 검토하여 탈락 여부를 가려내는 데 평균 20분 정도 할애한다. 그런데 우리나라의 경우 서류 검토에 이보다 훨씬 적은 시간만이 할애될 것으로 보인다. 수시전형의 경우 인기대학의 경쟁률이 수십대 일을 오르내리고 심지어 학과에 따라서는 100대1을 넘는 경우도 종종 있기 때문이다. 10대1 정도인 미국 아이비리그 대학의 경쟁률과 비교했을 때 실로 엄청난 수준이고, 수시 전형기간 동안 우리나라의 입학사정관이 미국의 입학사정관보다 훨씬 '중노동'을 해야 함을 보여준다. 정시전형은 경쟁률은 수시전형보다 낮지만 (가·나·다군에 따라 일정이 다르지만) '가'군의 경우 한 달 가량의 짧은 기간 안에 학생선발을 마쳐야 한다. 산더미같이 쌓여있는 입사원서 앞에서 기업의 인사담당자가 우선 '스펙'을 따지게 되는 것처럼, 짧은 시간 동안 많은 지원자들 가운데 합격자를 가려내야 하는 입학사정관의 입장에서, 스펙을 따지지 않을 수가 있을까?

면접·토론도 매우 걱정되는 대목이다. 물론, 면접과 토론이 우리나라 공교육의 고질적인 병폐인 주입식 교육을 교정하는 긍정적인 의미가 있다고 볼 수도 있다. 그런데 문제는 일선 학교에서는 토론식 교육을 하려 해도 현실적 여건상 매우 어렵다는 것이다. 논술만 해도 도입된 지 15년이 되었지만 주입식 학교교육을 교정하는 효과를 거두지 못했던 것을 상기할 필요가 있다. 논술이나 토론이 배제되고 주입식 교육 일변도로 흐르는 것은 물론 교사의 게으름 때문이라고 볼 수 있는 측면도 있지만, 엄밀히 볼 때 일차적인 책임은 교육과정과 학교의 조직체계에 있다. 학교의 속사정을 모르는 사람들은 주입식 교육을 할 수밖에 없도록 만드는 관료적 제약이 얼마나 엄청나게 강한지를 알지 못할 것이다.

하여튼 지금 현상황에서 면접·토론이 지금까지보다 높은 비중으로 작용하게 되면, 이를 대비하는 사교육이 기승을 부릴 것이 뻔하다. 특히 주의할 점은 면접이나 토론을 지도하려면 소수를 상대로 대면 교육을 해야만 하기 때문에, 각종 사교육 중에서도 면접·토론이 시간당 비용이 제일 높다는 점이다.

대교협의 발표를 보면 논술고사를 배제한다는 내용도 없다. 대교협이 발표한 '4단계 공통전형안'은 그야말로 최소한의 가이드라인일 뿐이고, 구체적인 버전은 대학 나름대로 자율적으로 만들어내게 되어있다. 대학에서 수시전형에서 계속 논술고사를 치르겠다고 나서도, 대교협으로서는 이를 단속하거나 금지할 권한도 없으며 의지도 없다. 결국 수능도, 내신도, 논술도, 그리고 경시대회와 토플도 챙겨야 하는 상황이 발생할 수 있는 것이다.

이제 이해가 되는가? 서한샘 씨 이래 학원가 최고의 스타강사이자 메가스터디 대표이사인 손주은 대표가 입학사정관제를 염두에 두고 한 얘기가 있다. "입시제도를 바꾸고 복잡하게 만들면 사교육은 늘어나게 되어있다."_조선일보 2009년 2월 16일자 인터뷰 물론 메가스터디의 주요 수익원이 수능임을 고려해 보면, 손주은 대표의 이같은 발언에는 대입제도가 '수능' 중심으로 단순화되기를 바라는 마음이 투영되었을 수도 있다. 하지만 대입전형이 복합적으로 될수록 사교육비가 증가한다는 명제 자체는 사교육업계에서 너무나 잘 알려진 상식이어서, 사교육업계에서는 아예 왈가왈부의 대상이 되지 못한다.

사실 입학사정관제는 미국 주류 백인들의 고민이 함축되어있는 제도이다. 미국의 대학도 원래 성적순으로 학생을 선발하였다. 그런데 19세기 후반 미국의 대학들이 라틴어나 그리스어와 같은 고전 교육을 축소하는 개혁을 단행하자, 미국의 명문대를 유대인들이 장악하는 사태가 벌어진다. 그러자 미국의 '주류' 세력이라고 할 수 있는 WASP ^{White Anglo-Saxon Protestant 앵글로색슨계 백인 개신교도} 들이 위기의식을 느끼게 되고, 20세기 초반 결국 성적순 선발에서 이탈한 제도를 고안하게 되는데 이것이 바로 입학사정관제인 것이다. 이러한 특수한 맥락과 내용을 가진 제도를 갑자기 우리나라에 '공교육 정상화와 사교육비 절감방안'으로 내놓는 것은 이해할 수 없는 일이다. 입학사정관제가 마치 대단히 선진적인 제도인 것처럼 떠들어대는 것도 그렇다. 대학이 평준화된 나라이든, 대학이 서열화된 나라이든 간에 대학 입학 여부는 성적에 의해 결정되는 것이 보편적이다. 즉 입학사정관제는 우리가 필수적으로 따라야만 하는 '선진적' 제도라기보다는, 미국의 특수한 맥락과 문화가 낳은 '미국적' 제도일 뿐이다. 최근 일본에 입학사정관제가 부분적으로 도입되고 있으나, 아직 정착되었다고 보기는 매우 어려운 상황이다. 입학사정관제는 공교육 정상화에는 기여할 가능성도 있지만 그나마 이 가능성이 실현되려면 여러 가지 정교한 전제조건이 필요하다. 그리고 사교육비 절감에는 오히려 역행할 가능성이 매우 큰 제도이다. 학생들에게 보다 다양한 스펙을 챙기도록 요구하기 때문이다.

| 대입 컨설팅 시장이 뜬다 |

게다가 입학사정관제는 여태까지 보지 못했던 새로운 유형의 사교육 시장을 예고한다. 이것은 전통적인 '교육'의 영역을 넘어서는 새로운 시장이다. 전통적인 사교육이 티칭 teaching 중심이었던 데 반해, 이 새로운 영역은 컨설팅 consulting 이다.

실제로 미국에서는 대입을 겨냥한 컨설팅 시장이 점점 더 확장되고 있다. 대학에 지원원서를 보내기 2~4년 전부터 컨설팅을 받는 일이 늘어나고 있다. 카플란 Kaplan 과 같은 업체가 대표적인데, 이런 업체는 티칭과 컨설팅을 함께 제공한다. 예를 들면 대입을 3년쯤 앞둔 학생을 다각적으로 분석하여, 이 학생이 원하는 대학의 입학사정관의 눈에 띄려면 성적은 얼마나 높여야 하고 SAT나 AP 시험 준비는 어떻게 하는 게 좋으며 기타 특별활동이나 봉사활동 등은 어떻게 보완하는 게 좋은지에 관한 총체적 '전략'을 수립해주는 것이다. 필요하다고 판단되는 경우 SAT 등을 위한 티칭도 제공한다. 그리고 정기적으로 학생의 활동과 실적을 점검하면서 전략을 수정하고, 최종적으로는 대학에 제출하는 에세이를 쓰는 과정에까지 개입하여 도움을 준다. 컨설팅업체들은 에세이를 노골적으로 대필해주는 경우는 없다고 주장하지만, 실제로는 거의 대필하다시피 하는 사례도 있다고 알려져 있다.

이런 대입전략컨설팅 시장이 우리나라에서 기승을 부릴 것임은 너무나 뻔한 일이다. 벌써 강남 일대에서는 이런 컨설팅 업체들이 나타나고 있다. 1년에 최소한 5백만 원이 넘는 비싼 컨설팅 요금을 청구하며, 맞춤교육이 필요한 경우 이를 연결해주면서 추가의 수수료 수익을 얻고, 나중에 자기소개서나 수학계획서를 쓸 때에는 아주 비싼 요금을 요구할 것이다. 더욱 심각한 일은, 이러한 고액 컨설팅 서비스를 단기적으로 이용하는 것보다 3~4년에 걸쳐 장기적으로 이용할 경우 더욱 효과적일 것이라는 점이다. 실제로 미국에서도 대입 원서를 쓰기 3~4년 전부터 컨설팅을 받는 경우가 증가하고 있다. 원하는 대학과 학과에 합격하려면 어떠한 스펙을 갖추는 것이 유리한지, 특별활동으로 무엇을 하는 게 좋을지, 취약 과목에 대한 보완은 어떻게 하는 게 좋을지 등을 대입 3~4년 전부터 종합적으로 관리받는다면 그런 학생들이 입학사정관제 하에서 보다 유리해질 것임은 불보듯 뻔한 일이다.

표. 현행 대입전형의 분류. 입학사정관은 주로 ③과 ④에 참여하기 시작하였고, 점차 참여의 폭을 넓히고 있다.

	유형	참고
수시	① 학생부+논술복합형 (대부분의 '일반전형')	학생부+논술 합산 또는 1단계학생부 → 2단계논술
	② 논술 중심형	논술 비중 80~100%
	③ 학생부 중심형	1단계 학생부(주로내신) → 2단계면접(일반면접)
	④ 기타 각종 특별전형	1단계 학생부+기타서류 → 2단계 논술 또는 면접
정시	일반전형	수능 비중 큼(논술은 서울대, 일부 교대 및 신학대만 실시. 국립대는 내신비중도 큼)

사실 지금 벌써부터 강남 일대에서 활동하기 시작한 컨설팅 업체 중에 제대로 된 업체는 거의 없을 것으로 보인다. 하지만 1,2년 내로

나름대로 내용과 노하우를 일정 수준 이상으로 확보한 컨설팅 업체들이 '뜰' 것이다. 그리고 이들은 강남을 정점으로 고급 대입정보가 불균등하게 생산·유통되는 현상을 더욱 심화시킬 것이다. 이런 황금시장이 눈앞에 보이고 그 모범사례가 미국에 이미 확립되어 있는데, 발빠른 우리나라 사교육업계가 이를 놓칠 리가 없지 않은가?

냉정한 진실 :
대학 서열경쟁과
학생선발

입학사정관제는 대학의 '철학'에 따라 극히 다양한 방식으로 운영될 수 있는 제도이기 때문에, 대학이 어떤 철학을 가지고 있느냐가 중요하다. 그런데 우리나라의 대학들은 어떤 철학을 가지고 있을까? 물론 각 대학들이 표방하는 공식적인 건학이념 등이 존재한다. 그러나 한국의 대학들에게 뭐니뭐니해도 가장 중요한 철학은 보다 상위 서열을 점하기 위한 '대학 경쟁의 철학'이라고 할 수 있다. 대학들이 서열화되어있고 특히 상위 서열의 대학들이 학벌권력을 향유하고 있는 상황에서, 제아무리 그럴듯한 학교 나름의 철학을 표방한다 할지라도 실제로는 한 단계라도 상위 서열로 올라서려는(또는 최소한 현재의 서열을 유지하려는) 의지가 공식적인 건학이념이나 철학을 압도한다.

수험생이 되면 누구나 '설연고서성한' 식의 서열을 꿰고 있다. 서울대가 1위 대학으로서의 지위를 굳건히 지키고 있는 와중에, 연세대-고려대간의 2등 경쟁, 서강대-성균관대-한양대 사이의 경쟁, 서울대 자연계열과 KAIST, 포스텍(포항공대) 사이의 경쟁 등 서열상 인접한 순위에 있다고 여겨지는 대학들 가운데 치열한 서열경쟁이 벌어지고 있다. 그리고 이러한 '대학 경쟁의 철학'은 학생 선발기준에 결정적인 영향을 미친다.

| 대 학 서 열 판 정 법 1 : 대 학 평 가 |

그렇다면 대학 서열경쟁은 어떤 방식으로 작동할까? 자기 대학의 서열을 입증하고 다른 대학보다 상위 순위에 있음을 입증하는 방식은 크게 세 가지가 존재한다.

첫 번째로 대학평가의 서열을 근거로 삼는 방법이 있다. 우리나라에서 이뤄지는 사실상 유일한 대학평가로 중앙일보교육개발연구소에서 시행하는 대학평가가 있다. 대학교육협의회에서 몇 개 학과를 대상으로 시행하던 대학평가는 2009년 공식적으로 중단되었고, 조선일보가 영국의 평가기관과 공동으로 실시하는 대학평가가 있지만 이것은 아시아 대학 전체를 대상으로 삼은 것이고 아직 2009년 1회밖에 실시되지 않았다. 가장 최근에 실시된 2008년의 중앙일보 대학평가 항목을 보면 교육여건 100점, 국제화 70점, 교수연구 120점, 평판·사회진출도 110점 도합 400점 만점으로 구성되어 있다.

이같은 중앙일보의 대학평가지표가 얼마나 합리적이고 대학 연구·교육의 바람직한 방향을 유도할 수 있는 지표인가에 대해서는 여러 가지 논란이 있을 수 있다. 일례로 평판·사회적진출도 부문을 보면 각종 고시 합격자를 많이 배출하고 기업체의 인사담당자로부터 좋은 평판을 얻을수록 높은 점수를 받도록 되어있는데, 이것은 대학이 배출하는 바람직한 인재상을 획일화시킬 우려가 있다는 점에서 논란의 대상이 될 수 있다.

또한 국제화 지표 70점의 구성을 보면 외국인교수 비율이 20점, 외국인학생 비율 15점, 해외파견 교환학생 비율 10점, 국내방문 외국인 교환학생 비율 5점, 영어강좌 비율 20점 등으로 되어있다. 그렇다면 국제화 지표에서 좋은 점수를 얻기 위해서는 많은 돈을 들여 외국인 교수를 초빙하고, 영어강좌의 비율을 높여야 한다. 이것이 교수와 학생에게 어떠한 불필요한 부담을 안겨주는지는 이런 정책을 추진하는 대학의 교수나 학생들에게 물어보면 쉽게 알 수 있다. 강좌가 영어로 진행되기 시작하면서 교수와 학생들이 하나같이 지적하는 것이 바로 '수업의 질이 떨어진다'는 것이다. 한국어로 강의를 진행하면 교수가 자유롭게 세밀한 뉘앙스를 살려 전달하고 학생들과의 질의응답도 거침없이 할 수 있는 반면, 영어로 진행하면 이게 잘 안된다는 것이다. 국제화 지표의 점수를 잘 받는 댓가 치고는 너무 큰 것이고, 대학 본연의 기능을 생각할 때 본말이 전도된 것이 아닐 수 없다.

영어강좌 비율이 높을수록 대학평가에서 높은 점수를 받는다는 점은 학생선발에도 영향을 미친다. 최근 명문 사립대들을 중심으로 학생들에게 높은 공인 영어시험(토플·토익·텝스) 성적을 요구하는 경향이 있는데, 수시의 글로벌 관련 전형에서는 명시적으로 높은 영어성적을 요구하고, 수시와 정시의 일반전형 등에서도 학생부 비교과영역에 기재되는 토플점수 등이 점점 더 큰 영향력을 발휘하는 것으로 보인다. 이것은 물론 영어구사능력이 우리 사회의 여러 영역에서 프리미엄으로 작용하기 때문이기도 하지만, 보다 직접적으로는 영어 구사능력이 뛰어나야 영어로 진행하는 강의를 쫓아올 수 있고, 영어강의를 늘려야 대학평가에서 높은 순위를 점할 수 있기 때문이다.

　　　대학평가지표가 적정한가 문제와는 별도로, 대학평가는 보다 근본적인 한계를 가지고 있다. 대학평가의 사회적 영향력이 그리 크지 않다는 점이다. 2008년 중앙일보 대학평가 종합순위를 보면 1위 KAIST, 2위 포스텍 포항공대, 3위 서울대, 4위 연세대, 5위 고려대, 6위 성균관대, 7위 한양대, 8위 서강대인데, 현실적으로 이러한 순위의 사회적 영향력이 미미한 것이다. 이를 근거로 'KAIST나 포스텍이 서울대보다 좋은 대학'이라는 주장을 한다면, 또는 '연세대가 고려대보다 좋은 대학'이라고 하면 과연 얼마나 많은 사람들이 이에 동의할지 의문이 아닐 수 없다.

| 대 학 서 열 판 정 법　2 : 수 능 커 트 라 인 |

　두번째로 입학생들의 수능성적(합격자 평균 또는 커트라인)을 통한 방법이 있다. 수능점수 커트라인이 대학 서열의 결과인지 원인인지에 대해서는 논란의 소지가 있겠지만, 어쨌든 이것이 우리 사회에서 받아들여지는 대학서열의 중요한 지표라는 점에는 이견이 없을 것이다. 아마도 중앙일보 대학평가보다 훨씬 중요하게 여겨질 것이다.

　　　그런데 수능 커트라인을 따지는 방식에는 결정적인 한계가 있다. 정시전형에서는 수능 비중이 높기 때문에, 수능 커트라인으로 대학

서열을 매기는 것이 가능하다. 문제는 수시전형에서는 이 방법이 통하지 않는다는 점이다.

　　　　서울지역 주요 사립대들의 경우 정시전형 정원의 절반 이상을 내신성적이나 논술성적을 고려하지 않고 수능성적 100%로 선발하고 있다. 정시전형 정원의 나머지도 내신·논술성적의 반영비율이 낮아 주로 수능성적으로 합격 여부가 결정된다. 2009~2010학년도에 걸쳐 최근 서울대를 제외한 대학들이 대부분 정시전형에서 논술을 폐지했으며, 서울지역 사립대들은 내신성적 실질반영비율을 낮추고 내신 1~4등급 간 차이를 매우 작게 하여 실질적으로 중간(5등급) 이상의 내신성적을 가진 학생들간에는 내신성적으로 인한 차이가 미미하도록 만들어 놓았다.

　　　　수능성적은 학생의 학력수준을 알려주는 지표(사실 매우 협소하고 불완전한 지표이지만 매우 강력하게 작동하는 지표)이지만, 또한 이러한 표준화된 시험에서 높은 점수를 얻는 학생들은 향후 각종 고시 등에서도 좋은 실적을 거둘 가능성이 크다. 따라서 수능성적은 현실적으로 학력 지표임과 동시에 '고시에서 높은 성적을 거둘 학생들을 가려내는' 지표로서 활용되고 있음에 주의해야 한다.

　　　　그런데 정시전형은 점차 축소되고 있고, 수시전형은 증가하고 있다. 대학들이 '우수한' 학생을 조기에 입학시키려는 전략을 쓰고 있기 때문이다(수시전형에서 합격하면 정시전형 지원자격이 박탈되며, 만약 2중합격이 밝혀지면 대학을 다니던 도중에도 합격이 취소되어 재수를 해야 한다). 2009학년도 통계를 보면 수시전형의 정원 비율이 58%, 정시전형의 정원 비율이 42%였다. 따라서 수능 커트라인을 이용하여 대학의 서열을 입증하는 방식은 전통적으로 상당한 영향력을 가지고 있으나 최근 달라진 입시 지형에는 잘 들어맞지 않는 면이 있다.

| 대학 서열 판정법 3 : 최상위 명문고생 유치 |

세 번째로 자타가 공인하는 우수 고등학교 학생을 많이 유치함으로써 서열상 우위에 있음을 입증하는 방법이 있다. 이 방법은 정시전형뿐만 아니라 수시전형에서도 폭넓게 활용될 수 있다는 특징이 있다. 우리나라 최고 입시 명문 고등학교는 어디일까? 대원외고일 것이다. 민사고도 있지만 민사고는 대원외고 정원의 1/3에 불과하고 해외대학 진학 비율이 대원외고보다 높기 때문에, 국내 대입과 관련해서는 대원외고가 더 중요한 의미를 갖는다. 대원외고는 우리나라 최고 수준의 학력을 가진 학교임이 여러 가지 지표로 입증되는데, 만약 대원외고 학생들이 고려대에 200명 진학하고 연세대에 100명 진학한다면 고려대는 아마도 이를 근거로 '고려대가 연세대보다 서열이 높다'고 주장할 것이다(실제로는 최근 대원외고생이 연세대와 고려대에 진학하는 비율은 거의 동률이다). 최근 연세대와 고려대가 최상위권 외고 학생들을 더 많이 뽑기 위한 경쟁을 하고 있는 데에는 이러한 셈법이 숨겨져 있는 것이다.

이 방법은 보편적으로 활용되는 방법은 아니고 주로 명문사립대에서 활용하는 방법이다. 최근 조사에서 연세대와 고려대 문과계열 입학생의 1/3 이상이 외고 출신임이 밝혀져서 충격을 주기도 했다. 그런데 연세대와 고려대는 외고 출신이라고 무조건 선호하는 것은 아니다. 이들은 지방에 있거나 이름없는 외고는 별로 쳐주지도 않는다. 연고대가 특히 영양가 있다고 여기는 외고는 서울지역 4개(대원, 명덕, 한영, 대일)와 경기지역 2개(안양, 용인 외대부속) 정도이다.

이런 명문 외고를 선호하는 현상은 우리 사회 전반에 뿌리박은 권력구조와 밀접한 상관을 가진다. 대학 입장에서는 최상위 고교 출신을 많이 선발하면 수반되는 장점이 많다. 이러한 최상위 고교 출신 학생들은 향후 고시 등을 통해 우리 사회의 핵심적인 권력층에 편입될 가능성이 높고, 따라서 이들이 고교 시절부터 형성하는 인맥이 고스란히 이들이 진학한 대학의 학벌권력의 기초로 활용될 수 있는 것이다. 실제로 사법고시 합격자의 15% 정도가 외고 출신이고, 대원외고 졸업자 중에서만 매년 40~50명대의 사법고시 합격자가 배출된다.

그리고 이러한 학벌주의는 학생선발에 매우 큰 영향력을 미친다. 실제로 연세대와 고려대 가운데 한 학교의 입학처 관계자가 나에게 "경쟁학교보다 외고생을 덜 뽑으면 동창회에서 항의전화를 받기도 한다"고 토로한 적도 있다. 한 명문 사립대 보직교수가 '명문 외고생들의 인적 네트워크를 우리 대학의 자산으로 삼아야 한다'고 주장했다는 일화는 명문 사립대의 사고방식을 잘 보여준다.

학벌권력 문제를 이야기할 때 여태까지는 주로 그 정점에 있는 서울대에 집중하여 논의가 이뤄져왔다. 하지만 학벌권력을 강화하기 위해 상위권 외고와 유착하는 정도는 서울대보다 연고대가 더 심각한 수준이다. 서울대의 경우 수시와 정시에서 공히 내신성적의 실질 반영비율이 높은 편이기 때문에, 내신성적에 불리함을 가진 외고생이 합격하기가 생각보다 어렵다. 2009학년도 정시전형 기록을 보면 연고대에 지원한 외고생 중 합격한 학생 비율은 33~34%에 달했는데 반해 서울대에 응시한 외고생 중 합격한 학생은 9%에 불과했다. 서울의 6개 외고 졸업자 가운데 속칭 SKY(서울대·고려대·연세대)에 진학하는 비율은 50%가 넘지만, 이 중에서 서울대에 진학하는 비율만 따져보면 10%도 되지 않는다.

　　　　서울대 이과계열의 경우를 보면 수시의 특기자전형이 과학고생을 선발하기 위한 통로로 활용되고 있다고 볼 수 있다. 수시 특기자전형 정원 가운데 이과가 2/3 가량인데(나머지는 문과와 예체능계), 이과 합격자 중 50% 정도를 과학고생이 차지하므로 과학고생 비율이 압도적인 수준은 아니지만 상당히 많다는 것을 알 수 있다. 하지만 문과의 경우 내신성적으로 인한 장벽이 꽤 높아서, 난다긴다 하는 대원외고 출신도 매년 서울대에 합격하는 학생이 60명대이고 명덕외고가 30명대, 한영외고 등 기타 외고가 10명대 이하이다(한영외고는 여타의 유명 외고에 비해 정원이 적기 때문에 고교서열에서는 최상위 랭킹에 들지만 배출하는 명문대 합격자 수는 적다). 2008년 첫 졸업생을 배출한 외대부속외고가 2008년에 서울대 합격자 20명대에서 2009년에 40명대로 올라섰는데, 이 수치가 계속 유지될지는 좀더 지켜봐야 한다.

　　　　서울대가 과학고생을 많이 뽑는 것은 학벌주의와 연관해서 해석하기 어려운 면이 있다. 우리나라에서 수학·과학을 가장 잘하는 학생들이 대거 의약계열로 진학하는 상황에서 서울대 자연대·공대 교수들이 나름대로 자구책을 펴고 있다고 해석할 수 있기 때문이다. 그리고 외고들이 최상위권 중학생들을 쓸어담고 있다는 사실을 고려해 본다면, 외고의 서울대 진학 실적은 기대 이하이다. 즉 특목고생을 유치함으로써 학벌권력을 강화하려는 경향은 서울대보다는 연고대를 중심으로 하는 명문 사립대에서 심하게 나타나고 있다고 할 수 있다. 서울대뿐만 아니라 연고대를 중심으로 하는 명문 사립대의 학벌주의가 매우 중요한 문제임을 새삼 느끼게 한다.

| 입학사정관제 하에서 고교등급제가 실시될 위험 |

앞에서 밝혔듯이, 우리나라 학생선발 기준은 '대학 경쟁의 철학'에 종속되어 있다. 제아무리 나름대로 좋은 학생선발 기준을 개발했다고 가정한다 하더라도, 현실적으로 그로 인해 수능성적이 더 낮은 학생을 뽑게 되거나 최상위권 외고 학생을 선발하는 데 불리한 여건에 놓이게 되거나 영어강의를 늘리는 데 방해가 되어 대학평가에서 높은 서열을 차지하는 데 불리하게 된다면, 대학들은 그 학생선발 기준을 버릴 가능성이 높기 때문이다. 지금까지 밝힌 내용을 도표로 정리하면 다음과 같다.

서열기준	관련된 전형	영향력의 범위	수반되는 부수적 효과
대학평가(특히 영어)	주로 수시	보편적(주로 문과)	우리나라에서 영어능력 우수자에게 부여되는 프리미엄
수능성적	주로 정시	보편적	고시 합격자 배출을 통한 기득권층 인맥 확보
명문 고교 출신자 유치	수시+정시	주로 명문사립대	명문 고교의 인맥을 흡수하여 대학 학벌의 유지·발전에 활용

최근에 이러한 '대학 경쟁의 철학'에 일정수준 영향을 줄 수 있는 요인이 몇 가지 발생하였다. 첫째가 법학전문대학원의 신설이고, 둘째는 입학사정관제의 도입이다. 이중 법학전문대학원의 신설은 그리 큰 영향을 주지는 못할 것으로 보인다. 명문대의 문과계열 모집단위 중 최고 선호학과이던 법대가 경영대 상경대 에게 자리를 물려주는 한편, 법대 커트라인 대신 법학전문대학원 합격자 수가 또다른 서열 경쟁의 잣대로 구실할 것이기 때문이다.

입학사정관제의 영향은 좀더 복잡할 것이다. 입학사정관제가 정착되면 '성적순 선발'에서 이탈하게 되기 때문에, 수능성적 커트라인 을 기준으로 대학 서열을 따지는 관행은 일정수준 완화될 것이다. 아무리 공부를 잘해도 0.1점이라도 높이기 위해 무한 성적경쟁을 거듭하는 폐단이 완화될 가능성이 있는 것이다.

물론, 정확히 얼마나 완화될 것인지는 입학사정관제의 확대 추이를 좀더 살펴봐야 예측 가능하다. 예를 들어 고려대 이기수 총장은 2009년 1월 중앙일보와의 인터뷰에서 2013학년도 이후의 수시모집에서 '수능으로 총 정원의 5배수를 1차 선발한 뒤 교장 추천이나 봉사활동 경력 등 다양한 기준으로 최종 선발하는 방식을 검토 중'이라고 말했는데, 이렇게 되면 성적순 선발에서 어느 정도는 이탈할 것으로 보이지만 여전히 수능성적 등이 기본적인 요건으로 요구되기 때문에 상당 수준의 성적경쟁은 계속 벌어질 것으로 보인다.

문제는 최상위 명문 고교 학생을 선발하려는 경향이나 영어구사능력이 뛰어난 학생을 선발하려는 경향은 입학사정관제를 통해 제어되는 것이 아니라 오히려 증폭될 가능성이 있다는 점이다. 예를 들어 총장이나 입학처장이 입학사정관에게 '영어 실력이 출중한 학생, 그리고 상위권 특목고 출신 학생에게 유리하도록 선발기준을 만들라'고 언질을 준다면, 대부분 비정규직으로 고용된 입학사정관들이 자기 소신을 지킨다는 것은 거의 상상하기 불가능할 것이다.

특히 고려대의 최근 행각을 보면 이명박 대통령 임기 중에 연세대를 따돌릴 각오를 단단히 한 것이 아닌가 하는 추측을 불러일으킨다. 2009학년도 수시 일반전형에서 고교등급제 의혹을 받으면서까지 무리하게 상위권 외고생들을 우대한 바 있고, 2009학년도 정시전형 지원 시기에는 고려대 경영대에서 '서울대 경영대마저 따라잡았으며 연세대 경영대는 비교가 안된다'는 요지의 대형 광고를 일간지에 실어 물의를 일으키기도 했다. 이런 학교에서 입학사정관제를 어떻게 활용할지 무척 우려될 수밖에 없다. 여기서 의미심장한 것은, 올해 2010학년도 대입에서 입학사정관이 참여하는 전형의 정원 비중을 보면 고려대가 전국 대학 가운데 가장 높은 23.5%라는 사실이다.

고려대를 중심으로 명문 사립대에서 입학사정관제를 악용할 가능성이 있다는 것은 나만의 개인적 견해가 아니다. 이미 강남 지역 학부모들 사이에 이러한 견해가 설득력을 얻고 있다. 흔히 알려진 바와 달리, 강남 지역은 특목고 선호도가 최고로 높은 지역은 아니다. 왜냐하면 거주지역의 일반고등학교를 다니면서도 명문대에 합격하는 비율이 높고, 최고급 사교육을 쉽게 활용할 수 있기 때문이다. 일반고에 다니면 특목고에 다니는 경우보다 내신성적 관리에 상대적으로 큰 힘을 쏟지 않아도 된다는 장점도 있다. 그래서 강남지역에서는 일반고에 대한 선호도가 나름대로 상당한 수준이다.

특목고 선호도가 가장 높은 지역은 대치동이 아니라 목동이나 중계동 지역이다. 지역 소재 고등학교와 지역의 사교육 여건에 대한 신뢰도가 대치동보다 낮기 때문이다. 믿기지 않겠지만 강남에는 자녀가 특목고에 갈만한 여건이 되어도 일부러 특목고에 안 보내는 '여우같은' 학부모들도 있다. 특히 서울대와 각 대학 의대의 합격률은 특목고생이 별로 높지 않다. 그런데 최근에 강남 학부모들 사이에서, 입학사정관제를 고려해보면 자녀를 명문 사립대가 선호하는 최상위 특목고에 꼭 진학시켜야 하는 게 아니냐는 말이 떠돈다. 대입제도 변화의 영향을 나름대로 예민하고 정확하게 예견하고 있는 것이다.

결국 입학사정관제 하에서 고교등급제가 우회적이고 은밀한 방식으로 도입될 수 있는 것이다. 앞에서 분석한 것처럼, 고교등급제가 공식적이고 노골적인 방식으로 도입되기는 어렵다. 하지만 입학사정관제는 그 '불투명성'을 특징으로 하는 제도이기 때문에, 이를 이용하면 원하는 고등학교 출신자를 많이 뽑는 것이 얼마든지 가능하다. 심지어 특정 고등학교 출신자에게 은밀하게 가산점을 준다 해도 적발하기 어렵다. 또 굳이 가산점을 주지 않는다 해도 최상위 외고생 등이 많이 가지고 있는 몇 가지 스펙(토플이나 경시대회 성적 등)에 가중치를 주거나 하면 쉽게 이들을 가려뽑는 것이 가능하다.

　　게다가 대원외고 등은 미국대학 진학반을 운영해오면서 미국의 입학사정관들이 선호하는 경력을 만들어내기 위한 각종 특별활동 등을 운영해온 경험이 있다. 이런 노하우를 국내대학 진학반에도 적용하게 되면, 이들이 특별활동이라는 측면에서조차 입학사정관제 하에서 유리한 입지를 선점할 수 있음은 물어볼 필요도 없는 것이다.

| 김연아도 서열경쟁의 도구? |

이제 대학의 서열경쟁은 예전보다 훨씬 노골화되었다. 가히 '점입가경'이라고 부를 만하다. 언론은 이를 한껏 부추긴다. 언론계에서 주관하는 관훈포럼은 2009년 5월 6일, 연세대와 고려대 총장을 연달아 불러놓고는 설전을 유도했다. 고려대 이기수 총장이 한 인터뷰에서 "경영대 교수 숫자가 고대 90명, 연대 65명으로 이미 승부가 끝난 것"이라고 언급한 데 대해 소감을 묻자 연세대 김한중 총장은 "우선 학생 숫자가 다르고, 무엇보다 CPA⁽공인회계사⁾ 합격자는 우리가 1등"이라고 받아쳤다. 아울러 연세대 총장은 "영국의 더 타임스 대학평가 순위에서 고대가 2년 연속 연대보다 낮았다"고 지적하였다. 기자가 이 말을 전하자 고려대 총장은 "인재 육성은 고대가 잘한다"며 "김연아의 우승도 전화 통화를 통해 고대 정신을 주입시킨 결과이며, 그래서 고대가 김연아를 낳았다고 광고한 것"이라고 밝혔다.

한 나라의 최고 명문대 총장이 한 발언이라고 보기엔 믿기 어려운 이야기이다. 당시 김연아는 세계선수권 출전을 위해 계속 해외 체류 중이어서, 고려대에 입학은 되었지만 한 번도 가보지 못한 상황이었다. 그런데 '전화로 고대 정신을 주입시킨 결과 세계선수권대회에서 우승한 것'이라니, 억지도 이런 억지가 없었다. 피겨 퀸 김연아마저 대학 서열경쟁의 도구로 활용하기 시작한 고려대 총장의 이같은 발언은 네티즌들의 비웃음을 샀다.

더욱 무서운 것은 대학 서열화와 고교 서열화가 이미 서로 맞물려 돌아가기 시작했다는 사실이다. 입학사정관제는 이러한 경향을 증폭시킬 것이다. 이명박 정부의 교육정책을 주도하는 세력은 수요-공급 논리만 알 뿐이다. 이들은 '좋은 고등학교에 가고 싶은 학생이 많으니 좋은 고등학교를 더 많이 만들면 된다'고 생각하는데, 문제는 그 고등학교가 모두 서열화됨과 동시에 고등학교의 서열과 대학의 서열이 유착된다는 것이다. 이들은 일반적인 '수요-공급 논리'만 알 뿐이지 '서열화 논리'가 얼마나 무서운지 모른다.

이명박 정부의 교육정책 주도세력은 자신의 정책이 성공하리라고 굳게 믿고 있을 것이다. 하지만 이들은 대학들을 제어할 수 있는 여러 무기를 '대학 자율화'라는 명분하에 대부분 스스로 포기해 버리지 않았는가? 무기 없이 전쟁에 뛰어들려 한다는 점에서, 이들은 노무현 정부보다 더 무모한 일을 벌이고 있는 것이다. 노무현 정부의 대입제도 개혁안이 대학들의 힘에 의해 무력화된 것처럼, 이명박 정부의 대입제도 개혁 또한 대학들의 힘에 의해 왜곡될 것이 뻔하다. 그리고 노무현 정부가 임기 말년에 '죽음의 트라이앵글'을 목도한 것처럼, 이명박 정부 또한 그 임기 말년에 대입을 둘러싸고 대단한 혼란과 파국적 결말이 벌어지는 것을 목격하게 될 것이다.

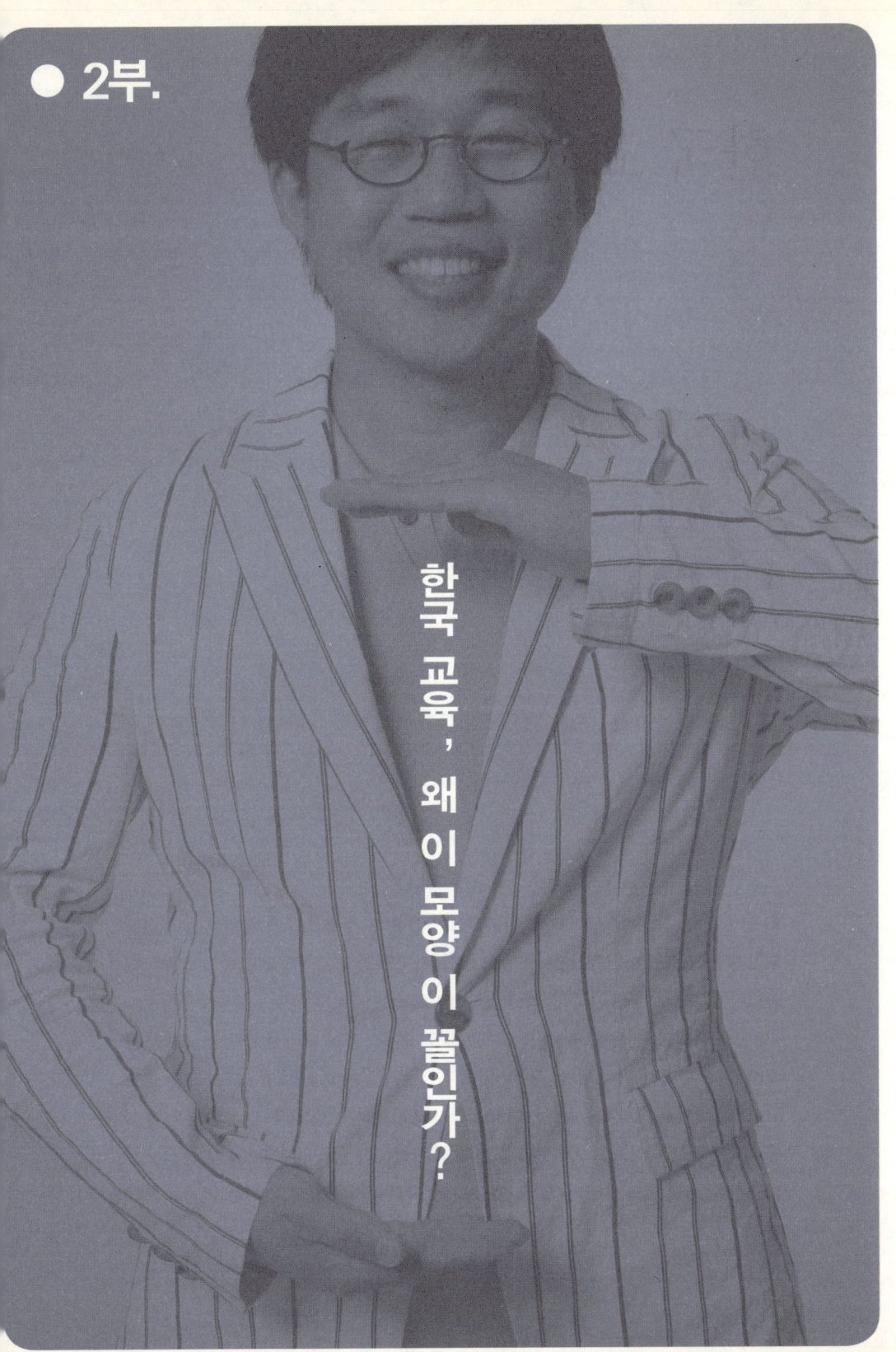

● 2부.

한국 교육, 왜 이 모양이 꼴인가?

한국 교육은
일본 교육의 짝퉁

한국의 교육 시스템은 해방 이후 미군정을 거친 이후 주로 미국의 영향을 받아 성립되고 발전되었다고 생각하는 사람들이 많다. 하지만 한국 교육의 전반적인 모습은 미국보다는 일본에 훨씬 가깝다. 학년이 봄에 시작하는 것이라든가, 초등학교6년/중학교3년/고등학교3년으로 구분되는 학교 체계, 교육과정과 교과서에 대한 국가의 강력한 통제, 주입식 교육 패러다임, 대학이 직접 출제하는 입학시험(본고사 또는 논술고사), 문과와 이과를 나누는 것, 대입 이전부터 치열하게 벌어지는 선발경쟁 등등 다른 나라에서는 찾아보기 어려운 여러 제도와 현상들이 한국과 일본에서 공통적으로 발견된다. 한국 교육은 한마디로 일본 교육의 '짝퉁'이라고 말할 만하다.

| 공통점 1 : 내신 성적표에 석차가 나온다 |

우리나라와 일본 교육의 공통점 가운데 두드러지는 것으로, 우리나라와 일본의 중고등학교 내신 성적표에는 반 석차와 전교 석차가 나온다는 점을 들 수 있다. 요즘에는 모든 과목을 통틀어 발표되는 이른바 '전체 석차'는 기재되지 않지만, 각 과목별로 자신이 학급에서 몇 등이고 학년에서는 몇 등인지가 성적표에 뚜렷이 나와있는 것이다.

우리는 이러한 제도에 너무나 익숙해져 있기 때문에 아무런 문제도 느끼지 못한다. 하지만 성적표에 석차가 표기되는 것은 일본과 우리나라를 제외한 어느 나라에서도 찾아보기 힘든, 극히 희귀한 제도이다. 미국을 포함한 다른 나라의 중고등학교 성적표는 마치 대학 성적표처럼 과목별 평점(A, B, C…)이 표기되거나, 점수가 표기된다. 사실 이것만으로도 충분히 성적표 구실을 하지 않는가?

대학이 학생을 선발할 때 사용하는 고등학교 학생부^{학생생활기록부}에는 석차가 표기되지는 않는다. 하지만 학년 석차에 근거하여 산출된 과목별 내신 '등급'이 표기된다. 예를 들어 어떤 과목의 학년 석차가 상위 4% 내에 들면 1등급, 11% 내에 들면 2등급, 23% 내에 들면 3등급… 이런 식으로 표시되는 것이다. 이하 40%까지 4등급, 60%까지 5등급, 77%까지 6등급, 89%까지 7등급, 96%까지 8등급, 이하 9등급이다. 학생부에는 이밖에 과목별 점수와 평균점수, 표준편차가 함께 수록된다. 참고로 수능에서도 내신과 동일한 퍼센트 기준에 의해 과목별로 1~9등급이 매겨지며, 수능성적표에는 과목별 점수와 등급이 표기된다.

학년별로 석차를 매기는 제도가 얼마나 이상하고 불합리한 제도인지는 다음과 같은 예를 보면 알 수 있다. 예를 들어 미국의 어느 학교에 6개 학급으로 구성된 한 학년이 있는데, 1~3반은 A교사가 가르치고 4~6반은 B교사가 가르친다고 해보자. A교사와 B교사가 가르치는 방법과 내용에 있어 어느 정도 편차가 나는 것은 당연하게 여겨진다. 예를 들어 남북전쟁을 가르친다 해도 A교사는 링컨의 게티스버그 연설의 정치사적 의미에 대해 탐구식 수업을 진행하는 반면 B교사는 "바람과 함께 사라지다"와 같은 문학작품에 투영된 남북전쟁의 의미에 대해 분석하는 수업을 할 수 있다. 물론 당연히 A교사와 B교사가 공통적으로 가르치는 부분도 있지만, 구체적인 수업의 버전은 이렇게 개성화되고 다양해지는 것이 불가피하며 또 당연하다.

그런데 우리나라에서 임진왜란을 가르칠 때에는 이런 식으로 하기가 불가능하다. 학년별로 석차를 매겨야 하므로, 1~3반과 4~6반의 강의 내용, 수행평가 과제, 쓰기·발표 과제 등이 모두 똑같아야 한다. 그리고 시험문제와 수행평가 등도 똑같아야 한다. 따라서 1~3반을 가르치는 A교사와 4~6반을 가르치는 B교사의 수업 내용은 거의 똑같아야 한다. 게다가 교육부가 수업시간에 의무적으로 다뤄야 한다고 지정해놓은 내용의 양이 매우 많다. 당연히 교사들은 최소한의 공통분모인 교과서의 내용을 쭉 훑고 지나가는, '주마간산식 수업을 하게 된다. 만약 어떤 교사가 자신만의 개성적이고 창의적인 수업 버전을 개발했다간, 당장 '체제 부적응자'로 낙인찍힐 수밖에 없다. 학년 등수를 매겨야 하는데, 한 교사가 이렇게 '튀게' 가르쳐서는 곤란하니까 말이다!

| 공통점 2 : 국가가 교육내용을 속속들이 통제한다 |

한국과 일본 교육의 또다른 공통점은, 국가가 교과서와 교육내용을 강력하게 통제한다는 것이다. 학교에서는 국정 또는 검정 교과서만이 사용될 수 있으며, 그 내용은 교육당국이 강하게 통제한다. (엄밀히 보면 우리나라에는 국정과 검정 교과서 이외에 인정 교과서가 있어서, 검정과 인정을 합쳐 '검인정 교과서'라고 부르곤 한다. 검정은 교육부에서, 인정은 교육청별로 시행한다는 차이점이 있으나, 주요 과목은 모두 검정제도가 실시되고 있으므로 인정제도는 별 의미가 없는 제도라고 할 수 있다.)

대개의 서구 선진국들은 교과서 자유발행제도를 채택하고 있다. 교과서 자유발행제 하에서는 어떤 책이 교과서이고 어떤 책이 교과서가 아닌지의 구분 기준이 따로 없다. 어떠한 책을 교과서로 삼을지를 학교별로 자율적으로 정할 수 있기 때문이다. 심지어 스웨덴, 핀란드 등에서는 교사가 직접 교과서를 집필하는 것도 가능하다.

미국의 경우, 국가 수준의 교과서 제도는 없다. 다만 주별 또는 교육구별로 교과서 검정을 실시하여, 검정을 통과한 교과서들 가운데 학교별로 채택된다. 하지만 이것은 우리나라의 교과서 검정제도와는 크게 다르다. 우리나라에서는 검정을 실시하는 교육당국이 미리 '교과서에 어떤 내용을 넣어라'라는 구체적인 지침을 주기 때문에, 비록 검정 교과서가 여러 종이 출판되지만 그 내용을 비교해 보면 오십보백보이다. 대단원은 물론이요 소단원 제목과 순서까지 똑같은 경우가 대부분이다.

반면 미국의 교과서 검정제도에서는 교육당국이 '대강'의 내용과 목표만을 지정하기 때문에, 교과서별로 상당한 수준의 다양화가 가능하다. 예를 들어 과학 교과서에서 지구의 내부 층상구조를 설명하는 부분을 보면, 지진파를 통해 지구 내부에 대한 정보에 접근하는 교과서도 있고 원시지구의 형성과정을 통해 접근하는 교과서도 있다. 사회 교과서에서 미디어에 대하여 다룬다 해도 미디어의 역사적 변천을 중심으로 서술하는 교과서도 있고, 다양한 미디어별 특성을 체험해보는 것을 강조하는 교과서도 있는 식이다.

이제 우리나라와 일본에서 공통적으로 나타나는 '붕어빵식' 교육이 왜 이토록 끈질긴 생명력을 나타내는지를 이해할 수 있을 것이다. 교육과정 편성권이 현장의 교사들에게 전혀 이양되지 않고 교육관료들에 의해 완전히 장악되어 있는 것이다. 심지어 교육과정상 의무적으로 가르치도록 되어있는 내용의 일부를 빼먹을 경우, 이에 근거하여 교사에게 징계를 먹이는 것도 가능하다. 교육과정에 대한 통제와 연계된 국정·검정 교과서 제도는 매우 구체적으로 교사들의 자율성을 구속한다. 게다가 학년별 석차를 매기게 되어있는 내신성적 제도로 인해, 교사들은 더더욱 완벽한 붕어빵 수업을 할 수밖에 없는 것이다.

이로 인해 논술고사가 대입에 도입된 지 15년이 지났지만 학교

교육은 '논술적 전환'을 시도조차 하지 못하고 있다. 입학사정관제 하에서 최종 선발단계를 집단토론과 면접으로 한다고 하지만, 학교의 돌아가는 사정을 아는 사람들은 학교에서 토론식 수업을 하게 되리라는 기대는 아예 품지 않는다. 학교가 거대한 붕어빵 제조공장 이상의 역할을 하지 못하는 상황에서, 대학입시제도를 변화시킴으로써 공교육을 바람직한 방향으로 전환시키려는 시도는 성공하기 어렵다. 현재의 학교교육 시스템으로는 그나마 수능 정도만 어느정도 대비해주는 것이 가능한 정도이다. 물론 수능에 비해 논술이나 토론식 교육이 보다 긍정적인 교육효과를 가지고 있음은 분명히 인정할 수 있는 사실이다. 혹자는 그러니 대입에서 논술이나 토론을 도입함으로써 학교교육의 변화를 유도할 수 있다고 기대한다. 하지만 이런 주장을 하는 사람들은 대개 우리나라 붕어빵 기계의 위력과 작동 메커니즘을 알지 못한다.

일본과 우리나라에서 유독 역사교과서 논란이 벌어지는 것도 이같은 맥락에서 이해될 수 있다. 일본의 극우 역사교과서가 일본 내에서 논란을 낳고 한국과 중국의 항의의 대상이 된 것처럼, 우리나라에서는 금성출판사판 근현대사 교과서가 좌편향 논란 속에 2008년 정부에 의해 강제로 수정되고 말았다. 물론 일본과 우리나라에서 벌어진 역사교과서 논란의 구체적인 양상은 매우 다르다. 일본의 극우 역사교과서는 일본 정부의 암묵적인 동의 하에 교과서 검정을 통과한 것인 반면, 한국의 좌편향 논란 역사교과서는 이미 검정을 통과하여 사용 중인 것을 정부가 강제로 수정한 것이다. 하지만 두 가지 사건 모두 정부가 교과서를 직접 통제한다는 일본과 한국의 공통점을 보여주고 있다. 정부가 직접 교과서를 통제하므로, 교과서에 구체적으로 어떤 내용이 적혀있는가가 정치·외교적인 이슈가 되어버리는 것이다.

| 공통점 3 : 문과와 이과를 구분한다 |

일본과 한국 교육의 또다른 뚜렷한 공통점은 문과와 이과를 나누는 관행이다. 3부에서 다시 언급하겠지만, 7차교육과정 이후 문과^{인문계}와 이과^{자연계}라는 공식 명칭은 사라졌다. 하지만 문과와 이과 사이의 구분은 오히려 이전보다 심해졌다. 고등학교에서는 여전히 고1 중반에 문과 지망자와 이과 지망자를 조사하고, 2학년에 진입할 때 문과/이과별로 반을 별도 편성한다. 대학도 내신과 수능성적 처리규정을 문과/이과별로 구분하여 공표하고, 문과/이과별로 서로 다른 논술문제를 출제한다.

　　　　7차교육과정부터 수능제도 또한 문과와 이과 사이의 장벽을 더욱 높여놓았다. 이과생은 수능에서 사회탐구 과목을 치를 필요가 없고, 문과생은 과학탐구 과목을 치를 필요가 없다. 엄밀히 보면 치를 필요가 없는 것이 아니라 치르는 것이 불가능하게 만들어놓았다. 수능 사회탐구와 과학탐구를 동일한 시간^{수능 4교시}에 치르기 때문이다.

　　　　문과/이과 구분이 서양에서 유래한 줄 아는 사람들이 많은데, 이것은 정확히 일본식 제도이다. 사실 서양의 중등교육 또는 대학교육의 전체 역사를 통틀어봐도 문과/이과 구분에 해당하는 구분은 없다. 가장 비슷한 게 있다면 19세기 독일의 김나지움^{고등학교}이 원래 인문계열 중심이다가 차츰 자연계열 김나지움이 신규로 생겨나기 시작한 것이다. 19세기 일본의 근대 교육제도 성립기에 미국과 함께 독일^{프로이센}로부터 많은 영향을 받았는데, 독일의 영향으로 인해 일본에 문과/이과 제도가 만들어지고 이것이 일제강점기 우리나라에 이식된 것으로 보인다. 하지만 독일의 경우 학교에 따라 교육과정을 특성화시킨 것이므로, 동일 학교 안에서 문과/이과를 계열별로 나누는 일본이나 우리나라의 제도와는 상당히 다르다.

　　　　사실 '통섭'이니 뭐니 하는 유행어를 언급하지 않아도, 상식적으로 문과와 이과 사이에 이런 식으로 장벽을 쳐놓은 것은 완전한 넌센스이다. 예를 들어 심리학은 문과인가, 이과인가? 지리학은? 통계학은? 경제학은? 해양학은? 고고학은? 음악학은?… 미국의 경우를 예로 들어보면, 예를 들어 대학에서 컴퓨터 사이언스를 전공하려는 학생이 문학이나 스페인어처럼 전혀 컴퓨터 사이언스와 상관없는 과목의 심화반^{honor class} 또는 심지어 선이수반^{AP class}을 수강하는 것을 심심치않게 볼 수 있다. 일부 대학에서는 지망하는 전공과 연관된 과목을 이수하는 것을 선호하지만, 반대로 지망하는 전공과 동떨어진 과목을 이수하는 것을 높게 평가해주는 대학도 있기 때문이다. 영국의 예를 보면, 자신이 대학에서 어느 분야를 전공하려는지를 정하면 대학이 이에 따라 대학입시(영국의 A-레벨 테스트)를 치를 과목들을 지정해 주므로, 문과/이과 구분

같은 건 원천적으로 불필요하다.

결국 문과와 이과를 학문의 성격이나 대상에 따라 구분하는 것은 설득력이 없을 뿐만 아니라, 날이 갈수록 학문의 영역이 서로 침투하고 영향을 주며 새로운 분야가 탄생하는 현대의 상황에 맞지 않다. 그리고 고등학교에서 폭넓은 과목 선택이 가능하거나 아니면 지망하는 전공에 따라 특화된 과목만을 이수하도록 요구받을 경우, 문과와 이과의 구분은 전혀 불필요하다. 일제 잔재를 청산하는 의미에서라도, 문과/이과 구분은 하루빨리 없어져야 마땅하다.

| 공통점 4 : 대학이 입시를 출제한다 |

선진국은 모두, 그리고 선진국 비슷한 국가들도 어지간히 가입해 있는 OECD 가입국 중에서 대학에서 직접 입학시험 문제를 출제하고 관리하는 나라는 일본과 우리나라 정도밖에 없다. 캐나다나 핀란드처럼 내신성적만으로 대학 진학 여부가 가려지는 나라도 있다. 하지만 대입 경쟁이 상당 수준으로 일어나는 미국이나 영국이든, 대학이 평준화되어있고 일정 수준 이상임을 입증한 학생은 모두 대학에 진학하는 프랑스나 독일이든간에, 대개의 경우에는 별도의 대학입시가 치러진다. 이런 시험들은 프랑스의 바칼로레아처럼 중앙정부에 의해 주관되거나 독일의 아비투어처럼 지역별로 주관되는 것도 있고, 미국의 SAT처럼 공인기관에서 관리하는 것도 있다.

선진국의 대학 교수들에게 대학입시 문제를 출제하고 채점하라고 한다면, 이들은 펄쩍 뛸 것이다. 연구하고 가르치느라 바빠 죽겠는데 왜 입시문제를 출제하고 채점해야 하느냐는 것이다. 정부나 공인기관에서 관리하는 시험 성적을 참조하여 적절히 학생을 선발하면 될 것 아닌가? 바로 한국의 대학교수들이 논술고사를 출제하고 채점하면서 이같은 불만을 토로한다.

우리는 과거에 본고사를 치렀으며 현재 대학별 논술고사를 치르고 있기 때문에, 본고사나 논술고사를 대학에서 직접 주관하는 것에 친숙하다. 하지만 대학에서 본고사나 논술고사를 직접 출제해야만 한다든가, 그래야만 대학의 경쟁력이 확보될 수 있다는 식으로 믿는 것은 세계적으로 매우 희귀한 현상이다. 현행 수능으로 부족한 면이 있다고 판단된다면 '대학 자율'이라는 미명 아래 본고사를 주장할 것이 아니라, 수능제도를 확장하거나 수능 이외의 국가고시를 새로이 개발해야 한다고 주장하는 것이 논리적인 순서이다. 이 편이 오히려 대학의 부담을 덜어줌으로써 대학의 경쟁력을 키워주는 길이다.

| 공통점 5 : 대입 이전부터 선발경쟁이 벌어진다 |

일본도 고교평준화 제도를 채택하고 있지만, 흔히 고교평준화와 거리가 먼 나라로 인식된다. 사립학교에 평준화 체제에 편입될지 아니면 독자적으로 학생을 선발할지를 선택할 수 있는 권한을 준 것이다. 그 결과 사립학교 중 일부는 학생을 자율적으로 선발한다. 소위 명문 사립고등학교에서 별도의 입시로 입학생을 선발한다. 마찬가지 맥락에서 중학교 입시도 있고, 초등학교 입시도 있으며, 심지어 유치원 입시도 있다.

선진국 가운데에도 미국이나 영국처럼 대입 선발경쟁이 나름 치열하게 벌어지는 나라도 있지만, 적어도 고등학교 입시나 중학교 입시 등이 발달된 나라는 사실상 일본밖에 없다. 그런데 우리나라가 일본을 따라가고 있는 형국이다. 우리나라에서는 특목고가 늘어나면서 고교평준화가 유명무실해지기 시작했고, 자립형사립고와 자율형사립고 등으로 인해 고교평준화가 사실상 종말을 고할 처지에 놓였다. 최근엔 국제중이 설립되기 시작하면서, 중학교도 위험해지고 있다. 그리고 이러한 경향에 대하여 경계하기는커녕 박수를 치는 사람들이 있는데, 이들이 좋은 의미에서건 나쁜 의미에서건 일본식 제도를 본보기로 삼고 있다는 점은 분명히 짚고 넘어가야 할 것이다.

한국 교육의 양대 문제: 선발경쟁과 학교관료화

한국 교육의 양대 문제는 '선발 경쟁'과 '학교관료화'라고 할 수 있다. 이 두 가지 문제 각각이 모두 심각한 수준인데다가, 두 문제가 서로 실타래처럼 마구 엉켜져 도저히 풀릴 것 같지 않은 매듭을 만들어놓고 있다. 선발경쟁과 학교관료화 가운데 보다 지배적인 영향력을 가지고 있는 것은 선발경쟁이라고 보인다. 이를 완화하거나 해소하지 않으면 공교육 정상화가 불가능하므로, 일단 선발경쟁의 문제를 분석해본 다음 학교관료화의 문제를 분석해보도록 하자.

선발경쟁, 왜 이렇게 치열한가?

대입 선발경쟁이 벌어지는 이유는 두 가지로 구분해볼 수 있다. 하나는 대학교육에 대한 수요에 비해 공급이 부족한 경우이다. 설령 대학들이 평준화되어있다 할지라도, 대학의 총 정원이 부족하여 비교적 소수의 학생들만이 대학에 진학할 수 있다면 선발경쟁이 벌어지게 될 것이다. 선발경쟁이 벌어지는 또하나의 경우는 대학이 서열화되어 있을 때이다. 예를 들어 전체 대학 정원은 동일한데 대학이 평준화된 경우와 대학이 서열화된 경우로 나누어 비교해 보자. 당연히 대학이 평준화된 경우보다 서열화된 경우에 선발경쟁이 더 심하게 일어날 것이다. 학생들이 보다 상위 서열의 대학에 들어가길 원하게 될 것이기 때문이다.

특히 우리나라에서 벌어지는 대입 선발경쟁은 첫 번째 이유(대학교육의 공급 부족)보다는 두 번째 이유(대학 서열화)로 인한 것이다. 이미 전국의 대학 정원이 고3 졸업자 숫자보다 많아진 상황이므로, 대학교육의 공급은 충분하게 이뤄지고 있다고 볼 수 있다. 우리나라에서 선발경쟁이 유난히 격렬한 이유는, 대학 서열이 매우 확고하게 자리잡고 있는데다가, 한 단계라도 상위 서열의 대학에 진학하게 되었을 때 얻게 되는 인생의 프리미엄이 매우 크기 때문이다. 어느 대학을 나왔느냐에 따라 사회적 인정과 인맥과 기회의 수준이 크게 차이난다는 것이 우리나라의 상식이다. 이로 인해 얻게 되는 프리미엄을 우리는 '학벌'이라고 부른다. 이런 면에서 우리나라의 과열된 선발경쟁은 학벌주의와 뗄 수 없는 관계를 맺고 있다.

지나친 선발경쟁을 예방하거나 해결하고자 할 때, 두 가지 접근방법이 있을 수 있다. 첫 번째 접근방법은 서열화는 인정하고 학벌주의만을 타파하는 것이다. 그러기 위해서는 간판보다는 능력과 적합성 위주로 사람을 평가하는 문화와 제도를 정착시켜야 한다. 대체로 미국이나 영국이 이러한 방법을 택하고 있다고 볼 수 있다. 미국과 영국에는 나름대로 대학 서열이 존재함에도 불구하고 선발경쟁이 한국만큼 심하지는 않은데, 이것은 학벌주의가 어느정도 존재하지만 한국만큼 심하지는 않기 때문이다. 두 번째 접근방법은 대학을 평준화시킴으로써 서열화와 학벌주의 양자를 모두 철저히 제어하는 것이다. 대체로 독일, 프랑스, 스웨덴 등의 유럽 대륙 국가들이 이러한 방법을 채택하고 있다. 이 나라들에서는 대학이 거의 평준화되어 있기 때문에, 서열화와 학벌주의가 가장 철저히 억제되어 있으며, 당연히 선발경쟁이 가장 잘 제어된다.

결국 과열된 선발경쟁과 학벌주의를 해결하기 위한 방법에는 크게 두 가지가 있는 것이다. 거칠게 보면 영미식 대안을 선호하는 사람들은 우파적 정치 성향을 보이는 사람들이고, 유럽식 대안을 선호하는 사람들은 좌파적 정치 성향을 보이는 사람들이다. 똑같이 학벌주의를 비판하지만 영미식은 '대학서열화' 자체는 건드리지는 않는 가운데 학벌주의만 제어하려는 반면, 유럽식은 '대학서열화' 자체를 문제삼는 것이다. 이같은 차이에 따라 양자의 대안은 전혀 다른 방향으로 갈리게 된다. 물론 과열된 선발경쟁과 학벌주의를 타파하는 데 애당초 별다른 관심이 없는 사람들도 있는데, 이런 사람들의 정치적 성향은 대체로 수구파 내지 극우파라고 할 수 있겠다.

표. 미국, 유럽, 한국의 교육시스템의 간략한 비교

	미국	유럽(영국 제외)	한국(일본과 유사)
전반적 특징	대학서열화+학벌주의 약함+대입경쟁 존재	대학평준화+학벌주의 없음+대입경쟁 매우 약함	대학서열화+학벌주의 강함+대입경쟁 강함
고교형태	공립90%+사립10%, 일부 명문사립고(학생의1.5%)	거의 100% 공립, 진로에 따른 분화(직업학교 등)	공립·사립 공존, 다양한 분화(전문계·특목·자사고)
대학형태	공립60%+사립40%	거의 100% 국·공립	국·공립15%+사립85%
연간등록금	주립대 1000만 원, 사립대 3000~6000만 원	무상~100만 원(영국 제외한 서유럽국가 대부분)	500~1000만 원
대학 학생선발단위	대학별 선발	국가·지역별 또는 대학별	대학별 선발
대학의 학생선발기준	대입시험(SAT·AP)+내신	대입시험(바칼로레아·아비투어 등) 또는 내신	대입시험(수능)+내신+대학별고사(논술·면접)
대학별고사	없음	없음	논술·면접
사교육	SAT·AP 학원 발달중	매우 적음	수능·내신·논술학원 발달

유럽식 대안과 영미식 대안은 각기 장단점을 가지고 있다. 유럽식 대안은 학벌주의와 선발경쟁을 가장 확실하게 제어할 수 있다는 점 이외에도 중요한 장점을 한 가지 더 가지고 있다. 그것은 바로 최근에 심각한 문제로 대두되고 있는 대학등록금 문제를 함께 해결하기 용이하다는 점이다. 실제로 프랑스, 독일, 스웨덴, 네덜란드, 핀란드 등 유럽 대륙의 대학평준화를 이룬 나라들은 대학교육을 국가가 재정적으로 책임지기 때문에, 대학등록금이 무상이거나 기껏해야 1년에 100만 원 수준이다. 영미식 대안을 택하면서도 등록금 문제나 사교육비를 어느정도 줄이는 것은 가능할 수 있지만 기대할 수 있는 효과의 정도는 그리 크

지 않고, 그나마 그정도의 효과를 달성하기 위해서 매우 정교한 정책을 펴야 한다.

반면 유럽식 대안에는 중요한 단점이 있는데, 사립대학 비율이 높은 우리나라 여건에서 이를 추진하려면 저항이 심할 것이라는 점이다. 우리나라는 전체 대학 중 85%가 사립대학으로서 세계에서 사립대학 비율이 가장 높은 기형적 상황이다. 이런 상황에서 그나마 해볼만한 방법은 국립대를 늘리고 사립대에 정부 재정을 대거 투입하여 사립대를 재정적으로 공영화시키면서 대학평준화 대열에 합류시키는 것인데, 이 과정에서 상당한 사회적 마찰과 저항이 발생할 것이다.

아울러 유럽식 대안의 전제조건은 국가가 대학교육을 재정적으로 책임지는 것이기 때문에, 그만큼 돈이 많이 든다는 문제가 지적될 수 있다. 하지만 현재 전국민이 쏟아붓고 있는 엄청난 사교육비와 낭비적인 입시경쟁을 생각해 볼 때, 정부 재정을 추가로 투입함으로써 이를 완화하거나 해결할 수 있다면 충분히 해볼만한 일이 아니겠는가? 여기서 꼭 참조해야 하는 사실은, 2008년 OECD 지표에 따르면 우리나라의 GDP(국민총생산) 대비 정부부담 공교육비(교육예산) 비율은 OECD국가들 평균보다 낮은 수준이고(평균 5.0% 한국 4.3%), 반대로 민간부담 공교육비(학생·학부모가 납부하는 등록금) 비율은 OECD 평균보다 훨씬 높은 수준이라는 점이다(평균 0.8% 한국 2.9%). 특히 이명박 정부가 들어선 이후 엄청난 규모의 감세정책이 실행되어 2009년 13조, 2010년 이후 매년 20조 원 이상의 세금이 감면될 전망인데, 이명박 대통령이 후보 시절 내세운

'반값 등록금' 공약을 실현하는 데 매년 5조 원밖에 들지 않는다는 점이 고려되어야 할 것이다.

영미식 대안도 결코 유럽식보다 쉽다고 볼 수 없다. 일단 영미식 대안은 선발경쟁의 강도를 '완화'시키는 방안일 뿐, '해결'할 수 있는 방안은 아니라는 한계를 가지고 있다. 게다가 이 방안은 정부 주도의 정책만으로는 거의 실효를 거둘 수 없으며, 학벌주의를 경계하고 제어하기 위한 민간의 자발적인 참여가 훨씬 더 중요하다. 특히 기업이 출신대학 등을 고려하지 않고 능력과 업무 적합도 위주로 채용하는 것이 매우 중요하다. 따라서 영미식 모델을 택할 경우 정부가 직접 주도할 수 있는 일은 그리 많지 않고, 학벌주의를 제어하기 위한 사회 곳곳의 문화운동이 필수적이다. 내가 보기에 영미식 대안은 유럽식 못지않게 힘들며, 특히 학벌주의의 성곽에 갇혀있는 우리나라 우파 정치세력이 이러한 대안을 적극적으로 추진하겠다는 의지를 가지기는 쉽지 않다고 본다.

| 한 국 학 교 는 교 육 기 관 이 아 니 다 |

이제 '선발경쟁'과 아울러 우리나라 교육의 양대 문제인 '학교관료화'를 살펴보자. 우리나라 학교가 얼마나 철저한 관료주의의 아성이 되어버렸는지는 2부의 '한국 교육은 일본 교육의 짝퉁'편만 읽어봐도 어느정도 이해될 것이다. 특히 학교관료화로 인한 결과 중에서 '획일적 교육'이라는 측면을 다뤘다. 하지만 학교관료화에는 '획일적 교육'이

라는 측면 이외에 또다른 측면이 존재한다. 이것을 나는 '무책임 교육'이라고 부른다.

2008년 초 이명박 정부의 인수위원회에서 '아륀지'로 상징되는 '영어몰입교육 파동'이 일어났을 때, 전국의 영어 학원들이 유례없는 호황을 누렸다. 그런데 당시 공식적으로 발표된 정책의 이름은 분명 '영어학원 돈벌어주기'가 아니라 '영어 공교육 강화안'이었다. 그 내용을 보면 영어 교사와 영어 수업시간을 늘리고, 영어 교육의 목표를 실용 영어 중심으로 개편하며, 수능 영어시험을 없애고 대신 정부가 시행하는 영어능력검정시험으로 대체하는 것이다. (그중 수능 영어를 영어능력검정시험으로 대체하는 방안은 현재 개발 중인 영어능력검정시험이 순조롭게 결실을 맺어야만 가능하기 때문에 현재 교육당국은 시행 여부를 확실히 확인해주지 않고 있다.) 여기까지만 보면 크게 문제될만한 요인이 없어 보인다. 그럼에도 불구하고 학부모들이 자녀를 영어학원으로 떠민 이유는 무엇이었을까?

학부모들은 직관적으로 한국 교육의 양대 문제인 '선발경쟁'과 '학교관료화'가 지속될 것으로 판단했기 때문이다. 일단 '선발경쟁'의 측면을 보자. 수능 영어를 대체한다고 발표된 영어능력검정시험은 점수가 표기되지 않고 합격/불합격 여부만 판정된다. 하지만 이명박 정부의 주요한 정책 기조가 '대입 자율화' 아닌가? 수능 영어가 폐지되고 합격/불합격 여부만 표기되는 영어능력검정시험으로 대체된다 할지라도, 대학에서는 얼마든지 또다른 방식으로 학생들을 영어로 줄세울 수 있지 않겠는가? 논술로든, 본고사로든, 면접시험으로든 아니면 학생부 비교과영역에 기재되는 토플 점수에 가산점을 주는 방식이로든 말이다. 학부모의 이같은 직관은 물론 정확한 것이었다. 대학들이 영어실력이 높은 학생을 가려 선발하려는 이유가 무엇인지는 이미 1부의 '냉정한 진실: 대학 서열경쟁과 학생선발'편에서 분석한 바 있다. 눈치빠른 대한민국의 학부모들은 이러한 문제를 이미 직관적으로 파악하고 있다.

그런데 학부모들이 자녀를 영어학원으로 내몬 이유는 '선발경쟁'에 대한 우려 때문만은 아니다. 정부가 영어교육의 방향을 실용 영어 중심으로 표방하면서, 영어능력검정시험에 기존의 '읽기'와 '듣기'뿐만 아니라 '쓰기'와 '말하기'를 포함하겠다고 한 것이다. 게다가 영어몰입교육, 즉 '영어를 영어로 가르치는' 수업을 하겠다고 하지 않는가? (원래 '영어몰입교육'이란 영어가 아닌 일반 과목을 영어로 수업하는 것을 의미하지만, 논란의 와중에 의미가 변질되어 '영어 수업을 영어로 진행하는 것'이라는 의미로 쓰이게 되었다.) 그렇다면 영어로 이뤄지는 영어수업을 잘 못 알아듣는 학생들을 위해 학교에서 각별하고 책임있는 배려를 해줄 것인가? 그렇지 않을 것이다. 예를 들어 '말하기'를 평가한다고 했는데 우리 아이가 만약 'p' 발음과 'f' 발음을 헷갈려하면 학교에서 이를 바로잡아 줄 것인가? 그렇지 않을 것이다!

한국 학교는 교육기관이 아니다. 교육기관이라면, 영어몰입교육을 한다 할지라도 영어로 수업하는 내용을 이해하지 못하는 학생들을 위해 배려를 해야 마땅하다. 아니면 학생들을 미리 철저히 준비시켜 영어몰입교육을 해도 별 지장이 없도록 만들던가 말이다. 'p' 발음과 'f' 발음을 헷갈려하면 물론 이를 바로잡아 줘야 마땅하다.

그런데 우리나라 학교는 워낙 오랫동안 이러한 의무를 방기해 왔고, 학부모들도 여기에 철저히 적응하여 그런 요구는 학원에나 하는 것이라고 생각한다. 학교에 그런 요구를 하는 것은 상상도 하지 않는 것이다. 특히 우리나라 학교는 뒤처지는 아이들을 '버리고' 가는 것이 일상화된 곳 아닌가? 수준별 이동수업도 그 취지가 근본적으로 불순하거나 나쁜 것이라고 볼 수 없음에도 불구하고, 실질적으로 하위권 반을 '버리고' 가는 방식으로 운영되기 때문에 반대에 부딪히는 것이다. 이런 한국 학교의 관행에 익숙해있는 학부모들의 입장에서 보면, '영어몰입교육'이 이뤄지고 '말하기'와 '쓰기'가 평가대상에 포함된다는 발표를 계기로 자녀들을 영어학원으로 보내는 것은 너무도 당연한 것이다. 알아서 챙기지 않으면 자녀가 학교에서 뒤처지고 버림받을 가능성이 더욱 높아지기 때문이다.

이런 의미에서 한국 학교는 교육기관이 아니라 행정기관이자 평가기관이다. 주마간산식·주입식 수업을 진행하고 학생들이 이걸 잘 받아먹든 잘못 받아먹든 아랑곳 않다가, 때가 되면 시험을 봐서 정확히 '등수'를 매겨 낙인찍어준 다음, 때가 되면 자동적으로 윗 학년으로 올려보내는 곳. 이런 곳이 어찌 교육기관이라고 불릴 수 있겠는가?

결국, 분명히 정책의 이름은 '영어 공교육 강화안'이었음에도 불구하고 학부모들은 '선발경쟁'과 '학교관료화'라는 한국 교육의 고질병을 직관적으로 꿰뚫어보고 이에 대응하여 아이들을 학원에 보낸 것이고, 그 결과 영어학원은 대 호황을 맞은 것이다. 그리고 지금까지 학부모들의 이러한 직관이 옳았음이 다각도로 입증되고 있다. 영어교육에 있어 학교의 책무성을 높이려는 시도는, 영어 교사를 늘리거나 영어 수업시간을 늘리는 것과는 다른 차원에서 접근되어야 하는 문제이다.

공교육 강화한다는데 사교육 되레 느는 이유는?

국어 사교육비를 늘리는 방법이 있다. 뭔지 아는가? 정부에서 국어 공교육을 강화하겠다고 선언한다. 그러면서 몇 가지 정책을 수선스럽게 발표한다. 학교에서 국어수업 시간을 늘린다, 국어 선생님을 더 뽑는다, 수능에서 국어를 빼고 국어능력인증시험을 도입한다… 그러면 그 결과 국어 사교육비가 증가한다. ● 뭔가 이상하지 않은가? 분명 '공교육을 강화한다'고 발표하는데도 사교육비가 증가한다. 이렇게 되는 데에는 두 가지 이유가 있다. 첫 번째 이유는 학생과 학부모들이 학교와 교사를 불신하기 때문이다. 학교와 교사는 학생들을 가르치고 시험보고 기계적으로 다음 학년으로 진급시킬 뿐, 학생들을 '책임지는' 모습을 보이지 않는다. 학생들의 수업참여도를 높이거나 수업을 따라가지 못해 애를 먹는 학생들을 배려하는 모습은 찾아보기 어렵다. ● 학생들은 증언한다. "학교 선생님에게 질문했더니, 학원에 가서 물어보래요.", "선생님이 수업시간에 '너희들 이거 다 학원에서 배웠지?' 하고 넘어가던데요"… 학원 강사 초년 시절에 이런 얘기를 듣고 나는 귀를 의심했지만, 너무나 많은 학생들로부터 똑같은 증언을 듣고는 현실을 받아들일 수밖에 없었다. 이같은 현실에 이미 적응한 학생과 학부모들은, 공교육에서 특정 과목을 강화한다는 발표를 곧 '그 과목의 사교육을 늘려라'는 발표로 해석하는 것이다. ● 두 번째 이유는 수능을 대체하는 새로운 시험에 대한 불안감 때문이다. 제 아무리 좋은 취지로 만든 시험이라 할지라도 고등학생에게는 특정 단계의 시험만 치를 수 있도록 제한해야 하는 것이다. 만약 성인을 대상으로 삼는 최상위단계 시험성적에 대입 가산점을 준다면, 이건 완전히 '사교육비를 늘려라'라는 신호탄이 되는 셈이다. 대학들에게 자율적인 학생선발권을 부여하면 이러한 문제를 통제하기가 상당히 어려워진다.

지금까지 얘기한 '국어'를 '영어'로 바꿔보자. 고스란히 뜻이 통한다. 즉 이명박 정부의 영어교육 강화정책이 '공교육을 강화한다'는 정책내용을 가지고 있음에도 불구하고 사교육을 팽창시키는 데에는, 이같은 이유가 존재하는 것이다. 학교가 학생을 끝까지 책임져주지 못하는 한, 그리고 대학들이 대입에서 이를 악용하지 않는다는 보장이 없는 한, 학생과 학부모의 불안감은 곧 사교육 투자로 귀결된다. 언론보도에 따르면 이미 영어 사교육비 지출이 대폭 증가하고 있다고 한다.

이명박 정부의 영어교육 개혁안은 '아륀지' 파동과 잦은 말바꾸기로 인해 희화화되고 대중적 반감을 샀다. 이명박 당선인의 지지도가 취임하기도 전에 10여%나 낮아지는데 결정적으로 기여하였고, 곧 총선에서도 변수가 될 것이라고 한다. 그런데 나는 영어로 영어수업, 영어수업시간 증가, 실용영어 강화, 영어전문교원 채용, 수능에서 영어 배제 등의 기본 뼈대는 올바른 방향으로 잡혀있다고 본다. 다만 이것들은 성공을 위한 '필요조건'일 뿐 '충분조건'이 될 수 없다는 점에 유의해야 한다.

혹자는 대통령 임기내에 성과를 보기 위해 너무나 조급히 시행된다는 점이 문제라고 지적한다. 물론 조급증이 엿보인다. 그러나 나는 이 정책이 단순히 속도를 조절한다고 해서 성공할 것이라고 보지 않는다. 이명박 정부의 영어교육이 성공하려면 학교와 교사가 '한 명도 뒤처지지 않게끔 책임져주도록' 만들어야 하고, 대학들이 영어능력평가를 악용하는 것을 막아야 한다. 이것들이야말로 진정 만만치않은 과제이다. _한겨레신문

2008년 2월 25일자

| 교 원 평 가 가 도 입 되 어 도 큰 효 과 없 다 |

새로 도입되는 교원평가(정식 명칭은 교원능력개발평가)에 대한 오해가 많다. 대표적인 오해 두 가지는, 교원평가가 새로 도입된다고 하니까 '교사들이 여태까지 평가를 안 받았구나'라고 생각하는 것과, 교원평가가 도입되면 '학생·학부모로부터 높은 평가를 받는 교사가 승진하겠구나'라고 생각하는 것이다. 하지만 교사들은 여태까지 관료적 규칙에 의해 철저히 평가되어 왔고 새로 도입되는 교원평가는 기존의 평가들에 한 가지 평가를 더하는 것일 뿐이며, 교원평가는 교사의 승진과는 아무런 상관이 없다. 결과적으로 교원평가는 관료가 지배하는 학교의 모습을 크게 변경시키거나 학교관료화를 타개하는 탈출구 역할을 해줄 것으로 보이지 않는다.

특히 승진을 위한 평가체계인 근평^{근무평정}은 교육관료 세력의 기득권의 핵심이다. 그런데 그 평가 항목을 보면 "교육관이 얼마나 투철한가" 등 주관적이기 짝이 없는 것들이다. 따라서 승진을 의식하는 교사들로서는 근평 점수를 매기는 교장의 눈치를 보지 않을 수 없고, 자발적으로 교장에게 아부하고 줄을 서도록 되어있는 것이다.

새로 도입되는 교원평가는 역사상 최초로 교사가 학생·학부모로부터 평가받는다는 점에서 긍정적이다. 하지만 아무리 도입 취지가 좋으면 뭐하나? 결과적으로 승진을 위한 근평 점수를 따기 위해 이런 일을 하고, 성과급 평가에서 좋은 점수를 받기 위해 저런 일을 하고, 교원평가에서 좋은 점수를 받기 위해 그런 일을 하고… 이런 식으로 교사들은 끊임없이 '이것저것' 챙기도록 내몰린다. 자신이 맡은 학생들에게 충실하기보다는, 각종 유명무실한 논문과 연수와 연구수업과 행정업무를 잘 챙기는 교사가 승진하고 포상도 받는 것이다.

하지만 학교가 교육서비스를 제공하는 곳이라면, 교육의 직접적 수혜자인 학생·학부모의 평가가 가장 중요한 것이 아닌가? 학생·학부모로부터 높은 평가를 받는 교사가 승진하는 것이 당연한 것이 아닌가? 새로 도입되는 교원평가 교원능력개발평가 의 역사적 의미가 바로 여기에 있다. 학생·학부모에 의한 평가가 역사상 처음으로 포함되기 때문이다. 하지만 근평과 성과급평가를 그대로 내버려둔 채로 교원평가를 '첨가'하는 방식으로는, 교육현장에 뭔가 새로운 바람이 불러일으켜질 것으로 보이지 않는다.

교원평가는 노무현 정부 때부터 여러 번 시도되었으나 번번이 국회의 문턱에서 더이상 진도를 나가지 못하였다. 우여곡절 끝에 국회 통과를 앞두고 있는 교원평가 법안(정확히는 초중등교육법 개정안)은 교육계의 주요한 두 집단의 이해관계에 의해 절충된 안이다. 한 집단은 교총을 중심으로 하는 교육관료들인데, 이들은 자신들의 기득권의 핵심인 승진제도 근평 가 침해되는 것을 경계하였다. 그래서 학생·학부모에 의한 교원평가에서 우수한 평가를 받은 교원이 승진을 한다든가 하는 내용은 당연히 배제되었다. 또하나의 집단은 전교조이다. 전교조는 교원평가가 교원에 대한 구조조정의 시발점이 될 것을 우려하였다. 그래서 교원평가 결과를 인사에 활용하는 것을 적극 반대하였다. 교총과 전교조의 입장이 일치한 것이다! 이들간의 암묵적인 결탁으로 인해, 새로 도입되는 교원평가 교원능력개발평가 는 교사의 인사에 반영되지 않게 되었다. 곧 통과될 전망인 교원평가 최종안을 보고 교총과 전교조는 모두 안도의 한숨을 쉬었을 것이다.

현재의 교육관료에게 승진제도는 명줄과 같은 것이므로 기득권 보호를 위해 그랬다 치자. 전교조는 왜 그랬을까? 물론 근평과 성과급평가를 그대로 유지한 채로 교원평가 교원능력개발평가 를 새로 추가하는 것이 기형적인 것은 사실이다. 그렇다면 교원평가를 원칙적으로 찬성하면서, 승진제도에 대한 전면적인 문제제기로 나아가야 하는 것이 정석이었을 것이다. 그런데 전교조는 이러한 '정석'을 구사하지 못했다. 교원평가에 대한 전교조의 수세적이고 퇴행적인 대응은, 합법노조로 변신한 이후 또 다른 관료조직이 되어버린 전교조의 위상을 그대로 반영한다.

전교조, 정면돌파 못하면 죽는다!

이명박 정부와 한나라당의 전교조에 대한 마녀사냥이 숨가쁘다. 이 사냥은 교원평가 관련 법률안이 국회에 상정되면서 최고조에 이를 것이다. 교원평가는 이명박 정부의 교육정책에 반대하는 진영을 효율적으로 분열시킬 수 있는 정권의 필승 카드이기도 하다. 이런 점을 우려하는 사람들은 전교조에 교원평가를 받아들일 것을 조언하기도 한다.

그런데 문제는 현재 전교조 내부에서, 교원평가 문제에 대하여 정면돌파를 시도할 리더십을 기대하기 어렵다는 것이다. 무엇보다 전교조 내의 주요 정파들이 모두 지난 수년간 교원평가를 최고의 죄악으로 치부해 왔으며, 이 문제로 위원장이 사퇴한 사건도 있었고 최근에는 대변인이 사직하기도 했다. 따라서 지금 새삼스럽게 교원평가를 받아들이자는 제안이 내부에서 차마 나오기 어려운 것이다. ● 게다가 전교조의 핵심 세력은 여전히 진정성과 전투성을 보존하고 있지만, 전교조가 합법화된 지 10년이 되어가는 동안 일반 노조원들의 '농도'는 점차 엷어져갔다. 전교조에 일반적인 노동조합으로서의 역할을 기대하고 가입한 경우가 상당수를 차지하는 것이다. 전교조 소속원 가운데 한나라당 지지자가 15%에 달한다는 통계는 이같은 사정을 반영한다. 이같은 일반 노조원들이 자신의 이해관계를 침해할 교원평가안을 용인하겠다고 나서는 정파를 지지할 가능성은 별로 없다. 더구나 공교롭게도 2년 주기의 전교조 위원장 선거가 올해 12월에 치러진다. ● 전교조의 내부의 이러한 변화는 2000년대 초반부터 전교조가 대학서열화와 학벌사회에 대한 문제제기를 전면에 내세운 노선 및 담론상의 변화와 얽혀있다. 대학서열화와 학벌사회에 대한 문제제기 자체는 타당한 것이었지만, 그 와중에 전교조의 전통적인 참교육-학교개혁론이 뒷전으로 빠져버린 것이 결정적인 문제였다. 학교개혁은 어떤 방식으로건 기존 교원의 이해관계를 침해할 가능성이 있다는 점에서, 이같은 우선순위의 변동은 전교조의 '일반적 조합화'와 상관관계가 있음을 부인하기 어렵다.

이같은 사정은 일반 대기업 정규직 노조의 상황과 닮은 점이 있다. 노조내 전투적 그룹들이 선명성 경쟁을 하면서 결과적으로 조합원들의 이해관계를 가장 충실하게 보호하는 지도부가 당선되는 것이다. 이러한 문제를 해결할 수 있는 가장 좋은 모범답안은 강력한 진보정당의 정책역량과 지도력을 통해서인데, 지난 진보정당 원내진출 1기의 경험은 이러한 바람직한 활로를 당분간 기대하기 어렵게 만들었다. ● 결국 지금 전교조는 거의 '정당'급에 해당하는 정치적 감각과 결단을 필요로 한다. 전교조의 입장에서는 매우 난감하고 억울한 상황이지만, 정면돌파하지 못한다면 전교조의 미래는 매우 어둡다. 단기적으로는 '학생에 의한 평가'를 받아들이면서, 아울러 교육관료들에 의해 좌우되어온 교사·교장의 임용·승진·재교육방식에 대한 전면적인 비판에 나서야 한다. 이를 통해 전교조에 우호적이었던 시민사회세력들과의 연대의 끈을 강화하면서 오히려 공세적 대응을 선도해야 한다. 중기적으로는 위원장 선거 주기를 2년에서 4년으로 늘리고, 기능을 잃어버린 지 오래된 전교조의 참교육연구소에 지속적이고 안정적인 투자를 하여 정책역량을 강화해야 한다. 이를 위해서는 전교조내 주요 정파들 간의 대타협이 필수적이다.

이것이 가능할 것인가? 냉정한 이성은 불가능하다는 예상으로 기운다. 하지만 뜨거운 가슴은 제발 이것이 가능하기를 바란다. _한겨레신문 2008년 9월 23일자. 앞부분의 문구 일부가 현재의 상황에 맞지 않는 것이 있어 수정

교원평가는 흔히들 기대하듯 교사집단의 복지부동 문화에 큰 영향을 주지는 못할 것이다. 하지만 사립의 경우, 교원평가를 계기로 학교를 일신하려는 리더십이 작용할 경우 상당한 효과가 나타날 가능성을 배제할 수 없다. 사립학교의 인사는 일차적으로 재단의 권한이므로, 재단이 교원평가 우수교원을 적극 승진시킨다든가 하는 방식으로 교원평가의 도입을 활용할 경우 상당한 효과가 나타날 가능성이 있는 것이다.

| '선발경쟁'과 '학교관료화'의 관계 |

한국 교육의 양대 문제는 '선발경쟁'과 '학교관료화'이다. 선발경쟁은 대학 서열화 및 강한 학벌주의로 인한 것이다. 학교관료화는 획일적 교육과 무책임 교육을 초래한다. 선발경쟁과 학교관료화 두 가지가 동시에 매우 심각한 수준이라는 점 때문에 우리나라 교육문제를 풀어가기가

그만큼 어렵다. 사교육의 발생 원인도 이 두 가지라고 볼 수 있다. '선발경쟁으로 인한 사교육'과 '학교관료화(무책임교육)로 인한 사교육'이 동시에 존재하는 것이다. 물론 둘 사이를 뚜렷하게 경계짓기는 어렵겠지만 말이다. (그리고 그밖에 사교육을 증가시키는 기술적 요인들이 있는데, 입시 과목수가 많을수록, 난이도가 높을수록, 그리고 여러 가지 전형요소들을 복합적으로 요구할수록, 진로·적성과 상관없는 과목을 요구할수록 사교육비가 증가하는 경향이 있다.)

  선발경쟁과 학교관료화는 서로 얽혀있긴 하지만, 분명히 각기 독립적인 원인과 작동 메커니즘을 가지고 있다. 선발경쟁이 학교관료화로 환원되지 않으며, 학교관료화가 선발경쟁으로 환원되지 않는다. 이 점에 있어 기존의 좌파와 우파의 대안은 모두 비판받아야 한다. 좌파는 습관적으로 한국 교육문제의 원인을 '선발경쟁'으로 환원시키는 경향이 있다. 하지만 만약 내일 갑자기 우리나라 모든 대학이 평준화되는 혁명적인 개혁이 이뤄진다면, 우리나라 학교가 갑자기 다양한 교육을 시작하고 학생들의 기초학력을 잘 책임지게 될 것인가? 아이들이 'p'와 'f' 발음을 헷갈려하는 걸 제대로 고쳐주기 시작할 것인가?… 이건 지나치게 순진한 믿음이다. 경쟁을 경감하면 공교육이 자동으로 '정상화'될 것이라는 식의 믿음은, 경쟁을 시키면 자동으로 공교육의 질이 높아질 것이라는 이명박 정부의 교육정책만큼이나 안이한 것이다. 교육현장의 새로운 리더십과 교사집단의 문화적 혁신 없이는, 절대로 공교육은 자동으로 정상화되지 않을 것이다.

  우파의 대안은 더욱 황당하다. 치열한 선발경쟁이 벌어질 수밖에 없는 원인은 내버려둔 채, '공교육을 강화해야 사교육을 잡을 수 있다'고 입버릇처럼 외친다. 물론 공교육을 강화하면 사교육이 어느정도 줄어들 수는 있다. '무책임 교육'으로 인한 사교육 수요는 공교육을 정교하게 리모델링하면 확실히 줄일 수 있다. 하지만 최근 정부가 지정한 '사교육 없는 학교'들에서 시행되는 개혁 프로그램들을 보면, 현 정부는 아직 공교육을 어떤 방식으로 리모델링해야 '무책임 교육'을 개선하고 학교교육의 신뢰도를 높일 수 있는지에 대하여 감을 잡지 못하고 있는 것 같다.

'공교육 강화'라는 주장이 가지는 또하나의 치명적인 문제가 있다. 공교육을 강화하여 모든 학생들의 점수가 10점씩 올라가도록 만들어도, 등수^{석차}는 그대로 유지될 것이라는 점이다. 즉 '공교육 강화'로는 선발경쟁의 강도를 낮추거나 선발경쟁으로 인한 사교육을 줄이기 어려운 것이다. 이건 너무나 당연한 얘기인데도 우파가 이 문제에 대하여 눈 감고 있는 것은, 자기기만에 빠져있거나 아니면 선발경쟁의 문제를 해결할 의지가 없는 것으로밖에 보이지 않는다. 이 점은 입학사정관제가 시행되어 성적순 선발 원칙에서 일정수준 이탈한다 해도 마찬가지이다. 입학사정관제는 선발의 '방법'을 바꿀 뿐이지, 비교적 소수의 학생만이 선발되어 상위 학벌을 확보하게 되는 선발경쟁의 토대는 그대로 두는 것이기 때문이다.

사교육, 한국 사회에 짱박히다

사교육 문제가 심각하다는 점은 다들 체감하고 있다. 그런데 엄밀하게 봐서 사교육의 어떠한 측면이 문제인지를 따져보려는 노력은 생각보다 별로 이뤄지지 않고 있는 것 같다. 사교육은 어떠한 측면에서 문제를 일으키는가? 왜 우리나라의 사교육이 전 세계에서 가장 발달되게 되었는가? 사교육 문제를 더욱 심각하게 만드는 요인은 무엇인가?… 이런 문제들에 관하여 한번 차근차근 짚어보도록 하자.

| '탈학원 운동'이 필요하다 |

새삼스럽지만 사교육이 번창하는 것이 어떠한 문제를 일으키는지를 한번 정리해 보도록 하자. 사교육 번창이 일으키는 첫 번째 문제는, 평등한 교육기회를 규정한 헌법 정신을 무력화시킨다는 점이다. 헌법 31조에는 "모든 국민은 능력에 따라 균등하게 교육을 받을 권리를 가진다"고 규정되어 있다. 그런데 이때 '능력'이라는 것이 '돈'을 의미하지는 않을 것이다. 즉 돈을 이용하여 사교육을 마음껏 활용할수록 더욱 높은 수준의 기회(교육기회 또는 학벌)에 접근할 수 있도록 허용한다는 뜻은 아닐 것이라는 말이다. 헌법 31조에서 말하는 '능력'은 경제력이 아니라 재능과 학습능력, 학습의욕 등을 통칭하는 말일 것이다.

그런데 사교육비를 동원해야만 보다 나은 교육기회를 얻을 수 있는 현재의 상황은, 헌법 정신을 정면으로 거역하고 있는 것이다. 특히 특목고 입시의 경우 매우 심각한 상황이다. 사교육을 받지 않고 명문대에 들어가는 학생은 그나마 간간이 볼 수 있지만, 사교육을 받지 않고 특목고에 들어가는 학생은 거의 씨가 마른 실정이다. (2011학년도부터 특목고 입시제도가 변경되는데, 새로운 제도의 실효에 대해서는 다음 장 '이명박 정부가 사교육비를 낮춰줄까?'편에서 다루기로 한다.)

여기서 주의할 점은, 최근 들어서는 사교육비뿐만 아니라 공교육비마저 '균등하게 교육받을 권리'를 저해하고 있다는 사실이다. 자립형사립고, 특목고(특히 대부분 사립인 외국어고등학교), 국제중, 자율형사립고 등의 등록금이 상당한 수준이다. 치솟는 대학등록금 문제는 둘째 치고, 고등학교 또는 그 이전 단계에서부터 이미 등록금이 상당 수준으로 높아지는 것을 방치하는 것은 '균등하게 교육받을 기회'를 원천적이고 직접적으로 침해하는 일일 것이다.

　　사교육 번창이 일으키는 두 번째 문제는, 부모의 노후 생활기반을 약화시키고 출산율을 저하시켜 미래 국가 경제를 취약하게 만들 주범이라는 점이다. 우리나라 부모는 지나치게 많은 돈을 사교육비에 들이고 있는데, 정상적인 경우라면 노후 생활을 위해 저축할 돈을 사교육비로 날리고 있는 셈이다. 그렇다면 자녀가 장성한 이후 부모의 노후 생활은 그만큼 취약하게 될 것이고, 그렇지 않은 경우에 비해 자연히 경제적으로 자녀에 의존하려는 성향을 나타낼 것이다. 또한 세계 최저의 출산율을 나타내는 우리나라에서 교육비 부담이 출산을 기피하게 만드는 가장 중요한 요인임을 감안해야 한다. 출산 기피의 주된 원인인 교육과 육아 문제를 '보편적 복지'라는 차원에서 사회적으로 해결해나가지 않으면, 빠른 속도로 진행되는 고령화와 인구 감소 앞에 미래의 한국 사회는 속수무책이다.

　　사교육 번창이 일으키는 세 번째 문제는, 학생들이 게으르고 의존적인 학습습관과 인성을 가지도록 유도한다는 점이다. 학원을 중심으로 하는 주류 사교육은 학습의 계획·실행·평가·대안수립 등 전 과정을 교습자가 주도하고 학생은 매우 수동적인 입장에 놓이게 되므로, 이에 지나치게 의존하게 되면 자기주도적 학습능력과 문제해결능력을 형성할 기회를 놓치기 쉽다. 청소년기에 매우 중요시되는 '공부'를 이처럼 의존적인 방식으로 해결하게 되면, 자연히 전반적인 인성도 의존적이 될 가능성이 있다. 최근 20대에게 관찰되는 무기력증은 학원의존도가 큰 세대라는 점과도 부분적으로 연관될 수 있다고 본다.

특히 중학생 시기는 공부기술이 집중적으로 형성되는 때인데, 이때 주요 과목을 거의 모두 학원에 의존하는 학생이 많다. 여러 과목을 장기간에 걸쳐 학원에 의존할 경우 자기주도학습에 필수적인 공부기술(특히 복습기술과 관리기술)을 익히기 어렵다. 엄마들은 종종 "우리 애는 머리가 별로 좋지 않아서 학원빨로라도 성적을 유지해야 해요"라고 말하지만, 그 결과 중학교를 졸업하고 고등학교로 진학할 즈음에는 최악의 조합이 탄생한다. 즉 '머리가 별로 좋지 않으면서 공부기술도 없는' 자녀가 만들어지는 것이다.

학습 행태가 '수동적'일 뿐만 아니라 '반복적'이라는 점 또한 매우 심각한 문제이다. 학부모가 학생을 방학중에 학원으로 보내면, 학원에서는 대체로 그 다음 학기 학교에서 배울 내용을 미리 가르친다. 그리고 학기중이 되면 학생들은 그 내용을 학교 수업시간에 다시 배운다. 그런데 학기중이 되어도 학원을 끊지 않고 계속 다니므로, 학원에서 그 내용을 다시 가르친다! 그리고 중간·기말고사 철이 되면 학원에서 총복습 정리를 해준다. 결국 부모가 시키는 대로 학원과 학교를 왕복하기만 하면 동일한 내용을 적어도 네 번씩 배우게 되는 것이다!

이러한 극심한 '수동적 반복학습'은 단순히 '선행학습 때문에 학교 수업시간에 집중을 안해요'의 수준을 넘어, 아이들의 마음 깊숙한 영역에 보다 근원적인 해악을 남긴다. 나는 선행학습이 적절한 수준과 방법으로 이뤄지면 현행 입시에 유리하게 작용할 수 있다고 생각하기 때문에, 모든 선행학습에 원죄가 있다고 생각하지는 않는다. 하지만 문제는 최소한 네 번의 수동적 반복학습이 이뤄진다는 점이다. 이러니 학생들의 학습 집중력이 떨어지는 것은 당연하다. 어떤 드라마를 매회 네 번씩 보도록 되어있다고 생각해 보라. TV 앞에 앉아서 드라마를 보는 동안 정신적으로 얼마나 늘어지겠는가? 최근 들어 대학교수들이 대학생들의 수업 태도가 불량하다는 점을 이구동성으로 지적하는데, 내가 보기에 학생들이 살아온 과정을 생각해보면 이건 너무나 당연한 결과이다. 초등학교 시절부터 '수동적 반복학습'에 길들여져서 수업시간에 그다지 집중하지 않는 것에 너무나 익숙해져 있는데, 갑자기 대학생이 되었다고 해서 갑자기 수업시간에 집중이 잘 될 리가 없지 않은가?

사교육 번창이 일으키는 네 번째 문제는, 학생들의 창의성을 떨어뜨린다는 것이다. 이것은 지금막 세 번째로 지적한 '게으르고 의존적인 학습습관과 인성을 유도한다'는 문제와 부분적으로 겹치지만, 이것과 분명히 별개 차원에서 지적되어야 할 문제이다. 사실 우리나라의 학교 교육은 옛날이나 지금이나 대체로 주입식 교육이었고, 창의성을 키우는 것과는 거리가 멀었다. 일각에서는 학원교육의 폐해로 '주입식 교육'이라는 점을 지적하지만, 사실 주입식 교육이라는 면은 학교도 마찬가지이기 때문에(초등학교의 경우 예전보다 다소 나아진 편이지만 중고등학교는 여전하다) 이 점을 학원교육의 폐해로 지적하는 것은 온당하지 않다. 하지만 예전에는 학원과 같은 사교육을 그다지 이용하지 않았고, 따라서 방과 후에 자유롭게 지낼 수 있는 시간이 상대적으로 많았다. 이러한 '자유 시간'의 존재야말로 주입식 학교교육에도 불구하고 창의성과 진취성을 일정 수준 이상으로 유지할 수 있었던 틈새였다. 특히 80년대에 초중고교를 다닌 세대의 경우 학원이나 과외가 법적으로 금지되어 있었고, 90년대 초반까지는 사교육이 그리 발달하지 않았기 때문에, 이러한 분위기가 어느정도 유지되었다.

하지만 90년대 중반 이후에 사교육업계가 폭발적으로 성장하면서, 학생들의 자유 시간이 눈에 띄게 줄어들기 시작하였다. 학원이 상당히 발달한 일본과 비교해봐도 심각한 수준이다. 2004년 일본 국립교육정책연구소의 연구에 따르면, 일본 학생들이 평균적으로 1주일당 학원에서 0.55시간을 보내는 데 반해 한국 학생들은 학원에서 3.80시간을 보낸다. 일본에 비해 무려 7배나 많은 시간이다. 실제로 일본 학교를 경험한 학생들의 체험담을 종합해 봐도 일본의 학교에는 학생들이 참여하는 교내외 클럽 활동 등이 우리나라보다 훨씬 발달되어 있으며, 학원에 다니는 학생들도 있으나 우리나라처럼 보편적인 현상은 아니다. 우리나라에서 공부가 일종의 '노동'이 되어버린 현실, 그것도 어린 시절부터 매일매일 지나치게 오랜 시간 동안 시달려야 하는 '강제노동'이 되어버린 현실은, 학생들의 창의성을 예전보다 철저하고 체계적으로 말살한다.

| 사교육업계의 '봉'이 되어버린 엄마들 |

우리나라의 교육정보는 대체로 사교육업계에서 유포시킨 것들이다. 그리고 그 정보들은 사교육업계의 이해관계에 의해 굴절되어 있다. 단정하기 힘든 정보, 부정확한 정보, 심지어 근거가 희박한 정보를 유포하면서도 아무런 제재도 받지 않는다. 심지어 편향된 정보에 근거하여 소비자를 '협박'하기도 한다. "그때 시작하면 늦어요, 지금 당장 하셔야 됩니다", "이게 대세입니다", "어머님 지금이 어느 땐데 그런 말씀을…" 등등의 표현이 이들이 주로 사용하는 말이다. 그런데 대부분의 교육소비자에게는 정보를 가려내고 바로잡을만한 비판적 능력이 없다. 심지어 사교육업계가 유포한 정보를 정리해서 더 큰 스피커로 주변에 확산시키는 엄마들도 있다. 그 결과 학부모들은 정작 우리 아이가 고등학생이 되었을 때 어떤 역량이 요구되는가를 곰곰이 따지기보다, 당장 옆집 아이가 무엇을 하고 있는지에 우선적으로 관심을 둔다. 한마디로 소비자가 '봉'이 되는 상황이 벌어지는 것이다.

최근 유행하는 대표적인 예가 한자 급수 따기 경쟁이다. 많은 사람들이 한자 급수를 당연히 따 놓아야 하는 것처럼 이야기하는데, 과연 그럴까? 물론 우리말 가운데 한자어가 워낙 많고, 한자실력이 국어실력에 중요한 밑천이 된다는 것은 부인하기 어렵다. 하지만 아이가 꼭 한자를 쓸 줄 알아서 급수를 따야 하는 것일까? 그래야만 좋은 대학을 갈 수 있는가?… 내가 보기엔 그렇지 않고, 앞으로도 그렇게 될 가능성은 희박하다.

대학입학이라고 하는 관문을 고려한다 할지라도 학생들에게 요구되는 것은 한자에 대한 '감각'이지, 한자 '급수'가 아니다. 하나의 음에 대응되는 여러 뜻의 한자들이 있음을 이해하고, 다양한 한자를 그 용례와 연관해서 구분할 수 있는 감각을 가지면 되는 것이다. 최근에는 초등학교 시절의 학년별 학습 내용을 한자 학습과 연계하여 한자에 대한 감각을 키워주는 학습참고서들도 나오고 있으므로, 이를 활용할 수도 있다. 여기서 좀더 욕심을 내어 어느정도 한자를 읽을 수 있는 수준을 목표로 삼는 것까지는 이해하겠다. 그런데 굳이 한자를 쓸 줄 알아서 급수를 따는 것을 목표로 삼아야 한다는 것은 관련업체의 마케팅일 뿐이다. 이런 목표를 설정하는 순간 학생들의 학습시간과 부담감은 큰 폭으로 상승하는데, 그에 비해 얻게 되는 실속은 적다.

소비자가 '봉'이 되는 가장 대표적인 과목은 수학이다. 수학을 좀 한다 싶으면 이른바 '심화수학', '경시수학'을 시켜야 한다고 아우성이다. 그런데 우리나라 초등학교와 중학교에서 유통되는 심화수학·경시수학은 일본식 수학 참고서를 베껴놓은 것이 주류이다. 여기 수록된 문제 가운데에는 난이도를 높이기 위해 쓸데없이 문제를 꼬아놓은 것들이 많다. 이런 문제들은 대개 풀이과정도 길다. 하지만 수능 수학은 미국식 수학에 가깝다. 수능 수학에서 난이도 높은 문제들의 특징은, 기억과 경험에 의존하여 풀리지 않는다는 점(만약 기억과 경험에 의존하여 풀 수 있는 문제라면 난이도가 높은 문제로 분류될 리가 없다), 그리고 풀이과정이 짧은 것도 많다는 점이다. 물론 다각적이고 깊이있는 수학적 추론을 경험하는 것, 자신이 익힌 수학적 원리를 논리적으로 노트에 풀어 정리해보는 것 등은 궁극적으로 수능 수학에도 도움이 된다. 하지만 많은 학원, 학습지, 학부모들은 오늘도 어려운 일본식 문제들을 잔뜩 풀어내도록 아이들을 다그치고 있다. 난이도를 높일 목적으로 쓸데없이 '꼬아놓은' 문제들은 고등수학을 위한 기초로서도, 아이들의 논리력을 향상시키는 수단으로서도 별 의미가 없다.

초등학교와 중학교에서 어려운 수학문제를 잔뜩 풀도록 하는 것은 고등수학을 위한 준비운동으로서 그리 적합하지 않다. 그럼에도 불구하고 소비자들은 '심화수학·경시수학을 해야만 고등수학을 잘 할 수 있다'는 착각을 하게 된다. 왜냐하면 수학적 재능을 타고난 소수의 학생들이 일으키는 착시효과 때문이다. 이들은 일본식 수학이든 미국식 수학이든간에 수학의 'ㅅ'자만 들어가면 다 잘한다. 애초에 두뇌 구조가 그렇게 되어있는 것이다. 사교육업계에서는 이런 학생을 놓고 "어머니, 이런 애들 보세요, 역시 심화수학·경시수학을 잘 하니까 나중에 고등수학도 잘 하잖아요" 하고 말한다. 그러면 소비자는 기꺼이 '봉'이 된다.

논술은 또 어떠한가? 논술학원에 상담하러 가면 툭하면 듣는 얘기가 "논술에는 배경지식이 중요하다"는 것이다. 그러나 과연 그럴까? 배경지식에 의존하여 논술문을 쓰는 것이 가능했던 경우는 2000년대 중반까지 정시논술의 주류를 이뤘던 이른바 '고전논술'에서이다. 이때에는 서양 철학사상사에서 문제가 출제되었기 때문에, 플라톤·아리스토

텔레스부터 시작하여 20세기 현대사상에 이르기까지 족집게식으로 죽 강의하면 출제논제가 그물에 걸리는 경우가 꽤 있었다. 그래서 논술고사의 원래 취지와 무관하게 '지식' 중심으로 가르치는 것이 효과가 있었던 것이다.

　　　　하지만 이른바 '통합논술'이 대세를 이루게 되면서, 출제되는 주제와 소재가 매우 광범위해졌다. 이를 족집게식으로 대비한다는 것은 이제 거의 불가능해졌고, 실제로 논술학원가에서 '적중'을 광고하는 사례도 거의 없어졌다. 이젠 '지식'보다 '역량', 즉 독해력·추론능력·논지전개능력 등을 테스트한다는 논술고사의 원래 취지가 잘 살아나게 된 것이다. 물론 1부에서 언급했듯이 자연계열^{이과} 논술은 반쯤 본고사형으로 출제되고 있지만, 적어도 문과 논술은 아무리 어려워보인다 해도 문제 유형이 본고사와 다르다.

　　　　그런데 대한민국 학부모 중에는 논술교육을 제대로 받아본 사람이 거의 없지 않는가? 하물며 학부모들이 논술고사 유형의 변화를 제대로 파악하고 있을 리가 없다. 그래서 사교육업계에서 퍼뜨리는 '논술을 잘 하려면 배경지식을 갖춰야 한다'는 말에 넘어가 버린다. 사실 논술에 필요한 배경지식은 결코 고등학교 사회과목 시간에 배우는 수준을 넘어서지 않는데 말이다. 그럼에도 불구하고 학원에서 배경지식을 강조하는 것은, 그래야 쉽게 돈을 벌 수 있기 때문이다. 소수 인원을 상대로 토론을 하거나 학생이 쓴 글을 고쳐주는 것은 품이 많이 들고 수익률이 낮은 데 반해, 배경지식 강의는 많은 학생을 한 강의실에 몰아놓고 한꺼번에 진행할 수 있으므로 보다 손쉽게 많은 돈을 벌 수 있는 방법인 것이다.

　　그래서 나는 학부모들에게 '어쨌든 좋은 대학에 가기를 원한다면, 학원에서 뭐라고 떠들고 옆집 애가 뭘 하는지를 보지 말고 수능 기출문제집과 논술 기출문제집부터 사보라'고 정색을 하며 권한다. 수능 언어영역이나 외국어영역 문제, 그리고 논술 문제들을 보라. 대부분 난생 처음 보는 제시문을 독해하고 추론해야만 해결할 수 있는 것들이다. 이런 문제들을 보다 보면 적어도 옆집 아이가 뭘 하는지를 보고 따라하려는 것보다는, 비판적 독해 critical reading 와 추론, 논리전개 능력과 같은 기본적인 지적 역량을 어떻게 키울 것인지를 더 깊이 생각해봐야 한다는 점을 알게 될 것이다.

| 사교육, 금융자본과 손을 잡다 |

여태까지 우리나라의 주식시장에 진입한 사교육업체는 주로 대교나 웅진씽크빅과 같은 학습출판물 업체이거나, 시사영어사 YBM 시사닷컴 와 같은 영어교육 업체, 그리고 메가스터디를 대표로 하는 온라인 교육업체였다. 그런데 최근 들어 정통 오프라인 학원을 주된 사업영역으로 삼는 업체들이 대거 주식시장에 진입하려 시도하고 있다. 이들의 대표주자인 하이스트 타임에듀, 하늘교육 등은 모두 대입보다는 고입에 주력하는 오프라인 중심의 입시학원 업체들이다. 아발론, 토피아 등 외국

어고 입시에 특화된 영어학원업체 또한 이 대열에 합류하고 있다.

최근 대입 사교육 시장은 수능·내신·논술 공히 별다른 변화를 보이지 않고 있다. 이미 팽창할 만큼 팽창해있기 때문에, 대입 사교육시장 전체가 대폭 성장하는 것은 기대하기 어렵다. 다만 오프라인 학원 수요가 지속적으로 온라인(인터넷강의)으로 옮겨가는 등 대입 사교육 내에서 영역별로 비중 변화가 나타나고 있는 정도이다.

최근 급속히 팽창하고 있는 사교육 시장은 대입 시장이 아니라, 주로 특목고 입시를 겨냥한 초등학생·중학생 시장이다. 이들에게는 메가스터디가 중요한 자극제가 되었다. 하지만 이들의 사업영역과 사업방식은 메가스터디와 매우 다르다. 메가스터디는 2000년에 설립, 2005년 코스닥에 등록되어 현재는 시가총액이 1조 원대로서 코스닥 5위권 업체가 되어 사교육업계에 '신화'가 되었다. 메가스터디는 오프라인 학원도 경영하지만 전체 매출 가운데 2/3 가량이 온라인에서 발생하는 온라인 교육 중심 회사이며, 대부분의 매출과 수익이 대입 시장에서 나온다. 그리고 코스닥에 등록되기 전에 창업투자사로부터 유치한 자본의 규모는 십억대에 불과한 수준으로서, 자본 면에 있어 '자력갱생' 모델로 성장해온 회사이다. 하지만 "우리도 메가스터디처럼!"을 외치는 하이스트, 토피아, 아발론, 하늘교육 등은 온라인이 아니라 오프라인 학원 중심이며, 고등학교 시장이 아니라 중학교·초등학교에 주력하고, 사모펀드나 창업투자사로부터 적게는 1백억대에서 많게는 6백억에 이르는 자본을 유치하여 공격적인 경영에 나서고 있다.

이들이 모두 주식시장에 진입하게 되면 어떤 일이 벌어질까? 이 회사들의 주식을 보유하게 되는 주주들이 학원업계와 이해관계를 공유하고 응원하게 되는 상황이 초래될 것이다. 또한 사교육 업체들의 자본력이 강해짐으로 인해 사회 전반적으로 미치는 영향력이 커질 것이다. 그야말로 사교육업이 한국 사회에 깊숙이 뿌리내리는 데 성공하는 것이다.

사교육, 한국 사회에 짱박히다

교육업체들의 인터넷 주주 게시판에 들어가 보라. 정부 정책으로 인해 사교육이 늘어날 것이라고 기대될 때마다, 주가 상승을 기대하는 투자자들의 설렘이 노골적으로 드러난다. 물론 이명박 정부가 들어선 이후 이들의 기대는 한껏 높아져있는 상태이다. 적어도 지금까지는 정부도 이들의 기대에 기꺼이(?) 부응하고 있다.

그래도 지금까지 주식시장에 진출한 교육업체들은 대체로 출판이나 학습지, 온라인 강의 등을 핵심 업종으로 삼는 업체들이었고, 일반적인 오프라인 학원업에 주력하는 경우는 별로 없었다. 그런데 최근에는 오프라인 학원업체들이 거액의 자본을 유치하여 몸집을 불리고선 '우리 한번 코스닥 가보자!'고 외치고 있다. 작년에는 무려 600억 원의 외국계 자본을 끌어들인 사례도 있었다. 대치동의 잘 나가는 학원치고 인수·합병 제안을 받지 않은 경우가 없을 정도이다. 이들의 주된 사업 영역은 전통적인 대입 시장이 아니다. 대입 시장은 이미 거의 포화되어 더이상 규모가 늘어나기 어렵기 때문이다. 이들의 주무대는 특목고·자사고 입시와 영어시장이다. 이들은 하루빨리 이명박 대통령의 '자사고 100개' 공약이 가시화되고, 경기도 교육감이 발표한 특목고 증설 계획[이 글이 쓰여진 2008년 당시 김진춘 경기도 교육감의 정책이었음]이 실현되기를 바란다. 과학고 정원을 두 배로 늘린다니, 박수를 칠 일이다. '아륀지', '영어몰입교육' 파동이 몇 번 반복되면 금상첨화일 것이다.　•　이제 이들은 인터넷 강의와 출판에서도 매출이 발생하도록 적당히 사업 포트폴리오를 꾸민 뒤 코스닥 진입을 시도할 것이다. 이들이 주식시장으로 진입하는 순간, 이 업체들의 주식을 매수한 투자자들은 이들과 공동의 이해관계를 가지게 된다. 주주들로서는 학원에 불리한 정책에 반대하고 학원에 유리한 정책에 찬성할 것이 당연하다.

여기까지만 해도 심기가 편치 않은데, 여기에 한미FTA를 끼워넣으면 이 얘기는 '괴담' 수준으로 격상된다. 어떤 미국 자본이 한국의 사교육업체에 투자했다고 해보자. 그런데 한국 정부가 갑자기 사교육을 축소하기 위해 특단의 대책을 내놓아 시행했고, 그래서 그 미국 자본이 상당한 손해를 볼 수밖에 없었다면? 만약 당신이 그 자본주라면, 당신은 틀림없이 한미FTA에 보장된 '투자자 국가 제소제도'를 활용하려 할 것이다. 한국 정부의 정책이 당신에게 손해를 입혔으므로 당신은 한국 정부를 제소하여 배상을 받아낼 수 있는 것이다. 한미FTA에서 교육 영역이 제외되었다고 하지만, 사교육 시장은 엄연히 개방 대상이다. 따라서 충분히 이런 일이 일어날 수 있다. 어이 없는 일이지만, 한미FTA가 체결되면 우리 정부가 사교육을 위축시키는 적극적 규제책을 펴는 데 상당한 제약이 따르게 된다.

우리나라의 사교육비 비중은 세계 최고이다. 사교육이 이처럼 팽창해온 데에는 한편으로는 대학서열화와 성적순 학생선발이, 다른 한편으로는 학생 개개인을 돌보지 않는 무책임한 학교교육이 큰 역할을 했다. 그래도 지금까지는 어렵더라도 학교체제와 선발 방식을 개선함으로써 사교육을 제어할 수 있다는 희망이 있었다.　•　하지만 이제 한국의 사교육업체들은 주식시장 진출을 통하여 일반 주식투자자들을, 그리고 한미FTA를 계기로 미국 자본을 자기편으로 만들 참이다. 이미 교사 숫자와 맞먹는 학원 종사자들이 학원업에 이해관계를 걸고 있다. 여기에 더해 주식투자자들과 미국 자본이 이들의 우군으로 편입된다면? 드디어 사교육이 한국 사회라는 숙주에 '기생'하던 시절을 청산하고, 숙주와 완전히 일체화하는 데 성공한다고 봐도 과언이 아닐 것이다. 이 일은 적어도 광우병 쇠고기만큼 무서운 일이다. _한겨레신문 2008년 5월 20일자

| 교육관료와 사교육업계의 공생 |

나는 경기과학고등학교 3기 졸업생이다. 내가 과학고등학교 다닐 무렵에는 전국에 과학고가 4개밖에 없었고 학교당 정원은 60~90명에 불과했다. 이렇게 배출된 인원이 대부분 KAIST 학부과정(당시 명칭은 과기대)에 진학했기 때문에, 과학고 안에서의 학습은 대학입시의 압력으로부터 비교적 자유로운 편이었다. 하지만 지금은 전국의 모든 시도마다 과학고가 한두 개씩 있고, 영재고도 여러 개 생겼다. 이제 과학고 학생들은 말할 것도 없고, 영재고 학생들마저 일반적인 대학입시 경쟁에 뛰어들지 않을 수 없다. 도대체 왜 이런 황당한 일이 벌어지는가?

건설관료와 건설업계의 상부상조 관계를 이해하지 않고서는 우리나라의 부동산 문제를 올바로 인식할 수 없는 것처럼, 교육관료와 사교육업계의 공존공생을 이해하지 않고서는 우리나라의 교육 문제를 올바로 인식할 수 없다. 외고를 만들어놓고 추가로 국제고를 만든다든지, 과학고를 만들어놓고 추가로 영재고를 만드는 행태야말로 '관료'와 '업자'의 공생 관계를 잘 보여주는 대표적인 사례이다. 교육관료들은 특목고의 기능을 재정립하거나 일반고의 프로그램 다양화로 특목고 수요를 흡수하는 일은 뒷전이고, 영재고나 국제고와 같은 새로운 특목고를 만들어내는 데 앞장선다. 그 편이 교육관료들 자신에게 이익이 되기 때문이다. 더 많은 예산, 더 많은 권한, 더 큰 조직과 더 많은 승진기회… 이들에게 특목고 난립으로 인한 투자 효율 저하라든가 사교육비 증가로 인한 대중의 고통은 둘째 문제이다.

    2000년대 들어 영재교육진흥법이 제정되고 이를 근거로 영재 발굴 및 교육 프로그램과 영재고등학교가 만들어진 과정을 보면, 관료들의 자기이익 추구가 통제되지 않을 때 어떤 결과를 초래하는가를 잘 알 수 있다. 선진국에서 영재는 별도의 시험으로 가려지기도 하지만, 그보다는 일반 교사의 관찰과 추천으로 발굴되는 경우가 많다. 그리고 선별된 학생들은 특목고와 같은 별도의 학교를 다니는 것이 아니라 대체로 다니던 학교 내에서 추가의 방과후 프로그램 등을 통해 '조용히' 영재교육을 받는다. 월반과 조기졸업 제도가 적극적으로 활용되기도 한다. 그리고 미국의 예를 들어보면 일반 학교에 과목별로 심화반 honor class 이나 선이수반 AP class 과 같은 별도의 프로그램이 편성되어, 원하는 학생은 좀더 심화된 학과 교육을 일반 학교에서 받을 수 있게 되어 있다.

    그런데 왜 우리나라는 선진국과 다른 영재교육 체계를 갖게 되었는가? 일단 영재 선별 과정이나 교육과정을 일반 학교 중심으로 운영할 경우, 관료들은 일반 학교와 연관된 영재교육 관련 부서 하나 정도를 겨우 신설할 수 있을 것이다(사실 영재교육 관련 부서는 예전부터 이미 존재하고 있었으므로, 신설할 수 있는 게 거의 아무것도 없다). 그런데 영재교육원이나 영재고등학교 같은 별도의 교육기관을 신설하고 선발과정을 독점하게 되면, 관료들의 영역과 이익은 훨씬 커진다. 폼(!)도 난다. 물론 별도의 교육기관, 별도의 선발제도는 새로운 사교육 시장의 창출을 의미하며, 학원업자들은 이를 반긴다. 교육관료들의 영역확대욕과 사교육업자들의 이윤추구욕 사이에 암묵적으로 상부상조하는 '행복한 교집합'이 형성되는 것이다.

최근에는 아예 수월성 교육을 위해서는 별도의 학교가 필요하다는 논리를 일부 교육관료들이 앞장서 주장하고, 이것을 사교육업계에서 받아 더욱 확산시키고 있다. 그러나 선진국에서 수월성 교육을 위해 별도의 중학교나 고등학교를 세우는 경우는 거의 없다(이에 대해서는 3부에서 다룬다). 수월성 교육은 일반 학교에서 추구해야 할 보편적 목표이지, 별도의 특별한 학교에서 별도로 추구해야만 하는 특별한 목표라고 보지 않는 것이다. 그러나 '일반 학교'에 관심이 없는 우리의 교육관료들은 대중의 '닥공'닥치고 공부해라 감수성에 편승하여 새로운 유형의 학교 목록 늘리기를 즐기고, 이를 통해 자신의 영역을 확대해 간다.

교육 문제에 관하여 한마디 이야기하기 좋아하는 우리나라 국민들이 무엇보다 먼저 똑똑하게 인식해야 하는 것은, 우리나라의 교육관료들이 '일반 학교'의 재활에 별다른 관심도, 의지도 없다는 것이다. 건설관료들이 자기이익 극대화를 위해 항상 새로운 도로와 새로운 개발을 원하는 것처럼, 교육관료들도 자기이익 극대화를 위해 새로운 학교와 새로운 시험을 원한다. 그 속에서 사교육비는 무럭무럭 자란다. 그야말로 '관료'와 '업자'의 상리공생이다. 이러한 상리공생을 가장 극명하게 보여준 것이 바로 2009년 서울에서 문을 연 대원·영훈 국제중이다.

뉴라이트여, 국제중을 반대하라

서울시 교육청이 국제중학교 학생 선발과정에서 영어시험은 치르지 않으며, 1·2단계를 통해 정원의 3배수를 가려낸 뒤 무작위 추첨을 통해 최종선발자를 선정함으로써 사교육을 억제할 것이라고 한다. 그러나 이것은 한마디로 어설픈 사기극에 불과하다.

일단 1단계를 통과하려면 매우 우수한 내신성적이 필요하다. 2004년에 참여정부가 '내신성적 위주 대입개혁안'을 내놓은 결과 내신 전과목 관리학원이 대박을 터뜨린 전철이 반복될 참이다. 1단계에는 내신성적에 더하여 서울시 교육청이 주관하는 각종 경시대회 입상실적이 작용하는데, 이런 경시대회 준비를 학교에서 챙겨주는 경우는 거의 없으므로 이것들은 모두 사교육의 몫이 된다. 특히 주의할 점은 1단계 통과를 위해서는 경시대회도 한 가지로는 부족하고 두세 가지를 준비해야 할 가능성이 크다는 사실이다. 2단계에서 작용하는 면접·토론은 또다른 사교육의 뇌관이다. 주의할 점은, 대학입학을 위한 전형요소들 가운데에서도 시간당 사교육비가 가장 높게 드는 것이 면접이라는 사실이다. 본격적인 면접·토론 지도는 선생 한 명당 학생 한 명(또는 기껏해야 너댓 명)으로 진행할 수밖에 없기 때문이다. 결국 1,2단계의 공식적인 전형요소들만 종합해 봐도 서울시 교육청이 학원업계에 '사교육 종합선물세트'를 던져줬다는 것을 알 수 있다.

여기에 '영어'가 더해진다. 선발과정에서 영어시험을 치르지 않는다 해도, 어차피 입학하고 나면 국어와 국사를 제외한 대부분의 수업이 영어로 진행된다. 그러니 미리 열심히 영어학원을 다녀서 영어로 이뤄지는 수학·과학·사회 수업 등을 따라갈 수 있도록 하지 않으면, 입학한다 해도 낙오될 것이 뻔하다. 그러니 영어는 기본이고, 여기에 더해 내신성적, 경시대회, 면접·토론, 그리고 추첨에서 뽑혀야 하니 '운'까지 더해야 한다. 영어+내신+경시+면접·토론+운, 이정도면 '죽음의 트라이앵글'을 넘어서는 '펜타곤 초딩지옥'이라 할 것이다. 이러한 '펜타곤 초딩지옥'을 통과하려면 높은 소득과 엄마의 매니지먼트, 그리고 사교육 인프라가 필수적이다. 결국 국제중 입시는 '강남 잔치'가 될 것임을 자신있게 예언할 수 있는 것이다. 또한 완전한 선지원 추첨제라면 모를까, 다단계 전형에서 추첨으로 최종 합격자를 선발하는 것은 사교육 억제책이 아니라 사교육 확대책이다. 정원 160명씩 2개 학교이니 총 정원이 320명에 불과하다고 하지만, 제2단계를 통과할 학생들은 그 3배수이니 1000명에 육박한다. 서울시 교육청은 학교 2개를 신설하면서 실질적으로는 6개 학교를 신설하는 사교육 유발효과를 내는 '신공'을 발휘하고 있는 것이다.

그런데도 서울시 교육청은 국제중이 사교육을 자극하지 않을 것이라고 주장하는데, 좌파고 우파고를 떠나서 제정신을 가진 사람이라면 이런 주장이 '사기극'이라는 지적에 동의할 것이다. 제작 이명박, 감독 공정택의 사기극. 참고로 이명박 대통령은 후보 시절에 '사교육비 절반'을 공약한 바 있다. 마침 우리나라에는 새롭고 합리적인 우파를 자임하는 '뉴라이트'가 있다. 뉴라이트가 진정 합리적인 우파라면, 이런 대통령과 교육감을 지지한 것을 반성하고, 국제중 설립을 반대할 것을 촉구한다. 이미 우리나라는 창피하게도 사교육비 비중 세계 1위를 기록하고 있지 않은가? '건전한 민주적 자유시민 사회'를 지향하는 뉴라이트가 이런 어처구니없는 정책을 반대하지 않는다면, 한국 사회에는 앞으로 '울트라뉴라이트'(?)라도 나와야 할지 모르겠다. _한겨레신문 2008년 9월 2일자

이명박 정부가
사교육비를 낮춰줄까?

사교육은 왜 발생할까? 사교육의 발생 요인은 ①사회구조적 요인(대학서열화와 학벌주의), ②학교 요인(학교관료화로 인한 무책임 교육), ③선발기준 요인(과목수, 난이도, 요구하는 전형요소의 개수, 과목과 진로·적성과의 상관관계)의 세 가지로 분류할 수 있다. 이중 가장 지배적인 것은 ①사회구조적 요인이다.

우리나라에는 대학서열화와 학벌주의가 강하게 결합해 있다. 대학이 서열화되어있을 뿐만 아니라, 서열화된 대학들 가운데 보다 상위 서열의 대학에 진학함으로 인해 얻게 되는 사회적 프리미엄(학벌)이 매우 큰 것이다. 한마디로 학벌 권력이 대단한 위력을 가지고 있기 때문에, 학벌 권력을 획득할 수 있는 가능성을 높일 수 있다면 상당한 사교육비를 투자해서라도 남을 이기기 위한 경쟁에 뛰어드는 것이 합리적이다. 게임의 규칙이 사람들의 행동을 좌우하는 것이다. 따라서 사교육을 줄이려면 게임의 규칙 자체를 바꿔내려는 노력이 필요하다.

그런데 대학서열화와 학벌주의라는 근본적 요인 외에도, '학교 요인'이 사교육비를 높이는 효과가 있다. 앞에서 지적한 바와 같이 학교관료화로 인한 '무책임 교육', 즉 쉽게 말해서 공교육의 부실함이 사교육비를 증가시키는 요인인 것이다. 다만 대학서열화와 학벌주의가 공교육의 부실보다 지배적인 요인이다. 왜냐하면 공교육의 부실함이 극복된다 해도, 학생들은 상위 서열의 대학에 들어가 학벌권력을 얻기 위해 계속 사교육을 찾을 것이기 때문이다.

그밖에 선발기준상의 기술적인 요인에 의해 사교육비가 증가될 수 있다. 사교육비는 첫째 선발과정에서 요구하는 과목수가 많고 범위가 넓을수록, 둘째 시험의 난이도가 높을수록, 셋째 여러 가지 전형요소를 복합적으로 요구할수록, 넷째 자신의 적성·진로와 상관없는 과목을 요구할수록 커지는 경향이 있다. 여기서 이명박 정부의 '사교육비 절반'이라는 정책 목표가 얼마나 허망하고 자기모순적인가가 드러난다. 일단 이명박 정부의 정책 기조를 보면 사교육의 주된 요인인 서열화나 학벌주의 극복에는 아무런 관심이 없다. 오히려 특목고 증가, 자립형사립고 현상유지, 자율형사립고 신설 등을 통해 고교 단계에서부터 나타나는 서열화와 학벌주의를 조장하고 있다. 학교에서의 무책임 교육을 보완하기 위해 '사교육 없는 학교'를 지정하거나 교원평가를 도입하는 등의 정책을 펴고 있으나, 이것만으로 사교육비를 줄이는 효과를 내기는 한마디로 역부족이다. 기술적 요인들 중 일부는 악화되고 있다. 입학사정관제를 통해 대학들이 보다 다양한 스펙을 요구하는 경향을 방관하고 있으며, 수능의 수리'나'형에 일률적으로 미적분을 추가하고 있지 않은가? 다만 본고사가 본격적으로 도입되는 것만 겨우 막고 있는 상황이다(그나마 이과 논술은 본고사화되고 있는데 정부는 이러한 경향을 방치하고 있다). 수능과목을 공통필수(국영수) 중심에서 진로·적성 기준으로 분화시키는 데에는 아예 아무런 관심도 없다.

| 외고 입시제도 변화, 사교육비 줄이지 못할 것 |

2009년 6월 4일, 교육과학기술부가 사교육 종합대책을 발표하였다. 핵심 내용을 보면 입학사정관제, 교원평가, 특목고 입시제도 변화, 방과후학교 활성화, '사교육 없는 학교' 지정, 학력부진학교 집중지원, 학원 심야교습 및 수강료에 대한 보다 철저한 규제 등이다. 이 가운데 입학사정관제나 교원평가 등에 대해서는 이 책의 다른 곳에서 다루고 있으므로, 여기서는 입시제도의 변화와 '사교육 없는 학교'에 대하여 살펴보기로 하자.

특목고 가운데 외국어고는 과학고에 비해 사교육 문제가 훨씬 심각하다. 정원이 과학고보다 훨씬 많기 때문이다. 외국어고의 학년당 총 정원은 전국적으로 8000명대여서 1600명대인 과학고의 5배 가량이고, 서울·수도권 지역으로 국한해 봐도 과학고의 5배 정도 된다(최근 서울과학고와 경기과학고가 영재고로 전환되었으므로, 이 계산에서 과학고 정원에는 영재고 정원이 포함되어 있다). 따라서 사교육 시장 내에서 외고는 과학고보다 훨씬 크고 주요한 영역이다. 그런데 정부의 발표를 보면, 상대적으로 문제가 적은 과학고 선발제도는 크게 변경하였는데 반해 문제가 심각한 외고의 선발제도는 거의 손대지 않았다.

과학고 입시제도 변화의 핵심은 올림피아드의 영향력이 약해진다는 것이다. '올림피아드'란 수학, 정보, 물리, 화학, 생물, 천문, 지구과학 등 7개 분야에서 실시되는 가장 권위있는 경시대회를 통칭하는 말이다.

2011학년도 과학고 학생선발부터 올림피아드 입상실적 위주로 선발하는 특별전형을 폐지하고, 일반전형에서 내신성적+구술면접+올림피아드 입상실적(가산점)으로 선발하던 일반전형을 대폭 변경하여, 모든 학생을 입학사정관전형 및 과학캠프를 활용한 과학창의성전형(정부에서는 이를 'KAIST식'이라고 표현하였다)으로 선발할 예정이다.

구체적으로 올림피아드 입상실적이 완전히 배제될지 여전히 부분적인 영향력을 미칠지는 불명확하다. 그리고 입학사정관전형이나 과학창의성전형을 도입하면 이를 대비한 사교육이 팽창할 것으로 보인다. 이 방면에 관심이 있는 학부모들은 이미 '입학사정관전형'이나 '과학창의성전형'에 가장 걸맞는 학원업체가 어디인지 알고 있을 것이다. (힌트를 주자면 상대적으로 역사가 오래된 업체 하나와 신생 업체 하나가 있다.) 하지만 새로운 과학고 선발방식은 일정 수준 사교육비 절감효과를 나타낼 가능성이 있어 보인다. 새로운 전형에 대비한 사교육이 발달하겠지만, 적어도 기존 선발방식만큼 강한 사교육 효과를 발휘하지는 않을 것으로 보이기 때문이다.

반면 외고 입시제도에는 별다른 변화가 없고, 사교육비 절감효과도 별로 없을 것으로 보인다. 여태까지 외고 학생선발은 주로 내신성적+영어듣기평가+구술면접 시험으로 이뤄져왔다. 그런데 정부가 발표한 외고 선발방식의 변화를 보면, 기껏해야 구술면접시험을 변형시켜 지필형 문제를 출제해온 관행을 금지한 정도이다. 여태까지는 구술면접 시험장에 들어가기 한 시간쯤 전에 문제지를 나눠줘서(주로 국어, 사회, 논술 관련 문제이며 수학·과학 문제는 2~3년 전부터 금지되었다) 이를 풀어낸 다음 면접관 앞에서 답을 얘기하는 방식이 허용되었기 때문에, 무늬만 '구술면접' 시험일 뿐 사실상 지필고사나 다름없게 운영되었던 것이다. 그런데 이것도 따지고 보면 큰 변화라고 보기는 어렵다. 지필고사적으로 변형되지 않은 일반적인 구술면접 시험도, 상당히 어렵게 문제를 출제하는 것이 가능하기 때문이다.

또한 내신성적을 반영할 때 수학·과학에 '지나치게 높은' 가중치를 두는 것을 금지했을 뿐, 수학·과학 내신성적이 외고 선발기준에 상당한 영향을 미치는 것은 여전히 허용하였다. 수학·과학은 단위수가 큰 과목이기 때문에, 가중치를 높게 부여하지 않아도 이를 반영하는 것 자체만으로도 상당한 영향을 미친다. 그리고 듣기평가의 난이도를 제한할 것처럼(그나마 명시적이지는 않고 암시적인 표현으로) 발표했지만, 이를 계속 밀어붙이겠다는 정책의지가 의심스러울 뿐만 아니라 듣기평가의 난이도를 낮춘다면 사실상 외고의 트레이드마크인 '영어실력'을 변별력있게 평가하기가 불가능하기 때문에 이를 낮추는 것이 현실적으로 가능할지 의심스럽다. 마지막으로 중학교 내신성적 또한 학원의 족집게식 교육을 통해 높일 수 있는 것임을 지적하지 않을 수 없다. 앞에서 지적한 것처럼 우리나라 중고등학교 내신성적은 사교육의 도움을 통해 올릴 수 있는 여지가 상당히 크다.

결과적으로 이명박 정부의 특목고 사교육 대책은, 과학고의 경우 부분적으로만 효과를 거둘 것으로 보이고 외국어고의 경우 거의 효과를 거두지 못할 것으로 보인다. 4부에서 언급하겠지만 외고를 비롯한 특목고 문제는 일반고를 포함한 전체 고교체제의 개혁 속에서 모색되어야만 한다. 이같은 근본적인 사고 없이 선발방식만을 손대는 것으로는 한계가 있다. 그나마 발표된 선발방식의 변화도 극히 미지근한 수준에 그치고 있다. 당분간 외고입시 사교육비는 줄어들지 않을 것이다.

| 건설업 마인드를 보여주는 '사교육 없는 학교' |

'사교육 없는 학교'란 정부가 사교육을 줄이기 위해 중점 관리하고 지원하는 학교들이다. 2009년 5월 서울지역에서 첫 지정한 것을 필두로, 전국적으로 400개가 지정된다. '사교육 없는 학교'의 핵심은 방과후학교를 활성화하고 학생들의 자율학습 시간을 관리하여 학습시간을 늘리는 것이다.

'사교육 없는 학교' 정책의 내용이 과연 교육적으로 바람직한 방향인지에 관한(특히 '학교를 학원화한다'는 식의) 비판은 일단 논외로 하고, 이 정책으로 사교육을 줄이는 것이 가능할 것인지만 따져 보자. 내가 보기에 '사교육 없는 학교'에서 사교육비를 줄이는 것은 어느 정도는 가능하겠지만, 정부의 기대에 미칠만한 수준은 아닐 것이다. 왜 그럴까? 크게 두 가지 한계를 지적할 수 있다.

'사교육 없는 학교'의 첫 번째 한계는, 선발경쟁으로 인한 사교육은 잡지 못한다는 점이다. 선발경쟁은 엄밀하게 볼 때 '점수경쟁'이 아니라 '등수경쟁'임에 유의해야 한다. 방과후학교가 활성화되고 학생들의 학습시간이 길어져 모든 학생들의 성적이 나란히 10점씩 올라간다고 해보자. 그래봤자 석차(등수)는 똑같지 않겠는가? 따라서 '사교육 없는 학교'와 같은 방식으로는 '등수를 올리기 위한 사교육'을 줄이기가 어려운 것이다. 실제로 '사교육 없는 학교'에서 제공하는 방과후 학교 강좌를 수강하는 학생들은 주로 중하위권에 집중되어 있으며 상위권 학생들은 여전히 학원을 선호하는 경향을 보이는데, 이것은 상위권 학생의 관심이 특목고 입시를 중심으로 하는 선발경쟁에 집중되어 있다는 점을 고려할 때 당연한 결과라 할 것이다.

두 번째 한계는 뭔가 '투입'을 늘림으로써 성과를 보려는 마인드가 깔려있다는 점이다. 어디서 많이 본 것 아닌가? 바로 이명박 정부 특유의, '건설업'적인 마인드이다. 그런데 건설업적인 마인드는 우리 교육의 문제를 해결하는 데 부적합하다. 특히 우리나라처럼 이미 학생들이 과다한 학습시간에 시달리고 있는 상황에서, 추가의 요소 투입보다 우선시되어야 하는 것은 조직과 소프트웨어를 개혁하여 효율을 높이는 것이다.

특히 학원교육을 대체하기 위해 방과후학교를 투입하는 것보다는, 어떻게 정규수업의 효율을 높일 것인지를 고민하는 것이 순서이다. 예를 들면 중학교~고등학교 6년간 학생들이 학교에서 배우는 '기본영어' 급의 영어 학습서가 평균 서너 권 정도에 이른다. 일부는 정규수업시간에, 나머지는 보충수업이나 방과후학교 등에서 다룬다. 그런데 이렇듯 여러 권을 다룸에도 불구하고 대개의 학생들은 한 권도 제대로 소화해내지 못한다. 학교에서 학생의 학습수준을 제대로 관리하지 않기 때문이다. 즉 그저 '진도'를 나가는 데 급급할 뿐이지, '완전학습'을 유도하지 않는 것이다.

완전학습을 유도하려면 수업방식을 개혁하고 과제관리를 강화해야 한다. 이때 사이버 학습을 적절히 겸용하면 효율을 더욱 높일 수 있다. 아니, 이것저것 다 떠나서 가장 단순무식한 방법으로서 중요한 구문들을 암기하도록 강요(!)하기만 해도, 학습 성과와 효율은 높아질 것이다. 물론 이런 방법은 바람직한 것은 아니다. 학생들에게 무거운 과제를 부과하고 제대로 해오지 않은 학생을 엄하게 벌주겠다는 식의 '공포의 교육'은 우리가 극복해야 할 구태 중 하나이기 때문이다. 되도록 재미있고 효율적인 수업 운용을 통해, 수업시간에 필요한 지식과 역량을 최대한 습득하도록 해야 할 것이다. 그리고 적절한 과제와 보완교육을 통해 대부분의 학생들이 일정수준 이상의 성취도를 유지하도록 관리해야 할 것이다. 하지만 현재 학교에서는 이도 저도 아닌 어정쩡한 자세로, 수업은 수업대로 지루하고 학습성과와 과제에 대한 관리는 그것대로 뒷전이다. 그저 관성적으로 진도를 나가는 것이다. (주의할 점은, 이같은 현상은 학교만의 문제가 아니며 학원에도 만연되어 있다는 사실이다. 학원에서도 완전학습을 유도하지 않는 경우가 많다. 학원의 프로그램은 이윤동기로 인해 '학생들이 되도록 오래 다니도록' 설계되어있다. 즉 '최고의 효율'을 올리는 데 최적화되어있지 않은 것이다.)

물론 이런 개선책들을 시행하려면 교사들의 업무가 상당히 늘어날 것이다. 하지만 교사들이 기존에 수행해온 과중한 행정업무를 대폭 감면하는 개혁을 병행한다면, 충분히 이러한 변화가 가능하다. 행정업무를 감면하려면 단위 학교내 조직에 대한 개혁뿐만 아니라 교육과학부-교육청-지역교육청-단위학교 간의 위계관계에 대한 수술이 필요하다. 이명박 정부는 정규수업의 효율을 높이기 위한 방법으로 '교원평가'나 '수준별 이동학습', '교과교실제' 등의 정책을 모색하고 있다. 이 정책들을 보면 새로운 요소를 추가함으로써 문제를 해결하려 들 뿐, 소프트웨어와 조직의 혁신에 대한 근본적인 고민이 부족함을 알 수 있다. 전형적인 건설업 마인드가 엿보이는 대목이다.

아울러 사교육 의존도를 줄이려면 학교에서 학생들이 적절한 공부기술을 갖추도록 이끌어줄 필요가 있다. 이미 많은 학생들이 학원교육에 중독되어, 스스로 공부하는 자기주도적 학습능력을 상실한 상태이다. 사교육 의존도를 줄이려고 해봤자 학생들이 노트필기하는 방법, 복습하는 방법, 학습계획을 세우고 이를 관리하는 방법 등을 모른다면 '백약이 무효'이다. 그런데 이런 필수적인 부분에 대하여 학교에서는 전혀 가르쳐주지도 않으며 학생들로서는 이에 대하여 체계적인 상담을 받을 길도 없다. 학습코칭 또는 학습매니지먼트의 문제를 해결하지 않고서 이뤄지는 '사교육 없는 학교'는 사상누각일 수밖에 없다.

끝으로 '사교육 없는 학교'를 둘러싸고 벌어질 기만을 미리 지적하고자 한다. 정부는 '사교육 없는 학교'에서 3년 내로 사교육비 지출을 절반으로 줄이는 것을 목표로 삼고 있다. 이를 위해 '사교육 없는 학교'로 지정된 학교의 학부모를 대상으로 현재의 사교육비 지출 규모를 조사하였다. 이를 3년 뒤의 사교육비 조사 결과와 비교하여, 사교육비가 절반 이하로 줄었다는 성과를 내고자 하는 것이다.

그런데 사교육비를 조사하고 계산하는 과정에서, 학교의 '방과 후 학교' 강좌를 듣기 위해 지출하는 경비는 사교육비에 포함시키지 않을 방침임을 밝히고 있다. 방과후 학교를 학원교육의 대체물로 제공해놓고는, 학원 대신 방과후 학교를 이용하는 데 들어가는 경비는 사교육비 통계에서 제외시키는 것이다! 이것은 마치 난방연료로 석유 대신 도시가스를 사용하도록 유도하면서 도시가스 요금을 난방비 통계에서 제외시키는 것과 다름없는 '꼼수'이다. 만일 이러한 해괴한 계산법에 근거하여 '사교육비 절반'이라는 목표에 도달했다고 발표한다면, 이명박 정부의 '사교육 없는 학교'는 국민적인 비웃음의 대상이 될 것이다.

| '명 문 학 교'와 '특 별 한 학 교'를 주 의 하 라 |

2008년 4월에 치러진 총선에서, 한나라당은 '뉴타운 개발'과 '특목고 유치' 공약으로 선거를 치렀다 해도 과언이 아닐 정도였다. 그 정도로 많은 뉴타운, 특목고 공약이 실제로 실현될 수 있을지는 논외로 하더라도, 주민들은 특목고가 유치된다고 해도 결코 그 지역 교육여건이 좋아진다고 볼 수 없다는 점을 깨닫지 못했다. 특목고는 모집단위가 특별시·광역시나 도 단위로 광역화되어있기 때문에, 명문학교로 명성이 드높아질수록 정작 학교가 소재한 지역의 학생들이

입학하기는 점점 어려워진다. 즉 특목고를 유치해 봤자 그 지역 학생들에게 도움될 이유가 거의 없는 것이다. 사람들은 흔히 명문고등학교를 유치하는 것이 인근지역의 교육여건을 향상시킨다고 주장하지만, 그 학교가 명문고등학교이기 때문에 오히려 인근지역 교육과 무관해진다는 역설에 부딪히는 것이다.

이런 문제가 가장 극심한 지역 중 하나가 아마도 충남 공주일 것이다. 공주에는 자율학교(전국단위 선발)인 한일고와 특목고(도단위 선발)인 충남과학고가 있고, 비평준화 명문고(도단위 선발)인 공주사대부고가 있다. 한일고와 충남과학고 입학생 중에서 공주 지역 출신은 매년 서너 명 수준이고, 공주사대부고 또한 입학생 중에서 공주 출신은 1/4 정도밖에 되지 않는다. 공주 지역의 중학교 졸업자 중에서 공주 지역의 인문계 고등학교에 진학할 수 있는 학생은 60%밖에 되지 않아서, 나머지는 다른 지역으로 밀려나거나 원치 않더라도 전문계(실업계) 고등학교로 진학해야 하는 실정이다.

이렇듯 명문학교라고 하는 것들은 대부분 인근 지역의 일반적인 학생들의 교육의 질을 향상시키는 데 도움을 주지 못한 채, 오히려 정원의 대부분을 외지 학생들로 채움으로써 인근 지역 학생들이 가까운 곳의 학교를 다닐 수 있는 기회를 침해한다. 게다가 선발경쟁을 촉발하여 사교육 수요를 키운다. 전국의 특목고, 자립형사립고, 국제중, 자율학교 등이 모두 그러하다. (2010년부터 대폭 확대 지정되는 자율학교는 선발 지역과 선발방식에 제한이 생길 예정이지만, 지금까지의 자율학교는 전국 단위로 자유롭게 학생을 선발할 수 있었고 이중 일부가 대입명문고가 되었는데 그 중 대표적인 예가 공주 한일고이다.)

이처럼 선발경쟁을 촉발시켜 사교육을 키우는 학교들의 대열에 난데없이 '국제학교'가 합류할 전망이다. 국제학교는 흔히 '외국인학교'라고도 불리는 학교로서, 원래 내국인은 입학이 불가능하고 외국 시민권자 또는 영주권자만이 입학할 수 있는 학교이다. 그런데 제주, 송도 등지에 내국인이 입학할 수 있는 새로운 유형의 국제학교가 설립될 참이다.

제주도에 '슈퍼민사고' 들어설라

작년 총선 때 진보신당 심상정 후보를 지원하는 활동을 하면서, 상당 시간을 '특목고가 유치되면 집값이 오르고 교육여건이 좋아진다'는 통념을 반박하는 데 할애해야 했다. 근거는 두 가지였다. 첫째로 대원외고나 서울과학고 주변의 집값이 높은 게 아니라 특목고 전문학원이 밀집된 대치동의 집값이 높다는 점. 둘째로 특목고가 유치되어 명문이 될수록 정작 인근지역 학생들은 그 학교에 들어가기 점점 힘들어진다는 점. 입시전문가가 보기엔 너무나 뻔한 이같은 사실이, 한국 사회 특유의 교육과 부동산이 얽힌 욕망의 색안경을 통과하면서 주민들에게 강렬한 착시효과를 일으킨 것이다.

제주도에 영리학교 설립을 허용하는 법안이 통과된 것도 이같은 착시효과 탓일 것이다. 3월3일 국회를 통과하고 25일 발효된 '제주특별자치도 특별법 개정안'에 근거하여, 2011년부터 제주도에 새로운 유형의 국제학교들이 개교한다. 기존의 외국인학교와 달리 내국인이 무제한으로 입학할 수 있고, 졸업시 국내 일반 학교와 동일한 자격이 주어지므로 국내 대학 진학에 아무런 문제가 없다. 운영이나 교육과정의 자율성은 거의 완벽한 수준이어서, 기존 초중등교육법이나 사립학교법의 규정에 구애받지 않는다는 점이 법률에 명시되어 있다. 이익송금이 불허되긴 하지만, 콘텐츠나 컨설팅 제공의 댓가로 포장하면 이를 차단하기 어렵다. ● 이 법안을 주도해온 세력은 제주 국제학교가 조기유학 수요를 대체할 것이란다. 하지만 조기유학 수요자들이 영어권 국가의 학교나 중국·동남아의 국제학교 대신 제주도의 신설 국제학교를 택할 가능성은 낮다. 특히 초등 조기유학 수요층은, 대체로 영어권 국가에서 2년 정도 머물며 영어 구사능력을 도약시킨 다음 귀국하여 외고 진학을 노린다. 이런 목적이라면 거의 전원 한국 학생들로 구성된 제주 국제학교는 적합하지 않다. 영어몰입교육을 해온 영훈초등학교 학생들도 대부분 영어사교육을 받고 있지 않은가? 게다가 영어권 국가의 공립학교에 보낼 경우 학비가 면제이므로 체류비만 부담하면 되는데 반해, 제주 국제학교는 학비와 체류비가 모두 필요하므로 오히려 비용이 더 들 수도 있다.

결국 조기유학 수요 대체를 목표로 삼을 경우, 학생 모집이 여의치 않을 것이다. 이런 경우에 대비하여, 제주의 국제학교를 위탁운영할 외국의 학교법인은 '최소수익보전'을 요구할 것이다. 학생 모집에 실패하면 혈세로 메우라는 것이다. 이럴 경우 제주 영리학교는 인천공항철도처럼 '세금먹는 하마'가 될 위험이 있다. ● 또다른 대안이 있긴 하다. 이미 제주국제자유도시개발센터(JDC)가 직영하는 모델이 거론되는 마당에, 민족사관고를 모델삼아 국내외 명문대 진학을 목표로 하는 '슈퍼민사고'를 만드는 것이다. 개교할 때부터 입시명문을 표방하여 최상위권 학생을 선발하고 명문대 진학에 최대한 유리한 커리큘럼으로 중고등 과정을 운영하면, 기존 민사고를 능가하는 '슈퍼민사고'를 금세 만들 수 있다. 사교육업계의 기획진이 결합하여 각종 경시대회나 캠프 등을 만들어 홍보와 수익사업도 마음대로 할 수 있다. 게다가 제주 직항편이 존재하는 서울과 지방 대도시의 경우 민사고가 위치한 횡성보다 제주도가 심리적으로 더 가깝게 느껴지지 않는가?

결론은 혈세를 유출하거나, 아니면 사교육 시장을 크게 자극하거나. 이 법안을 주도한 제주도지사와 제주지역 국회의원들, 그리고 통과에 합의해준 민주당은 과연 계산기나 제대로 두드려봤는지 궁금하다. 착시효과 치고는 참으로 대단한 댓가다.

_한겨레신문 2009년 3월 31일자

이런 새로운 유형의 국제학교를 설립하는 명분으로 '조기유학 대체 효과'를 많이 이야기한다. 조기유학갈 학생들을 이곳으로 유치함으로써 조기유학으로 인한 폐해와 외화 유출을 줄인다는 것이다. 그런데 이런 맥락에서 이야기되는 '조기유학 대체 효과'라는 것은 대체로 매우 과장된 것이다. 특히 학교의 학생들이 대부분 한국인으로 채워질 경우, 비록 수업시간엔 영어를 쓰더라도 일상적으로 사용하는 언어는 한국어가 된다. 이럴 경우 기대한 만큼 영어구사능력이 좋아질 수가 없다. 심지어 조기유학을 가서도 한국 아이들끼리만 어울리는 바람에 영어구사능력이 별로 좋아지지 않는 경우가 종종 발생하지 않는가? 영어권 국가나 중국·동남아의 국제학교 등으로 조기유학을 보낼 생각과 능력을 가진 부모가, 도대체 뭐가 아쉬워서 아이를 그 효과가 의심스러운 제주 영어학교로 보내겠는가? 제주 국제학교에 아이를 보내는 부모들은 능히 조기유학을 보낼 의지와 능력을 갖춘 사람들이라기보다, 조기유학은 엄두가 안 났었는데 국내에 이런 특별한 학교가 생긴다니까 아이의 장래를 위해 뭔가 유리할 것 같아서 보내는 사람들일 것이다.

'새로운 유형의 국제학교'는 비단 제주도만의 문제가 아니다. 2009년 9월 문을 열 예정이던(준비과정의 부실로 일단 연기되었다) 인천 송도 국제학교의 경우 정원의 일정 비율을 내국인으로 채울 수 있도록 해놓았다. 제주 국제학교와는 달리 국내에서 인정되는 졸업증은 주지 않지만, 해외 대학으로 진학할 생각을 가진 사람들에게는 상당한 관심거리가 아닐 수 없다. 그리고 송도 국제학교가 스타트를 끊고 나면 국내의 여타 경제자유구역에 있는 국제학교들에도 내국인의 입학을 허가해 달라는 요청이 쇄도할 것이다. 그 다음 단계는 제주 국제학교처럼 졸업장의 효력을 국내에서 인정해 달라고 할 것이다. 불보듯 뻔하다.

이로 인한 사교육 유발효과는 매우 우려스러운 수준이다. 제주와 송도 등지에 세워지는 새로운 유형의 국제학교는, 한마디로 '사교육 치외법권지역'이다. 국내의 각종 학교에 적용되는 '초중등교육법'의 효력이 미치지 않고 그 대신 '제주특별자치도 특별법'과 '경제자유구역특별법'이 적용되기 때문이다. 그래서 교육당국이 학생 선발과정에 전혀 개입하지 못한다. 새로운 유형의 국제학교로 인한 사교육 유발효과는 장기적으로 외국어고에 맞먹는 수준으로 커질 가능성이 있다.

노무현 정부의 대입정책은 왜 실패했는가?

노무현 전 대통령이 집권하던 시기에 여러 가지 사회적 대립이 있었다. 그런데 언론개혁, 대북정책, 사립학교법, 한미FTA, 이라크 파병 등은 적어도 '지금 당장'의 민생과 밀착된 이슈가 아니었다. '지금 당장'의 문제로서 민심이 등돌리도록 만든 가장 큰 요인은 바로 주택가격 폭등과 교육문제였다. 특히 정부의 부동산 규제가 번번이 실패하여 아파트값이 폭등하자 대통령이 여러 차례에 걸쳐 대국민 사과를 하기도 했다. 하지만 교육문제에 대해서는 사과가 이뤄지지 않았다.

따지고 보면 노무현 정부 집권기간 내내 특목고는 계속 늘어났으며, 특목고의 운영이나 학생선발 방식은 거의 개선되지 않았다. 김대중 정부 시절에 설립이 결정된 자립형사립고(민사고, 상산고 등)가 심각한 사교육 유발효과를 나타냄이 드러났음에도 불구하고 대책이 전무했다. 기껏해야 외고 입시에서 내신 반영비율을 올리도록 지도하고, 외고 입시에서 수학 문제를 출제하지 못하도록 막은 정도이다.

하지만 노무현 정부의 교육정책의 결정적인 실패는 고입보다는 대입 문제에 있었다. 2004년 노무현 정부는 '2008학년도 대입제도 개선안'을 발표했는데, 그 핵심은 수능을 등급제로 전환하고 주로 내신성적으로 학생을 선발하도록 하는 것이었다. 그런데 이 제도는 결과적으로 대학들에 의해 왜곡되었고, 노무현 전 대통령은 정책 실패에 대해 사과하는 대신 '정부 정책이 대학들에 의해 왜곡되었다'며 대학측을 비난하였다. (노무현 정부의 공식 명칭은 '참여 정부'이고 김대중 정부의 공식 명칭은 '국민의 정부'였는데, 현 정부의 공식 명칭인 '이명박 정부'와 대칭적으로 부르기 위해 '노무현 정부' 및 '김대중 정부'라고 지칭하기로 한다.)

| 내신 위주 선발은 학생간 경쟁의 강도를 높인다 |

그러나 과연 대학 측에 의해 왜곡된 것이 근본적인 문제였는가? 내가 보기에 노무현 정부가 추진한 2008학년도 대입제도 개혁안은 원천적으로 심각한 결함을 가지고 있었다. 대학서열화와 학벌권력을 내버려둔 채로 학생 선발방식만 '내신성적으로 선발하도록' 바꾸면, 그때부터 학교 안은 이전보다 훨씬 심한 약육강식의 전쟁터가 되어버리기 때문이다. 같은 학교에 다니는 친구들이 더이상 동료가 아닌, 절대로 자신이 딛고 올라가야 하는 경쟁자가 되어버리는 것이다. 수능의 경우 수십만 명 사이에서 이뤄지는 경쟁이기 때문에 바로 옆의 동료가 경쟁자로 인식되지는 않지만, 내신의 경우 같은 학교 안에서 계열별로 경쟁이 이뤄지기 때문에 체감되는 경쟁의 강도가 매우 높다. 심지어 일부 여자고등학교의 이과에서는 내신 1등급이 1명에 불과한 상황도 벌어진다. 마치 먼저 상대를 죽이지 않으면 자신이 죽게 되는, 영화 〈배틀 로얄〉의 상황에 비유할만한 상황인 것이다. 다음은 2008년 촛불집회의 열기가 뜨겁게 일어나고 있을 때 기고한 글이다.

3년 전에도 촛불이 있었다

2002년의 미선·효순 촛불과 2004년의 탄핵 촛불은 한국 사회에 큰 족적을 남겼고 지금도 회자된다. 종결될 기미가 보이지 않지만 2008년의 촛불도 그러할 것이다. 그런데 2005년에도 촛불이 있었다. 그때도 어린 학생들이 거리로 쏟아져 나왔다. 그런데 상처와 좌절만 남긴 채 끝났고 아무에게도 기억되지 못한다. 대체 무슨 일이 있었을까?

2004년에 정부는 '2008학년도 대입제도 개선안'을 발표했다. 고교 내신성적으로 학생을 선발하도록 하고, 수능은 등급제로 바꿔 지원자격으로 사용할 것을 권장하는 내용이었다. 그런데 어차피 똑같은 '한줄로 세우기'라면, 수능으로 수십만 명을 한줄로 세우는 것보다 내신성적으로 수십~수백 명을 한줄로 세우는 게 체감되는 경쟁강도가 훨씬 높지 않겠는가? 아니나 다를까, 새 제도가 첫 적용된 2005년의 고1 교실은 친구의 책을 숨기고 공책을 찢는 '정글'이 되었다. 뒤이어 '고1 중간고사가 끝나고 비관자살하는' 사상초유의 사건이 속출했고, 중간고사 성적이 기대에 못미친 학생들은 학교를 자퇴하고 검정고시를 통해 내신지옥에서 탈출하려 했다. 심지어 현직 교감이 나에게 전화해서 "아들이 시험을 망쳤는데 자퇴시켜야 하는 게 아니냐"고 묻기도 했다. 정부의 기대와 반대로 내신성적을 올리기 위한 사교육이 번창했다. 결국 학생들은 촛불을 들고 거리로 나섰다. ● 당시 촛불집회를 주도했던 한 인권단체 관계자는 "전교조쪽 사람들이 찾아와 이 제도가 얼마나 좋은 제도인지 아느냐고 큰소리치더라"고 증언한다. 이 불행한 2005년의 소년소녀들은 '진보'언론에 의해서도 대부분 외면당했고, 결국 잊혀졌다. 원인을 제공한 정책결정자들도 거의 반성할 기미를 보이지 않는다. 노무현 대통령은 부동산 문제에 관해서는 여러 번 사과했지만, 교육문제에 관해서는 정부측 대입안이 나중에 대학들에 의해 왜곡된 점에 대해서만 분통을 터뜨렸다. 마치 왜곡되기 전의 원래 제도는 좋은 제도였다는 듯이.

소통의 문제는 청와대와 촛불시위대 사이에만 있는 것이 아니다. 힘과 조직을 가진 교육관료와 교사들에 비해, 뿔뿔이 흩어져있는 학생·학부모들과는 아무도 소통하려 하지 않는다. 그리고 학생·학부모들과 거의 소통하지 않는 사람들이 교육정책을 주물러왔다는 점에서, 이명박 정부와 이전 정부들 사이에는 사실 별다른 차이가 존재하지 않는다. ● 특히 이러한 '교육전문가'들이 가장 많이 모여있는 곳이 바로 대학이다. 2004년의 대입안도 대학교수들의 작품이었다. 그들은 보통 학생·학부모들을 몇 명이나 만나보았을까? 아니, 학교에 가보기나 할까? 의대 교수들은 미래의 의사들을 키워내기 위해 병원에서 직접 환자들을 진료하며 의대생들을 '굴린다.' 반면 사범대와 교대 교수들은 초중고교생과 학부모들 근처에 얼씬도 하지 않으면서 안락한 강의실에서 미래의 교사들을 가르친다. 그런 분들이 교육문제에 대해 근엄하게 한말씀 내놓거나 '교직의 전문성' 운운하는 모습에 대중은 냉소로 맞선다.

거대한 '우리들'로 뭉쳤던 짧은 경험은 무한한 상상력과 해방의 힘을 발휘한다. 하지만 일상으로 돌아오면 우리는 다시 답답한 소통의 문제에 직면한다. 교육현장에서 학생과 학부모는 약자다. 억울한 일을 당해도 구태의연한 교육관료와 무감각해진 교사들 사이에서 호소할 곳이 없다. 일부 열등생의 문제로 치부하지 말라. 전교 10등 안에 드는 학생이 결국 학교를 자퇴하고 마는 모습도 적잖이 목격된다. 명박산성은 '저들'과 '우리들' 사이에만 존재하지 않는다. '우리들' 사이를 가로지르는 명박산성들은 어떻게 해체할 것인가. _한겨레신문 2008년 7월 1일자

내신 위주 대입제도가 발표되자 가장 황당해한 사람들은 비평준화 지역의 학생과 학부모들이었다. 아직도 전국 고교생 가운데 약 1/4은 비평준화 지역에 있다. 그런데 대학에서 내신성적으로 학생을 선발한다면, 비평준화지역의 상위권 중학생들은 원하는 대학에 진학하기 위해 일부러 학력수준이 낮은 고등학교를 택해야 한다는, 상당히 황당한 결론에 도달하게 된다. 내신 위주 대입제도가 발표되자 내신성적상의 불이익을 감수해야 하는 특목고생의 경우를 놓고 논란이 벌어졌는데, 이와 대조적으로 비평준화 지역을 어떻게 할 것인가를 놓고는 아무런 논의가 일어나지 않았다. 우리나라의 '여론'이라고 하는 것이 얼마나 서울 및 대도시 지역에 치중되어 있는 것인지를 새삼 느끼게 하는 일화였다.

조중동과 한나라당은 주로 내신성적이 학교간 학력격차를 반영하지 못한다는 결점을 부각시켰다. 따라서 내신 위주 대입제도를 도입하려면 고교등급제와 같은 보완책이 필요하다는 것이다. 하지만 내가 지적하는 문제는 이와는 별개 차원의 문제이다. 대학서열화와 학벌권력 문제가 상당 수준으로 해결된다는 전제가 성립하지 않는다면, 내신 위주 대입제도는 학교를 정글로 만들고 학생들을 최악의 경쟁으로 몰아넣으며 비평준화지역 학생들을 혼란에 빠뜨리는 제도인 것이다. 노무현 정부의 2008학년도 대입제도 개혁안 자체가 원천적으로 결정적인 결함을 가지고 있었던 것이다. 실제로 선진국 가운데 내신성적 위주로 학생을 선발하는 나라는 드물어서, 심지어 대학이 평준화되어있는 프랑스, 독일, 핀란드 등도 모두 나름의 대입 시험을 치른다. 내신성적으로 대입 여부가 결정되는 예로 캐나다, 스웨덴을 들 수 있는데, 이 나라들은 고교평준화가 정착되어 있을 뿐만 아니라 대학도 상당히 평준화되어 있기 때문에 내신 위주로 학생을 선발해도 그로 인한 문제점이 비교적 적다.

| 내신 위주 선발은 사교육비를 줄이지 못한다 |

2008학년도 대입제도 개혁안은 2004년에 발표되었다. 그 취지는 '사교육비 절감과 공교육 강화'였는데, 이걸 보고 학원업계에서는 다들 웃었다. 왜냐하면 내신성적 대비 학원들에 돈을 쏟아담아주는 정책을 발표하면서 '사교육비 절감' 운운하였기 때문이다.

실제로 2008학년도 대입제도를 처음 적용받는 2005년 고1 학생의 경우, 이들이 고등학교에 진학하기 직전 겨울방학부터 내신성적을 올려주기 위한 전문학원이 대단한 호황을 맞았다.

우리나라 내신평가는 주로 객관식·단답식 '정답 빨리 맞추기' 문제들로서, 학원교육을 통해 단기적으로 점수를 올리기 가장 좋은 형태이다. 특히 내신 시험문제는 수능보다 더 일차원적이고 단순한 문제가 주종을 이룬다. 게다가 학원에서는 이른바 '족보'를 확보하여 교사별로 어떤 유형의 문제를 선호하는지까지 알아내어 대비시키기도 한다.

규격화된 시험문제일수록 학원교육을 통해 점수를 올리기 좋다는 것은 미국의 사교육계를 관찰해 보면 바로 드러난다. 최근 미국의 대도시에 SAT와 AP 시험을 대비한 학원이 성업중이다. 과거에도 프린스턴 리뷰Princeton Review 나 카플란Kaplan 과 같은 사교육업체가 있었지만, 최근 들어서는 한국식 학원이 번창하고 있는 것이다. 일부 언론에서는 이런 현상이 마치 한국식 교육의 장점을 보여주는 것인 양 자랑스럽게 보도하기도 하지만, 사실 학원을 다녀서 SAT나 AP 시험 점수를 높이는 현상은 미국의 입학사정관들에게 골칫거리로 부각되고 있다. 왜냐하면 학원을 마음껏 다닐 수 있는 '대도시에 거주하는 고소득층'일수록 유리해지기 때문이다. 미국의 대학 가운데 SAT 점수를 필수로 요구하지 않는 대학이 점차 증가하고, SAT를 반영한다 해도 그 비중을 낮추려는 흐름이 일부 나타나는 데에는 이러한 배경이 작용하는 것이다.

그런데 한 가지 이상한 점은, 미국 대학의 학생 선발과정에서

'내신성적'이 적어도 평균적으로 SAT와 AP 시험을 더한 것만큼의 중요성을 가지는데도, 내신을 대비하는 학원 프로그램은 별로 없다는 점이다. 실제로 LA와 뉴욕에서 학원을 운영하는 학원장들의 말을 종합해 보면, 내신 프로그램이 SAT 프로그램보다 훨씬 운영하기 까다로우며 실제로 내신을 대비하는 프로그램은 거의 운영되지 않는다고 말한다.

왜 그럴까? 학교 수업이 주입식에서 벗어나 탐구형·토론형으로 진행되고 평가도 논술형으로 이뤄진다면 학원교육으로 내신성적을 높이기가 어려워진다. 더구나 학교 현장의 자율성이 보장되어 있는 상황에서 교사별로 수업과 평가가 개성화·다양화되어 있으면, 학원교육의 효력은 더욱 감소한다. 숙제가 많다는 점 또한 이같은 경향을 강화한다. 특히 심화반 honor class 에서 주어지는 숙제는 만만치 않은 수준이어서, 이를 경험한 학생들은 '설령 학원을 다니고 싶다해도 숙제를 하느라 시간이 나지 않는다'고 토로하기도 한다.

결국 내신 위주 선발이 사교육비를 줄이는 효과를 내려면, 내신교육의 패러다임이 바뀌어야 한다는 결론에 도달한다. 우리나라의 고질적인 '정답 빨리 찾기'식 교육, 획일적 교육, 객관식·단답식 평가가 근본적으로 개혁되지 않는 한, 내신 위주 선발은 사교육비를 줄이기는커녕 오히려 늘리는 효과를 내는 것이다.

| 대학측의 역습과 '죽음의 트라이앵글'의 탄생 |

이제 노무현 정부의 2008학년도 대입제도 개혁안이 애초에 어떤 문제를 가지고 있는지와는 별도의 차원에서, 이 제도가 대학들에 의해 어떻게 왜곡되었는지를 살펴보자. 그런데 내신위주 대입정책이 망가진 결정적인 이유는 대학측의 대응 때문이지만, 애초에 발표된 제도 자체에 대학 측이 이용할 만한 허점이 내재되어 있었기 때문이기도 하다. 특히 결정적인 허점은 논술 및 수능과 연관된 것이었다. 2004년 '2008학년도 대입제도 개혁안'이 처음 발표되었을 때, 두툼한 첨부자료까지 모두 다운받아 프린트하여 점검해 본 내 눈에는 두 가지 결정적인 문제점이 눈에 띄었다.

첫 번째 문제점은 논술의 비중에 관하여 아무런 지침이 없었다는 점이다. 대학별로 실시하는 논술고사에 큰 비중을 두어 선발하여도 아무런 문제가 없었던 것이다. 실제로 이후 정부는 논술고사가 본고사로 변질되는 것을 방지하기 위하여 '논술 가이드라인'을 발표했을 뿐, 논술고사의 비중을 일정 비율로 제한한다든지 하는 조치는 전혀 없었다. 그러자 2005년 서울대는 논술고사의 비중을 대폭 확대하는 한편 '통합교과형 논술'이라는 새로운 유형의 논술고사를 도입하겠다고 발표했고, 2005년 11월 30일 첫 번째 예시문제를 발표했다. 다른 대학들도 서울대를 뒤따랐다. 그러자 2005년 내신학원이 호황을 맞은 데 이어, 2006년에는 논술학원이 호황을 맞게 되었다.

두 번째 문제점은 '수능 영역별 등급을 지원 자격으로 활용할 것을 적극 권장함'이라는 문구에 집약되어 있었다. 수능 등급을 지원 자격으로 사용할 것을 '권장'하는 것일 뿐 의무화하지 않았던 것이다. 따라서 수능 등급을 지원 자격으로 활용하는 것이 아니라 합격 여부를 가르는 변별적 요소로 활용하는 것이 가능했던 것이다! 비록 수능 점수를 없애고 등급화(1~9등급)했다고 하지만, 수능 등급을 다시 점수로 환산하면 상당한 변별력을 가질 수 있었다. 2005학년도 수능부터는 '총점'이라는 개념이 사라졌고 수능성적표에는 '영역별 과목별 등급'만이 표기되었는데, 연도별 수능 통계를 자세히 살펴보면 국영수 언어영역·외국어영역·수리영역 세 영역을 동시에 1등급 받는 학생은 전체 수험생의 1% 내외였고, 여기에 탐구과목까지 더하여 일곱 과목을 동시에 1등급 받는 학생은 전체의 0.1% 내외였다.

즉 수능이 등급화 되었다고 하지만, 영역별 등급을 다시 점수로 환산하여 줄을 세우면 상당한 변별력을 발휘하게 되는 것이다. 실제로 2006년 하반기부터 수능을 적극 활용하겠다는 속내를 내비치기 시작한 대학들은 2007년 들어서면서 속속 '정시 정원의 절반가량은 수능으로 선발하겠다'고 발표하였다. 그 결과는 수능학원의 호황이었다.

그 결과 성립된 것이 바로 '죽음의 트라이앵글'이다. 애초 정부의 취지와는 달리 수능-내신-논술간의 균형이 성립되면서, 이 세 가지 전형 요소들을 모두 동시에 상당한 수준으로 대비해야 하는 학생들은 이를 '죽음의 트라이앵글'이라고 부르며 저주했다. 그런데 이 '죽음의 트라이앵글'은 '사교육비 트라이앵글'이기도 했다. 2005년에는 내신학원, 2006년에는 논술학원, 2007년에는 수능학원이 차례차례 예상치 못했던 큰 호황을 맞으면서, 노무현 정부 내내 사교육비는 높은 비율로 증가했다.

| 이명박 정부, 과거 정부의 실패로부터 교훈 얻어야 |

내신 위주 선발은 그 자체로서 결정적인 결함을 가지고 있었다. 하지만 내신 위주 선발이 가진 순기능 또한 존재한다. 내신성적만으로 선발할 경우, 자연스럽게 지역별 안배효과가 발생하는 것이다. 실제로 서울대에서 실시하는 '지역균형선발'의 경우 지역별로 쿼터를 배정하지 않음에도 불구하고, 내신성적 위주로 선발을 하여 자연스럽게 지역별 안배효과가 발생하도록 하고 있다. 또한 사회계층이 지역별로 고착화되고 있음을 고려해 보면, 지역별 안배효과가 부분적으로 계층별 안배효과도 수반하게 됨을 추정할 수 있다. 또한 내신은 장기간에 걸친 학생의 학업적 성실성을 측정할 수 있는 지표이다. 서울대에서 지역균형선발로 합격한 학생들의 대학 성적을 조사해 보니 일반전형으로 합격한 학생보다 상당히 높았고, 특기자전형으로 합격한 학생들에 거의 근접하는 수준이었다. 이 점은 내신 위주 선발이 나름대로 상당한 가치를 가지고 있음을 보여준다.

결국 내신 위주 선발의 순기능과 역기능을 종합적으로 고려해

볼 때, 노무현 정부는 내신 위주 선발을 '보편화'시키겠다는 욕심을 버려야 했다. 가령 처음부터 '정원의 절반은 내신성적만으로 선발해라, 나머지 절반은 수능이나 논술 등 다른 전형요소를 활용하는 것을 대학 자율에 맡긴다'고 했다면 대학 측과 타협도 이뤄지고 원하는 정책 효과도 어느 정도 달성했을 것이다. 결국 임기 중에 무리한 계획을 졸속 추진하다가 게도 구럭도 놓치는 우를 범하고 만 것이다.

실패한 정책으로부터 우리가 배워야 할 것은 무엇인가? 무엇보다 정부가 새로운 정책을 도입할 때, 그에 대한 대학 측의 반응을 예상하고 이에 미리 대비하는 치밀함이 필요하다는 점을 들 수 있다. 또한 학생 선발 과정에서 여러 가지 전형 요소들이 복합적으로 반영될수록, 학생들의 부담과 사교육비가 더욱 높아진다는 점에 주의해야 한다. 그런데 이명박 정부는 노무현 정부의 대입정책의 실패로부터 아무것도 배우지 못한 것 같다. 이명박 정부의 대입선발 개혁방안인 입학사정관제의 추진 과정을 들여야 보면, 대학들이 입학사정관제를 학벌주의 강화와 서열경쟁의 도구로 활용하여 우회적인 고교등급제 등으로 활용할 가능성에 대하여 수수방관하고 있다. 또한 입학사정관제 하에서 내신, 수능, 논술, 면접, 학생부 비교과영역에 적히는 수상실적이나 토플성적 등 여러 가지 전형 요소가 복합적으로 반영됨으로 인해 학생들의 부담과 사교육비를 높일 가능성에 대하여 아무런 대책도 세워지지 않고 있다.

이러한 문제들을 예방하려면 입학사정관제를 도입하더라도 상당한 수준의 정교한 규제를 해야 한다. 입학사정관제는 워낙 그 폭이 넓은 제도이기 때문에 지금과 같은 방향이라면 사교육비가 증가하겠지만, 적절한 규제를 통해 전형요소를 간소화하면 사교육비를 감소시키는 버전도 만들어낼 수 있다. 또한 입학사정관제가 서열경쟁의 도구로 활용되어 고교등급제의 통로로 구실하거나 기여입학제로 발전하는 것 또한 분명히 규제할 수 있다. 하지만 이명박 정부의 입학사정관제 도입은 '대입 자율화'를 대전제로 삼고 있지 않은가? '자율'을 표방하면서 '규제'를 내세우기는 어렵다. 이것이 이명박 정부의 대입제도 개혁의 근본적인 모순이다. 이명박 정부가 이 모순을 해결해나갈 수 있을까? 나는 비관적으로 본다. 결국 이명박 정부의 대입제도 개혁은 노무현 정부와 유사한 방식으로 실패할 것이다. 첫째로 대학들(특히 명문 사립대)이 정책의도를 왜곡시킬 것이 분명하며, 둘째로 여러 가지 전형요소를 복합적으로 요구하게 됨으로 인해 학생 부담과 사교육비를 절감한다는 목표는 실패로 돌아갈 것이다.

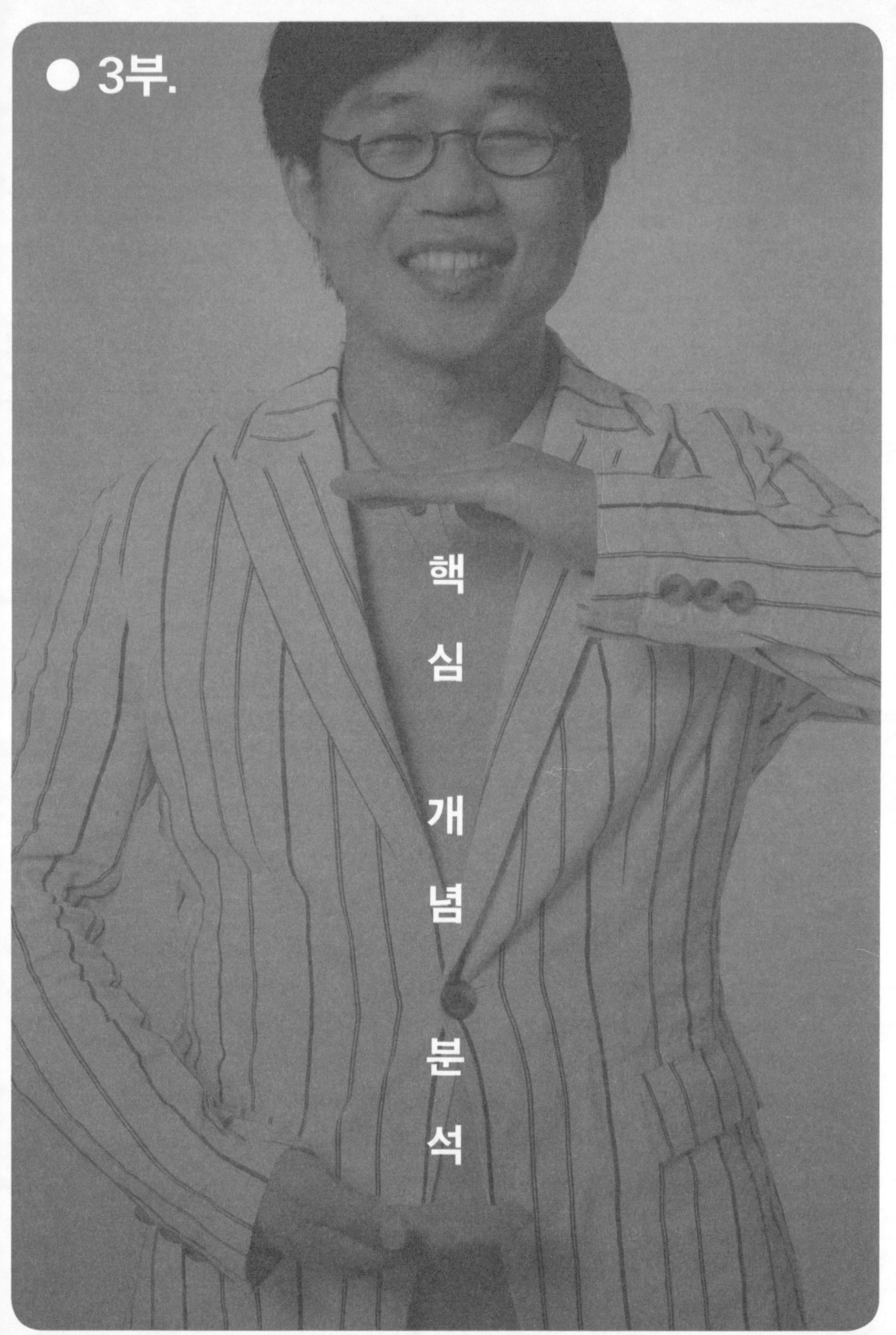

3부.

핵심 개념 분석

평준화,
어떻게 이해할 것인가?

한국 교육에 관한 논란을 지켜보다 보면, 가장 기초적인 용어의 의미에 대해서조차 합의가 되어있지 않은 상황에서 토론이 벌어지는 경우를 심심찮게 보게 된다. 특히 '평준화'라든가 '수월성'과 같은 가장 기초적인 개념조차 제대로 정립되지 않고 제멋대로 쓰이는 현상은, 교육문제에 대한 사회적 논의를 진일보시키는 데 상당한 장애물로 작용한다. 따라서 우리나라 교육 문제를 분석하기 위해서는 기초적인 개념 정리부터 새로 해야 한다. 특히 '평준화'라는 세 글자로 된 개념을 제대로 정리하지 않고서 한국의 교육문제를 제대로 분석하기는 불가능하다.

| '무시험 학교배정'으로서의 평준화 |

　　한국의 경우 고등학교까지 평준화 정책이 기본이다. 이를 확립한 사람은 박정희 대통령이다. 그 이전에는 중학교와 고등학교가 서열화되어 있었고, 별도의 입학시험을 치러서 합격 여부가 결정되었다. 어린 학생들이 입시지옥에 시달리고 '과외 망국론'이 나오자, 1970년대 들어 중학교 입시를 폐지한 데 이어 1974년 고등학교 입시를 폐지했다. 이른바 고교평준화 정책의 시작이다. 처음에는 서울을 비롯한 대도시 중심으로 고교평준화가 시행되었고, 이후 중소도시도 꽤 평준화되어 지금은 학생수 기준으로 전국의 74% 가량이 평준화 지역의 학교에 다니고 있다. 처음에는 연합고사 또는 내신 성적에서 일정 기준을 통과한 학생들을 인문계 고등학교에 배정하였으나, 최근 서울 같은 경우는 인문계 고등학교 진학을 원하는 학생들은 사실상 무조건 진학할 수 있는 상태에 이르러, 명실상부한 '무시험 학교 배정'이라는 평준화 정책이 완성되었다고 할 수 있다.

　　잠깐 여기서 잊어선 안될 것은, 아직도 우리나라에 비평준화 지역이 꽤 남아있다는 사실이다. 서울에서 가까운 수도권 지역만 해도 의정부, 광명, 안산, 파주 등이 비평준화 지역이고, 지방의 군 또는 중소도시 지역은 아직도 상당히 비평준화 지역이 많다. 비평준화의 비율은 2005년 기준 학교수 대비 전체의 41%, 학생수 대비 전체의 26%에 달한다. 그리고 일부 지역에서는 평준화가 도입되었다고는 하지만 인문계 고등학교 진학희망자 가운데 비교적 소수만이 인문계 고등학교에 배정받는다. 연합고사나 내신성적 등을 기준으로 잘리는 것이다. 이런 현상은 제주도가 가장 심해서, 중3 졸업생 중 40% 정도만이 인문계 고등학교에 배정받는데, 그래서 제주도민들은 '평준화 아닌 평준화'라는 푸념을 하기도 한다.

그런데 70년대에 처음 시행된 이 정책의 이름은 '평준화'가 아니라 '무시험 학교배정'이었다. 즉 평준화라는 용어는 공식적인 정책의 이름이 아니었고, 지금도 법률이나 조례 등에 의해 엄밀하게 규정되어 있지 않다. 교육 관련 법전을 아무리 뒤져봐도 '평준화'라는 세 글자가 나오지 않는다. 다만 관용적으로 많이 사용하다 보니 그 의미가 확립된 것이다. 특히 박정희 대통령이 평준화를 실시했다고 표현할 때의 평준화는 '무시험 학교배정'을 의미한다. 별도의 입학시험을 치르지 않고 학교를 배정하는 것이다.

| '획일적 교육'으로서의 평준화 |

평준화의 첫 번째 의미가 '무시험 학교배정'이라면, 평준화의 두 번째 의미는 '획일적 교육'이다. 학생의 성향이나 수준에 상관없이 동일한 교육과정과 수업을 제공하는 것이다. 잠깐. 그렇다면 이런 의미의 평준화는 누가 시행했는가? 이것은 박정희 대통령 시절보다 훨씬 오래된 일이다. 일제시대와 미군정을 거치면서 근대적 학교제도가 확립되

어가는 과정에서, 우리나라는 주로 일본을 본떠서 국가가 교육과정을 강력하게 통제하고 전국적으로 동일한 교육과정을 운용하는 전통을 확립해왔다.

이러한 전통에 일대 전환을 마련한답시고 떠들썩했던 것이 2002년부터 도입된 이른바 '7차교육과정'이었다. 7차교육과정 개편안은 얼핏 보기에 매우 거창한 것이었다. 초등학교 1학년에서 고등학교 1학년까지 10년간은 '국민공통기본교과'라는 이름으로 거의 동일한 교육과정을 밟도록 한 뒤, 고등학교 2학년부터는 각종 선택과목을 대폭 도입하면서 기존의 문과/이과 구분을 해체하고 예를 들어 '인문', '사회', '생명-화학' 등 다양한 교육과정을 도입할 수 있다고 한 것이다.

하지만 실제로는 학교 일선의 관행은 전혀 변화하지 않았다. 대학도 예전과 똑같이 문과/이과로 구분하여 학생들을 선발했다. 교육과정을 다양화하고 교과목 선택제를 도입하는 데 필요한 교사와 교실 수급문제가 전혀 뒤따라가지 못했던 것이다. 결국 서태지가 '교실 이데아'라는 곡을 통해 "전국 900만의 아이들의 머릿속에 똑같은 것만 집어넣고 있어"라고 고발한 현실은 전혀 변화하지 않았다.

흔히 '붕어빵 교육'이라는 표현으로 비아냥의 대상이 되고 있는 이러한 획일적 교육이 왜 계속될 수밖에 없는가? 현재의 교육 과정은 과목별로 기득권 집단화된 교육관료들 및 사범대 교수들이 주도하고 부차적으로 교사들의 힘겨루기의 산물로 구성된 것이다. 우리나라 교육과정은 지나치게 과목수가 많고, 지나치게 많은 양을 의무적으로 가르치도록 할 뿐만 아니라, 학생들에게 실질적으로 문과/이과를 제외하고는 거의 선택의 여지를 주지 않는다는 점에서 심각한 문제점을 안고 있다.

사실 평준화의 첫 번째 의미인 '무시험 학교배정'과 두 번째 의미인 '획일적 교육'은 서로 차원을 달리하는 개념이다. 그런데 이 두 가지 매우 다른 의미가 하나의 용어에 묶여있는 것이다. 대체로 좌파는 '무시험 학교배정'으로서의 평준화를 강력하게 옹호하면서 '획일적 교육'의 문제는 제대로 주목하지 않는 편이다. 반면 우파는 '획일적 교육'을 통렬하게 비난하면서 이를 극복해야 한다는 명분 아래 '무시험 학교배정'을 도매금으로 넘겨버린다. 이러한 개념적 혼란이 지속되어서는 평준화 관련 논의가 단 한 발도 진전할 수 없다.

평준화 개념의 이러한 혼란은 국민 대부분의 의식 속에 뿌리박혀 있다. 일반인 대상의 여론조사를 보면 고교평준화를 유지해야 한다는 견해가 2/3 가량 나오지만, 그와 동시에 고교평준화를 보완해야 한다는 견해도 2/3 정도가 나온다. 얼핏 보기에 모순되어 보이는 이러한 결과가 나오는 이유는, 국민들이 첫 번째 의미의 평준화(무시험 고교배정)가 유지되기를 바라고 고교입시가 부활되는 것은 막아야 한다고 보지만, 아울러 두 번째 의미의 평준화(획일적 교육)는 어떻게든 개선해야 한다고 보기 때문이다.

우파는 대체로 '획일적 교육'으로서의 평준화를 해체하거나 개선할 목적으로 새로운 유형의 학교를 세우는 것을 옹호한다. 특목고나 자립형 사립고, 자율형 사립고 등을 설립하거나 늘리자는 것이다. 특목고는 설립 목적 자체가 특별한 교육과정을 운영하는 데 있다. 자립형 사립고(민사고, 상산고, 해운대고 등 전국에 6개 있고 서울에 하나고가 추가로 개교할 예정)와 자율형 사립고(이명박 정부의 대선 공약으로서 전국에 100개 설립을 목표로 함)는 일반 고등학교와 달리 교육과정의 상당 부분을 학교 자율적으로 운영할 수 있다. 하지만 평준화를 보완한다는 명목으로 이뤄지는 이같은 학교의 다양화가 학생들간의 경쟁을 가속화하고 사교육비를 늘린다는 것은 이미 충분히 입증되었다. 그렇다면 이처럼 '특별한' 학교를 설립하지 않으면서도 획일적 교육에서 벗어나는 길은 정녕 없는 것일까?

　　우리나라와 대조적으로 많은 선진국은 특별한 학교를 세우지 않고 일반 학교에서도 다양한 교육을 함으로써 '획일적 교육'의 문제를 피해나가는 데 성공하고 있다. 즉 고교평준화 체제 하에서 '다양한' 교육에 성공하고 있는 것이다. 일반 학교에서 다양한 교육을 제공하는 방식에는 두 가지가 있다. 미국과 핀란드가 그 대표적인 사례이다.

| 미국식 평준화 : 일반 학교에서 심화 프로그램 제공 |

미국의 모델을 살펴보자. 미국의 학교에서는 일반반 regular class 과 별도로 심화반 honor class 이나 대학과정 선이수반 AP class : advanced placement class 등을 운영한다. 미국의 각급 학교에서 운영되는 심화반이나 선이수반은 고정적으로 편성되는 우열반과는 다른 개념으로서, 특정 과목에

대하여 보다 폭넓고 깊이있는 공부를 원하는 학생이 해당 수업을 신청하여 듣는 방식이다. 초등학교 과정에서는 간혹 심화반이 우반 개념으로 고정운영되는 경우가 있으나, 중고등학교에서는 모두 과목별로 운영된다. 예를 들어 미국사 美國史 심화반을 수강하고 싶으면 대체로 담당교사와의 상담을 거쳐 수강을 하게 되며, 수강 내역과 성적은 내신성적표에 기재된다. 대학은 입학생을 선발할 때 일반반 성적보다 심화반 성적에 일정 수준의 가산점을 준다. 예를 들어 같은 A학점을 받았다 할지라도 일반반 A학점보다는 심화반 A학점을 좀더 높게 쳐주는 식이다.

선이수반 AP class 은 아예 고등학교 시절에 대학 과목의 일부를 미리 수강할 수 있도록 하는 제도이다. 과거에는 대학 학점을 미리 취득하여 대학에서의 재학기간을 줄이는 기능을 하기도 했지만, 지금은 선이수반을 이수했다고 해서 학점을 인정해주는 경우는 별로 없으며 다만 대학에서 입학생을 선발할 때 선이수반 이수 실적을 감안한다. 아이비리그 대학을 비롯한 명문대의 경우 명시적 또는 묵시적으로 최대 4~5 과목까지 선이수반 이수 실적을 요구하기도 한다. 선이수반을 이수하고 나서 미국 SAT 수능시험 를 주관하는 기관에서 출제하는 선이수시험 AP시험 을 치러 일정한 평점을 얻으면, 이를 대학 지원원서에 첨부하는 것이다. 학교에서 선이수반을 이수하지 않고서 별도로 공부한 뒤 선이수시험을 치르는 것도 가능하다.

미국 학교에서 심화반이나 선이수반을 수강하여 일정 수준 이상의 성적을 거두면 명문대 진학에 유리해지기 때문에, 심화반이나 선이수반으로 학생들이 엄청나게 몰릴 것이라고 예상할지도 모르겠다. 하지만 심화반이나 선이수반을 수강하면 과제도 상당히 많고 발표·토론 준비와 시험준비 등에 상당히 많은 시간을 쏟아야 하기 때문에, 학생들은 절대 무턱대고 이런 강좌를 수강하지 않는다.

미국에 과학고등학교가 몇 개 있기는 하지만 인구 3억인 미국에서 그 의미는 미미한 수준이다. 미국은 평준화 체제 하에서도 심화반, 선이수반 등 다양한 교육을 제공하는 것이다. SAT(수능시험) 또한 이에 상응하여 필수과목은 최소 한도이고 선택과목이 무척 다양하게 널려있다. 미국 학교는 여기에 더해서 지역별·학교별로 영재적 재능을 가진 학생을 위한 각종 프로그램을 운영한다. 게다가 학년을 뛰어넘어 일찍 졸업하도록 하는 월반제도도 우리나라보다 활성화되어 있다. 미국에 특목고가 거의 없는 이유는 여기에 있다.

혹자는 미국에 있는 명문 사립고등학교를 거론하며 미국은 평준화 체제가 아니라고 주장한다. 하지만 미국이 평준화체제가 아니라고 주장한다면 그것은 주로 앞에서 설명한 것처럼 미국의 지역적 격차가 극심하고 이를 보정하는 재정적 정책이 거의 없기 때문이다. 또한 미국의 사립학교는 전체 고등학교 재학생의 10% 선으로 상당히 적고, 그 중에서도 절반 이상은 종교계 사립학교이다. 우리가 헐리우드 영화나 미국 드라마에서 보는 명문 사립고등학교는 전체 고등학생의 1.5% 정도를 차지한다.

그런데 대부분의 중산층 이하 사람들에게 미국의 명문 사립학교는 자신과 별 상관이 없는 그야말로 '딴나라 얘기'일 뿐이다. 무엇보다 학비가 너무 비싸다. 미국의 명문 사립학교에 입학하려면 우선적으로 요구되는 것은 성적표가 아니라 부모의 재정 증명이다. 연간 최소한 2만 달러 이상, 심한 경우 4만 달러씩 들어가는 학비를 낼 능력이 충분히 있다는 것을 입증하지 못하면 입학하기가 불가능한 것이다. 따라서 어지간한 중산층이면 너나할것없이 특목고 가기를 희망하는 우리나라의 상황과는 전혀 다른 것이다.

우리나라에는 중고등학교 가운데 사립학교가 차지하는 비율이 높다. 중학교의 22%, 고등학교의 45%가 사립이다. 하지만 서구 선진국에는 사립학교가 우리나라처럼 많지 않고, 대부분의 학교는 국립 또는 공립학교들이다. 학생들은 근거리 배정 또는 무작위 추첨 또는 학교선택제로 학교를 배정받는다.

| 핀란드식 평준화 : 과목선택의 자유를 극대화 |

평준화 체제 하에서 다양한 교육을 하는 두 번째 방식은 선택과목의 폭을 매우 넓히거나 아예 학점제로 운영하는 것이다. 사실 과목선택의 자유는 미국에서도 상당한 수준이다. 핀란드가 특징적인 것은, 고등학교를 대학과 유사한 체제로 운영한다는 점이다. 즉 일정한 학점을 따면 졸업하는 것이다.

핀란드는 교육경쟁력 세계 1위로 손꼽히며 전세계의 부러움을 사고 있는 나라이다. 특히 우리나라의 평준화 옹호론자들이 최근 핀란드식 평준화에 대하여 관심을 보이고 있는데, 핀란드의 제도는 평준화 체제로 불리기는 하지만 우리나라와는 매우 다르다. 특히 교육과정의 측면에서는 매우 유연한 운영방식을 가지고 있는 것이다.

핀란드에서는 초등학교와 중학교가 통합된 '종합학교'가 9년제로 운영된다. 종합학교 내에서 이미 상당한 선택과목이 운영된다. 우리나라의 중학교 연령대에 진입하면 전체 교과의 20% 정도는 선택과목이다. 특히 예체능이나 외국어 과목 등은 모두 선택과목으로 운영된다.

사실 핀란드의 종합학교가 9년제라는 것도 그것이 표준이라는 뜻이지, 모든 학생들이 이에 맞춰 9년만에 졸업하는 것은 아니다. 학습부진아의 경우 9년보다 오래 걸리는 경우도 많다. 학습장애가 있다고 판단되면 전문적인 진단을 거쳐 아예 9년보다 오래 걸려도 일정 수준의 학력을 갖춰 졸업하도록 교육과정을 설계해준다. 학업성취도가 일정 수준 이하라고 판단되면 해당 학년을 다시 다니도록 유급시키기도 한다.

물론 다짜고짜 불쑥 '너는 유급이야'라고 말한다면 핀란드가 세계에서 최고의 교육선진국이라고 불릴 리가 없다. 핀란드 학교는 기초학력 미달이라고 판단되는 학생에게 일상적으로 보완교육을 받도록 하고, 학교에서 뒤처진 학생을 끌어올리는 데 엄청난 노력을 기울인다. 그럼에도 불구하고 일정 수준 이하의 학력을 나타낼 경우 유급을 시키는 것이다.

핀란드의 고등학교는 종합학교보다 더 유연하게 운영된다. 우리나라의 인문계와 전문계^{실업계} 처럼 핀란드의 고등학교는 일반학교와 직업학교로 나뉘는데, 일반학교의 경우 일단 표준적인 재학연한이 따로 없다. 3년에 졸업하는 학생이 많지만 상당수는 4년에 졸업하며, 2년 반이나 심지어 2년에 졸업하기도 한다. 75학점(단위)을 이수하면 졸업하게 되는데, 45학점은 필수과목이고 30학점은 선택과목이다. 그리고 어떤 과목을 언제 어떤 순서로 수강할지도 대부분 학생의 자율에 맡겨져 있다. 다만 자율의 폭이 너무 크기 때문에 혼란스러워하는 학생들을 돕기 위해 학교에서 전문 상담을 제공한다. 고등학교가 거의 대학 같은 방식으로 운영된다고 볼 수 있는 것이다. 학생들이 각자의 시간표에 맞춰 강의실을 찾아다니며 공부하기 때문에, 학교의 구조나 분위기도 대학을 방불케 한다.

학점제에는 여러 가지 장점이 있다. 특히 학생들이 자신의 필요나 흥미에 따라 다양한 과목을 탐색해볼 수 있는 것은 큰 장점이다. 특정한 분야에 흥미를 느끼면 다음 학기나 다음 학년에 해당 분야의 더 심화된 과정이나 인접한 분야를 수강하면서 계속 공부할 수 있기 때문에, 이러한 과정을 거쳐 자신의 적성을 점차 발견해가고 이를 자신의 진로 및 대학에서의 전공과 연결시킬 수 있는 것이다.

| 학교간 차이가 크니까 평준화를 폐지하자? |

고교평준화 논쟁은 특목고를 중심으로 이뤄져왔다. 그런데 2009년 들어 일제고사와 수능성적의 지역별 통계가 발표되면서, 이를 계기로 평준화를 해체하거나 폐기해야 한다는 주장이 다시 고개를 들기 시작했다. 여기에 뒤이어 2009년 서울지역에서 실시되기 시작하는 학교선택제 등이 고교평준화와 관련된 논의를 더욱 가열시키고 있다. 고교평준화를 둘러싸고 벌어지고 있는 최근의 논쟁들을 정리해 보도록 하자.

2009년 들어 연달아 지역별 일제고사 성적과 수능성적 등이 공개되면서, 평준화 체제 하에서도 학생들의 학력이 지역별로 상당히 다르다는 점이 알려졌다. 그러자 일각에서는 '그러니까 고교평준화 정책을 포기해야 한다'는 주장을 펴고 있다. 그런데 이러한 주장은 평준화 개념에 대한 심각한 오해에서 비롯된 것이다.

평준화의 헌법적 근거가 되는 "균등하게 교육받을 권리"라는 것은 '사실'을 서술한 것이 아니라 '당위'를 서술한 것이다. 즉 엄밀히 말하면 헌법 31조는 "대한민국 국민은 균등하게 교육받을 권리를 가진다"가 아니라 "균등하게 교육받을 권리를 가져야 한다"라고 이해하는 것이 맞다. 사실명제가 아니라 당위명제라고 봐야 하는 것이다. 즉 평준화란 현실에 대한 서술이 아니라, 우리의 가치 지향과 목표를 표시하고 있는 개념이다.

따라서 '차이가 크니까 평준화를 폐지해야 한다'는 말은 논리적으로 절대 성립될 수 없는 말이다. 영국의 철학자 흄과 러셀이 지적한 것처럼, 사실명제로부터 당위명제를 논리적으로 유도하기란 불가능하다. '지역간·학교간 차이가 크다'라는 사실명제로부터 '고교평준화를 폐지해야 한다'는 당위명제를 논리적으로 이끌어내는 것이 불가능하다는 말이다.

따라서 만약 고교평준화를 폐지하고 싶다 할지라도, 그것은 폐지를 통해 얻어질 수 있는 사회적 이익을 제시하고 그것이 고교평준화를 통해 얻어졌던 이익보다 크다는 점을 사람들에게 설득함으로써 이뤄져야 마땅하다. 단순히 '현실이 비참하니 가치를 포기하자'는 식의 논리적 비약을 일삼아서는 곤란하다. 그리고 그 과정에서 헌법에 규정된 '균등하게 교육받을 권리'를 어느 연령까지, 어떤 방식과 제도를 통해 보장할 것인지에 대한 깊이있는 논의가 수반되어야 함은 두말할 나위도 없다. 그런데 나는 여태까지 '고교평준화를 폐지하자'고 주장하는 사람들 가운데 이러한 식으로 이야기하는 사람을 한 번도 본 적이 없다.

| 학교선택제는 평준화 해체인가? |

앞에서 평준화의 두 가지 의미를 지적하며, '무시험 학교배정'으로서의 평준화와 '획일적 교육'으로서의 평준화를 혼동해서는 안 된다고 지적했다. 나는 '무시험 학교배정'의 원칙을 지켜가면서 '획일적

교육'으로서의 평준화를 해체하는 것이 필요하며, 이러한 방향의 평준화 개선은 외국의 다양한 사례들을 참조할 때 충분히 가능하다고 본다.

그렇다면 최근 논란이 되고 있는 학교선택제는 평준화를 해체하는 것인가? 일단 학교선택제 자체는 평준화 해체라고 볼 수 없다. 대부분의 선진국은 고교평준화 체제를 유지하고 있는데, 학교 배정방식은 크게 세 가지이다. 근거리 배정 원칙하에 거주지에서 가까운 학교를 강제배정하거나, 학군별로 거주지 인근 학교 몇 군데 가운데 무작위로 추첨하여 배정 이른바 '뺑뺑이' 하거나, 아니면 선지원 방식의 학교선택제로 배정하는 것이다.

2010학년도 고등학교 입학생부터 서울 지역 고등학교 배정 방식이 학군별 무작위 추첨에서 학교선택제로 변경된다. 이를 두고 고교평준화의 해체라고 주장하는 사람들이 있는데, 사실 단순한 선지원 추첨배정 방식의 학교선택제를 두고 고교평준화의 해체라고 주장하는 것은 논리적으로 말이 안된다. 사실 서울을 제외한 지역에서는 진작부터 이러한 방식의 학교선택제를 많이 운영해 왔는데, 이들의 논리대로라면 우리나라에서 고교평준화는 서울을 제외하면 진작에 거의 다 해체된 것이 아니겠는가? 그리고 학교선택제를 운용하고 있는 독일이나 스웨덴, 핀란드 등은 모두 평준화 체제가 아니란 말인가?

핀란드의 경우를 보면 학교선택제로 고등학교를 배정하는데, 일부 인기 고등학교에 지원자가 한계정원 이상으로 몰리면 중학 내신성적 순으로 입학 여부를 가려낸다. 그렇다고 해서 '핀란드는 고교평준화가 아니'라고 볼 수는 없다. 오히려 모범적인 고교평준화 정책을 펴는 국가라고 여겨진다. 핀란드의 평준화는 바로 비인기 고등학교들에 대한 집중지원을 통해 이뤄진다. 즉 미리부터 기계적으로 균일화시키는 정책을 쓰는 대신, 인기/비인기 학교가 생길 수 있는 가능성을 인정하되 비인기 학교에 대한 집중지원을 통해 결과적으로 균일하게 되어가도록 만들어 가는 것이다.

따지고 보면 평준화의 이념을 실현하는 데에는 다양한 방법이 있다. 교육에 있어 평준화의 원리가 천명되어 있는 것은 헌법이다. 정확히 '평준화'라는 단어를 쓰지는 않았지만, 대한민국 헌법 31조는 다음과 같이 되어있다. "모든 국민은 능력에 따라 균등하게 교육받을 권리를 가진다." 여기서 주의할 것은 '권리'라는 개념이다. 헌법이 국민 모두가 균등하게 가져야 한다고 밝힌 것은 교육과 관련된 조건^{condition}이 아니라 권리^{right}이다. 즉 우리나라 헌법이 밝히고 있는 것은 누구에게나 똑같은 조건, 즉 똑같은 수준과 내용의 교육환경, 커리큘럼, 교사를 제공하라는 뜻이 아니다. 똑같은 '권리'를 보장하라는 것이다.

'권리'란 무엇인가? 예를 들어 회사에서 사원 모두가 점심시간을 자유롭게 활용할 수 있는 권리를 가지고 있다고 해보자. 그렇다면 그 권리는 '보편적'이다. 하지만 그 권리를 활용하여 어떻게 시간을 보내는지는 매우 다양하게 나타날 것이다. 누군가는 커피를 마시며 수다를 떨 것이고, 누군가는 낮잠을 잘 것이고, 누군가는 밀린 업무를 볼 것이다. 즉 권리는 '보편적'이지만, 보편적 권리를 향유한 결과 나타나는 현상은

'다양함'이다. 우리 모두가 자유롭기 위해서는 우리 모두 평등한 '권리'를 가져야 한다. 이렇듯 '권리'는 보편성과 다양성, 자유와 평등을 매개하는 매우 중요한 개념이다.

모든 학생들에게 동등한 교육의 '권리'를 제공하는 방법은 매우 다양할 수 있다. 핀란드에서 심지어 인기 고등학교가 성적순으로 학생을 선발하는 것을 허용하면서도 모범적인 평준화 체제를 운영하고 있다고 인정받는 것은, 무엇보다 비인기 학교에 대하여 효과적인 집중 지원이 이뤄지기 때문이다. 즉 평준화를 기계적으로 모든 학교를 똑같이 만들어야 한다거나 특정한 학교배정방식을 지켜야 하는 것이라고 보는 것은 지나치게 편협한 이해이다. 학교선택제에 대한 올바른 대응은 이를 거부하거나 반대하는 것이 아니라, 학교별로 다양하고 특성화된 교육 프로그램이 자리잡도록 하고, 비선호 학교에 대한 실효성있는 지원대책을 수립하는 데 있어야 한다. 우리나라에서 오래 전부터 학교선택제를 시행해온 지역들에서는 이미 학교간 선호도 격차가 엄청나게 벌어져 있는 곳들이 많이 있는데, 여태까지 교육당국은 이런 문제를 수수방관해왔다는 점에서 비판받아 마땅하다.

물론 학교선택제를 '신자유주의적 교육개혁'의 일환으로 이해하고 이에 반대하는 주장에도 나름대로 근거가 있다. 영국과 미국에서 신자유주의적 교육개혁이 '학생과 학부모의 선택권'을 모토로 추진된 역사가 있기 때문이다. 하지만 그렇다고 하여 학교선택제라는 정책이 신자유주의의 전유물이라고 간주하는 것은 문제가 있다. 그렇게 생각한다면 앞에서 언급했듯이 고등학교 학교선택제를 도입하고 있는 핀란드, 스웨덴, 독일 등은 모두 신자유주의적 교육정책을 취하는 나라라도 된단 말인가? '개별 정책'과 '정책들의 세트'는 별개의 차원에서 다뤄져야 할 것이며, 이명박 정부의 교육개혁을 반대한다고 해서 이명박 정부가 추진하는 개별적인 정책들을 일일이 반대해야 하는 것은 아니다.

고교선택제로 예체능계를 구원하자

나는 이명박 정부의 교육정책을 전반적으로 비판하지만, 2010학년도부터 서울에 도입될 예정인 '고교선택제'에는 원칙적으로 찬성한다. 물론 내가 만나본 진보적 교육운동가들은 대체로 나의 입장에 반대하는데, 내가 다음과 같은 질문을 던지면 곧 말문을 닫곤 한다. "예체능계는 어떻게 할 겁니까?"

현재 대학의 예체능계열 정원은 전체의 15%에 달한다. 하지만 예체능계열 고등학교 정원은 1.5%에 불과하다. 예체능계 고등학교에 진학하는 데 실패했거나, 뒤늦게 예체능계 전공을 고려하게 된 학생들은 대체로 인문계 고등학교를 다니면서 밤늦게 학원을 전전한다. 그런데 학교선택제를 조금만 정교화시켜 나가면 이들이 겪는 어려움을 줄여갈 수 있다. 예를 들어 "우리 학교는 디자인 전공 특별반을 3개 학급 운영합니다"는 식으로 미리 공지하고, 디자인을 전공하려는 학생은 이러한 특별반을 운영하는 고교로 1, 2, 3지망을 써내는 것이다. 학교 안에서 안정적인 예체능계열 교육을 받을 수 있다면 당장 사교육비가 꽤 줄어들 것이고, 학교교육에 대한 만족도가 높아질 것이다.

학교교육의 다양화는 '학교내 다양화'와 '학교간 다양화'로 구분해볼 수 있다. 교사와 학생의 자율성이 신장되면 그 귀결로 학교내 교육과정과 특별활동, 학생 자치활동 등의 다양화가 진전될 것이다. 그런데 이러한 '학교내 다양화'에는 나와 지향을 같이 하면서도 '학교간 다양화'에는 거부반응을 보이는 분들이 많다. 아마도 '학교간 다양화'를 섣불리 허용했다간 고교서열화로 이어질 가능성을 우려하기 때문일 것이다. 아울러 이명박 대통령의 공약인 '학교 다양화 300 프로젝트'가 일반 공립학교의 자율성을 넓히기 위한 조치는 매우 부족한 가운데 일부 사립학교(자율형 사립고)에만 높은 수준의 자율성을 부여하려는 기형적인 발상이기 때문에, 이에 대한 반감도 작용하는 듯하다.

하지만 우리나라 고등학교는 이미 오래 전부터 인문계와 전문계(실업계)로 일차적인 '학교간 다양화'가 이뤄져있는 상황이다. 전문계 고등학교에는 높은 수준의 '학교간 다양화'가 이뤄져있는 상황에서, 유독 인문계 고등학교가 추가로 분화되는 것에 알레르기 반응을 보이는 것은 납득하기 어렵다. 더구나 '문학 문필 특별반'이나 '패션디자인 특별반' 같은 프로그램이 모든 고등학교에 자리잡기는 현실적으로 어려울 것이다. 결국 '학교내 다양화'와 '학교간 다양화' 양쪽을 모두 허용하면서 학교의 책무성을 높이고 사교육비 절감을 추진하는 것이 합리적이다.

물론 현 정부가 추진하는 정책의 귀결이 이러한 나의 생각과 별로 합치되지 않을 수 있다는 것을 잘 알고있다. 학생들이 지망 고등학교를 결정할 때 부모의 입김이 크게 작용할 것이고, 부모는 앞으로 공개될 학교별 학업성취도 결과나 명문대 진학실적을 기준으로 학교를 고를 가능성이 크다. 또한 예체능계 대학에도 나름대로 서열이 있기 때문에, 보다 높은 서열의 대학에 진학하기 위한 사교육 수요는 여전히 존재할 것이다.
하지만 홍대 앞에 불야성을 이룬 유흥가 사이사이로, 앞치마를 두른 채 미술학원 건물을 들락거리는 피곤한 얼굴의 고딩들을 보라. 우리나라의 진보적 교육운동가들이, 예체능계 진학을 고려하는 순간부터 학원부터 알아봐야 하는 이들과 얼굴을 맞대고 진지하게 상담해본 적이 있을까? 거창한 거대담론을 들먹이기 이전에, 이들의 피로를 경감할 수 있는 실질적이고 구체적인 대안이 필요하다. 학생들을 위해 경박한 정부와 이기적인 대학, 편협한 학부모들 사이에서 아슬아슬한 줄타기를 해야 한다면, 기꺼이 줄타기를 해야 한다. 한겨레신문 2008년 11월 4일자 여기서 한 가지 짚고 넘어갈 문제가 있다. 만약 우리나라에서 유럽의 여러 국가들처럼 일반 고등학교에서 학생을 성적순 선발하도록 허용하기라도 했다간, 당장 '고입 대란'이 벌어질 것이 뻔하다는 점이다. 별도의 고입 시험을 부활시키지 않고 중학교 내신성적 순으로 선발한다 해도 마찬가지이다. 이러한 면에서 보면 2009년에 첫 지정되기 시작하는 자율형사립고에서 본격적인 성적순 선발이 허용되지 않은 것은 그나마 다행스러운 일이라 할 것이다. 앞으로 상당 기간 동안은 단순한 학교선택제(선지원 추첨배정)까지가 한국 사회가 수용 가능한 한계라고 봐야 할 것이다. 물론 거듭 강조하지만 비선호 학교에 대한 효과적인 지원방안을 마련하는 것이 시급한 과제이다.

| 오바마의 평준화 정책 |

평준화의 다양한 의미를 살펴보다 보면, 미국의 경우 과연 평준화 체제인가를 되물을 수 있다. 미국의 경우 학교 배정방식만을 보면 대체로 거주지에서 가까운 학교를 강제배정하므로 평준화 체제라고 볼 수 있겠지만, 그럼에도 불구하고 평준화 체제가 아니라고 볼 여지도 크다. 왜냐하면 극심한 지역별 격차를 보정하기 위한 장치가 미비하기 때문이다. 우리나라는 중앙정부에서 교육재정을 관리하여 지역별로 비교적 균등하게 예산을 배분하므로 재정적으로 균등한 지원이 이뤄지는 편이다. 하지만 미국은 매우 작은 지역자치 단위별로 교육 예산을 마련

하기 때문에, 재정적으로 지역별 편차를 보정하기 어렵다. 한마디로 잘 사는 지역의 학교는 풍족하고, 못 사는 지역의 학교는 가난한 것이다.

오바마 대통령이 취임하자마자 교육여건이 열악한 지역에 개혁 역량을 집중하고 있는데, 이것이 그가 다름아닌 '교육 기회의 균등'이라는 의미에서 평준화를 목표로 삼고 있음을 보여준다. 학교 배정방식이라는 측면만을 보면 미국은 이미 평준화된 국가이지만, 평준화의 취지가 학교 배정방식만으로 달성되는 것은 아니다. 이 점을 오바마의 정책이 역설적으로 잘 보여주고 있다.

오바마는 왜 한국 교육을 부러워할까?

오바마 미국 대통령이 지난 3월 "미국의 어린이들은 매년 한국의 어린이들보다 학교에서 보내는 시간이 1개월이나 적다"며 "새로운 세기의 도전은 학교 교실에서 학생들이 더 많은 시간 공부할 것을 요구하며, 한국에서 그렇게 할 수 있다면 우리도 여기 미국에서 할 수 있다"고 말했다. 5월에는 덩컨 교육장관이 학업성취도가 좋지 않은 학교 5000개를 5년 내로 폐교하고 학교 이름과 교장·교사진 등을 모두 바꿔 재개교 하겠다고 발표하기도 했다. 미국의 일부 지역에서 시행되어오던 강력한 학교개혁 조치를 전국으로 확산시키겠다는 것이다. • 일부 언론은 오바마 행정부의 이같은 개혁 정책이 한국을 모범으로 삼은 것(학습시간 증가)이거나 또는 한국이 모범으로 삼을만한 것(학교개혁)이라는 식으로 보도하기도 했다. 하지만 과연 이같은 해석이 타당한 것일까?

일단 오바마가 개혁 대상으로 삼는 미국 교육의 실상을 살펴보면, 학력수준은 국제 학력 비교평가에서 중하위권이고, 일부 지역은 고등학교 중도탈락률이 40%에 달한다. 그런데 미국 교육의 진짜 문제는 이러한 거시적 지표의 이면에 있다. 바로 양극화가 지역별로 고착화되어, 교육을 통한 계층상승 따위는 아예 포기해버린 지역이 적지 않다는 점이다. 심지어 소수인종 비율이 높은 저소득층 밀집지역에서는 열심히 공부하면 동료들로부터 괴짜 취급을 받거나 경원시되기도 한다. 폭력사건이 빈발해서 학생들을 금속탐지기로 검사하는 학교도 있고, 교사들이 호신용으로 권총을 지참해야 한다는 주장이 제기되기도 한다. 이런 지역 학교들이 중도탈락률을 높이고 평균학력을 까먹는 주범임은 불문가지이다. ● 특히 지방분권적 교육재정으로 인해, 이같은 문제가 보정되지 못하고 오히려 악화된다. 미국에서는 전체 공립학교 운영 예산 가운데 절반가량이 교육구별로 걷히는 재산세로 충당된다. 그런데 미국의 교육구는 교육구당 평균 주민이 2만 명 정도이므로, 우리나라의 웬만한 동 수준밖에 안되는 상당히 작은 단위이다. 고소득층 거주지역은 재산세가 많이 걷히니 학교 시설과 교사진이 좋다. 하지만 저소득층 거주지역의 학교는 가난하다. 극단적인 경우 (미국에서는 방학중에는 교사 월급을 지급하지 않으므로) 인건비를 절약하기 위해 방학 시작을 앞당기기도 한다. 오바마의 학교개혁을 들여다보면 단순히 학교 5000개를 폐교하고 재개교하는 데 국한된 것이 아니고, 이러한 개혁을 수용하는 지역에 별도로 편성된 연방정부의 예산을 투입하겠다는 재정지원책을 연계시키고 있음을 알 수 있다. ● 특히 대통령 오바마와 교육장관 덩컨은 흑인 비율이 높은 시카고에서 함께 일했었기 때문에 이런 비참한 지역, 비참한 학교의 사정을 잘 알고 있다. 어떻게든 이런 지역과 학교를 재활시켜야 한다는 절박한 목표를 가진 오바마에게, 한국의 높은 교육열이 부러울 만도 하다. 오바마 행정부의 교육정책과 한국 교육에 대한 발언은 이처럼 미국의 특수한 맥락에서 이해되어야 한다. 과잉교육의 열병을 앓고 있는 우리나라에, 과소교육의 문제를 해결하기 위한 미국의 정책을 견주어 판단하는 것은 매우 위험하다. 오히려 오바마의 정책은 자사고 100개를 세워 양극화를 촉진하고 교육세를 폐지하여 교육재정을 지방정부에 내맡기려는 이명박 정부의 정책방향과 반대의 지향을 가지고 있다. 물론 오바마는 우리나라에서 초등학생이 학원 다니기에 지쳐 자살을 한다든가, 고등학생들이 밤 10시 반까지 학교에 갇혀있다든가 하는 일을 제대로 알지도 못했을 것이고 말이다. _한겨레신문 2009년 6월 2일자

'하향평준화'라는 사기극

언젠가부터 한국 학생들의 학력이 저하되고 있으며 그 원인이 고교평준화에 있다는 믿음이 확산되었다. 최근에는 이른바 '하향평준화'론이 거의 전국민의 통념으로 자리잡은 것처럼 보인다. 그런데 이상하지 않은가? 요즘 아이들이 예전 세대보다 공부를 덜하나? 오히려 더 많은 공부에 시달리고 초등학교 시절부터 많은 학원에 다니고 있지 않은가? 심지어 초등학생이 학원에 다니기 지겨워서 자살하는 판인데, 왜 학력이 저하되었다는 얘기가 나올까?

나는 학력저하론, 혹은 하향평준화론이라고 하는 것이 우리나라 교육문제와 연관된 가장 심각한 사기극이라고 생각한다. 우리나라 학생들의 학력이 저하되지도, 하향평준화되지도 않았으며, 하향평준화론의 근거로 드는 몇몇 현상들도 사실은 고교평준화의 결과가 아니라 선호학과의 변동과 교육과정의 변화로 인한 것이다. 그렇다면 학력저하론 또는 하향평준화론은 왜 제기되었으며, 그 진정한 원인은 무엇인가?

| 하향평준화론의 시작 : 이공계 기피와 의약계열 쏠림현상 |

학력저하론은 1999~2000년 사이 서울대 이공계열 교수들을 중심으로 제기되기 시작하였다. 실제로 서울대에서는 입학생들의 수학 실력이 낮아졌음을 보여주는 실증적인 근거를 가지고 있다. 이때즈음부터 몇 년에 걸쳐, 서울대 자연대와 공대에 들어온 신입생들의 수학 성적이 하락한 것이다. 매년 동일한 시험문제로 평가를 했을 때 점수가 낮아졌으므로, 학생들의 학력이 저하된 것은 분명했다.

왜 이런 현상이 나타났을까? 이때가 서울대 공대·자연대 학과들의 커트라인이 지방대 의대보다 낮아진 시점이다. 1997년 연말에 IMF 구제금융을 받고 나서 1998년 구조조정의 광풍이 몰아닥치면서, 이공계열 연구인력 역시 대량으로 해고되었다. 꼭 연구인력이 아니라 해도 사회 전반적으로 고용불안정 문제가 심각하게 대두되기 시작하였다.

연구인력 해고와 사회 전반적인 고용불안정이, 이과 최상위권 학생 학부모들에게는 '무조건 의약계열로 보내야겠다'는 심리를 낳았다. 이과 기피 및 이공계열 기피는 90년대 내내 조금씩 확산되던 현상이지만, 이때부터 고착화되기 시작하였다. '의치한' _{의학-치의학-한의학} 선호현상이 극에 달했다. 이제 이과에서 최상위권 성적대의 학생이 의약계열을 택하지 않고 이공계열로 진학하면 '괴짜' 취급을 받기 시작하였다. 서울대 자연대 또는 공대와 지방대 의대에 동시합격한 학생이 지방대 의대를 선택하는 현상은 90년대에도 있었지만 이때부터 보편화되기 시작한다. 이러한 현상은 2000년대 초반 내내 계속 심화되어, 2000년대 중반부터는 심지어 서울대 공대와 지방대 약대에 합격해도 지방대 약대로 진학하는 경우를 많이 볼 수 있게 된다.

결국 2000년경을 기점으로, 예전 같으면 한양대나 연세대 공대에 갈만한 학생들이 서울대 공대에 가게 되고, 최고의 수학·과학 실력을 가진 학생들은 전국의 의약계열로 퍼져간 된 것이다. 입시전문가들의 눈에는 이러한 현상의 원인이 뻔히 보였는데, 그 여파를 고스란히 안게 된 이공계열 교수들은 진짜 원인을 규명하여 이를 사회적으로 교정하려고 시도하는 게 아니라 '학생들 수준이 떨어졌어'라는 속좁은 넋두리를 해댔고 이는 언론에 경쟁적으로 보도되었다. 처음에는 '학력저하' 현상에 대하여 논란이 이뤄지다가, 누군가 이 현상에 대하여 '하향평준화'라고 부르기 시작했다. 한나라당과 조중동^{조선-중앙-동아일보}에서 '하향평준화'라는 용어를 적극적으로 확산시켰다.

| 상 황 을 악 화 시 킨 7 차 교 육 과 정 과 수 능 제 도 |

2000년대 중반에는 교육과정과 수능제도의 변화가 상황을 악화시켰다. 교육과정이 5차에서 6차로(99학년도 대입부터), 그리고 다시 7차로(2005학년도 대입부터) 개정되는 와중에 이과생에게 요구되는 과학 학습분량이 감소했다. 특히 6차 교육과정까지는 대부분의 이과생이 고2~고3 시기에 물·화·생·지Ⅱ를 모두 공부했던 반

면, 7차 교육과정이 되면서 물·화·생·지Ⅱ 가운데 한두 과목만을 선택하여 공부하게 되었고 그것도 고3이 되어서야 배우게 되었다. 포물선운동·원운동, 화학평형, DNA, 전향력 등이 '이과생이라면 누구나 당연히 배우는' 개념이 아니라 '특정 과목을 선택해야만 배울 수 있는' 내용이 되어버린 것이다.

수학은 더 황당했다. 이과 수학(수능 수리 '가'형)은 6차교육과정 이전과 별 변화가 없었다. 7차교육과정에서 미적분의 기본은 이과 수학의 필수로 배치되고, 초월함수의 미적분과 같은 미적분 응용·심화 내용은 선택과목 가운데 하나로 분리되었다. 하지만 대부분의 학교와 학생들이 세 개의 수학 선택과목(이산수학, 확률과 통계, 미적분) 중에서 미적분을 택했으므로 사실상 이전과 달라진 게 없었던 것이다.

하지만 문과 수학(수능 수리 '나'형)은 7차교육과정에서 미적분이 완전히 빠졌다. 이로 인해 고교 경제 과목의 내용이 일부 개편되었고, 경제학개론 시간에 교수가 '예전 같으면 5분이면 될 설명을 1시간 동안 하는' 진풍경이 나타나기 시작한다. 미분 개념을 모르는 학생에게 미분 개념이 응용된 경제학 개념을 가르치려니, 교수들 입장에서는 황당할 수밖에 없었을 것이다.

내가 이를 '황당하다'고 표현한 것은, 문과생도 모두 미적분을 배워야 한다고 생각하기 때문이 아니다. 미국의 SAT(수능)를 보면 필수과목 수학의 수준은 우리나라 중학교 수준에 불과하고, 보다 심화된 내용은 모두 선택과목에 들어있다. 사실 따지고 보면 문학이나 피아노를 전공하려는 학생에게도 모두 미적분을 배우도록 의무화하는 것은 별로 설득력이 없다. 그런 의미에서 미국 SAT의 이러한 구성은 나름대로 합리적인 것이다.

문제는 7차교육과정 수능에서부터 문과생이 미적분을 배울 '통로'를 차단했다는 데 있다. 획일적인 교육과정 하에서 전국의 문과생들에게 미적분을 배울 수도 없고, 배울 필요도 없게 만들어 놓으면서, 대학 측과 아무런 사전 협의가 없었던 것이다. 내가 보기엔 미국처럼 최소한의 기본만을 필수로 지정하고 미적분을 포함한 수학의 심화 내용은 선택과목들로 배치하거나, 아니면 하다못해 수리'가'형과 '나'형뿐만 아니라 '다'형을 신설한다든지 하는 보완책이 필요했다.

문제를 한층 복잡하게 만든 것은 이과생이 수리'가'형이 아니라 수리'나'형을 택하는 경우가 상당히 많이 나타났다는 점이다. 예전에는 이른바 '교차지원'이 문제가 되었다. 교차지원이란 문과 대입시험을 치르고 이과 학과로 진학하거나, 이과 대입시험을 치르고 문과 학과로 진학하는 경우를 말한다. 특히 문과 공부가 상대적으로 쉽다는 인식 때문에, 문과생으로서 문과 수능을 치르고서는 이과 학과에 진학하는 학생들이 있었다.

그런데 7차교육과정(2005학년도 대입부터)에서는 분명 이과생인데 수리'가'형이 아니라 수리'나'형을 택하여 수능시험을 치르는 경우가 많아졌다. 중상위권 이하의 이과생이 수리'나'형으로 문과수학으로 '전향'하면 최소한 2~3등급이 오른다! 대학들은 문과수학을 치르고 이공계열로 지원하는 학생들에게 핸디캡을 얹었지만, 치열한 학생 유치경쟁의 와중에 그 핸디캡은 '전향'을 막기엔 크게 부족한 수준일 수밖에 없었다. 학생 유치에 걱정이 없는 명문대만이 이과수학을 의무화시켰을 뿐이다. 그래서 최근의 통계를 보면 과학탐구를 치르는 학생은 사회탐구를 치르는 학생의 1/2 가량인데, 수리'가'형 응시자는 수리'나'형 응시자의 1/4에 불과해졌다. 전통적인 교차지원생에 더하여 이처럼 '전향한' 이과생들이 상당수 이공계열로 진학하게 되면서, 이 두 부류가 '미적분 모르는 공대생'이라는 전설(?)을 낳은 것이다. 그리고 이러한 전설의 책임의 절반은 교육과정 및 수능제도의 개편 때문이지만, 나머지 절반의 책임은 수리'가'형을 의무화시키지 않는 대학 측에 있다.

또하나 눈에 띄는 변화는, 이과생이 배우는 과학과목의 학습량이 감소했다는 것이다. 고등학교 1학년에서 공통과학을 배운 후 2학년이 되면서 이과를 선택한 학생들은 물화생지I 또는 (지구과학I을 안 가르치는 학교들의 경우) 물화생I을 배우게 되는데, 3학년이 되면 물화생지II 가운데 한 과목 또는 두 과목만을 배운다. 이 과정에서 물리II 선택이 집중적으로 외면된다. 배우기 부담스럽다는 이유로 학생들이 기피하고, 학교에서는 선택하는 학생이 적다는 이유로 아예 선택의 기회조차 주지 않는 경우가 많다.

그런데 상위권대학의 이공계열 교수들 가운데에는 물리II를 모르고 들어오는 학생이 많다는 점에 불만을 토로하는 경우가 많다. 그런데 이 문제는 대학의 특정 단과대나 특정 학과를 진학할 학생에게 수능

물리Ⅱ 응시를 의무화시키거나, 내신성적 반영시 물리Ⅱ 과목을 의무화 시키는 등의 방법을 쓰면 되는 것이다. 그런데 역시 대학들은 이런 식의 의무화를 시도조차 하지 않았다.

필수 교과분량이 줄어들고 선택과목이 다양해지는 것은 불가피한 변화의 방향이다. 그러나 문과/이과로만 나눌 뿐 철저히 획일적 교육이 이뤄지는 상황을 교정하지 않은 채, 대학 측과의 협의과정 없이 교육과정과 수능제도를 제멋대로 좌지우지한 교육당국의 책임은 결코 작지 않다. 학력 저하 현상의 원인은 학생들이 예전보다 공부를 덜 해서가 아니다. 특히 최상위권 학생들이 예전보다 공부를 덜 한다는 것은 얼토당토 않은 얘기다. 이른바 '학력저하' 현상은 이공계 기피와 의약계열 선호현상, 그리고 교육과정과 수능제도의 변화가 겹치면서 일어난 현상을 일컫는 부적절한 표현이다. 그리고 부분적으로는 수리'가'형이나 물리Ⅱ 등을 의무화시키지 않은 대학 측에도 책임이 있다.

| 고교평준화로 인해 학력이 저하되었다고? |

'**하**향평준화'라는 말은 교묘한 뉘앙스를 가지고 있다. 곧이곧대로 해석하자면 학력 수준이 하향하면서 평준화ᵍ일화 되었다는 뜻이다. 즉 성적 분포곡선이 낮은 방향으로 이동하면서 편차가 작은 모양으로 바뀌었다는 뜻이다. 그런데 여기에 '고교평준화'라는 말의 의미가 포개지면서, '고교평준화 정책의 결과 학력이 하향했다'는 뉘앙스를

갖게 되었다. 실제로 많은 사람들이 하향평준화라는 개념을 이러한 의미로 사용한다.

그런데 이게 말이 되는가? 서울 및 대도시 지역은 고교평준화가 이뤄진 지 30년이 넘는다. 박정희 정권 시절에 단행된 정책으로 인해 30년이 지난 최근에야 학력이 낮아졌다는 것은 도대체 말이 안 되는 얘기다.

또하나 고교평준화로 인해 학력이 저하되었다고 보기에는, 우리나라 학생들의 국제적인 학력 수준이 지나치게 높다. 3년마다 OECD 30개국을 포함한 세계 주요 국가들이 공동으로 치르는 PISA 국제학력 비교평가 결과를 보면, 우리나라는 매년 최상위의 성적을 유지하고 있다. 가장 최근의 평가인 2006년 결과를 보면 우리나라 학생들의 독해력reading 수준은 세계 1위, 수학은 4위, 과학은 8위였다. PISA 국제학력 비교평가에서는 '종합' 순위를 매기지는 않지만, 비공식적으로 종합 순위를 매겨보면 우리나라 학생들은 늘 2~3위권을 지켰다. (늘 종합 1위를 하는 나라는 앞에서 잠깐 소개한 핀란드인데, 핀란드는 2006년 조사에서 독해력과 수학은 2위였고 과학은 1위였다.)

국제적 비교조사를 해보면 한국 학생들의 문제는 학력이 아니라는 사실을 알 수 있다. 정작 문제는 딴 데 있다. 학력학업성취도 조사에서는 최상위권이지만, 학업흥미도나 자신감을 조사해 보면 최하위권을 기록하는 것이다. 최근의 국제 조사인 2007년 TIMSS 평가를 보면, 수학(49개국 참여)에 대한 자신감은 43위, 즐거움도 43위를 했으며, 과학(29개국 참여)에 대한 자신감은 27위, 즐거움은 꼴찌인 29위를 했다. 즉 한국 학생들의 문제는 학력이 낮은 데 있는 게 아니라 '억지로' 공부한다는 데 있다. 이래서야 창의력을 키우거나 자신의 적성을 찾아간다는 게 불가능하다. 핀란드가 진정한 교육선진국의 모범인 것은, 학력만 1등인 것이 아니라 학업흥미도 조사에서도 1등을 한다는 데 있다. 핀란드의 학생들에게 '공부가 재미있느냐'는 질문을 던졌을 때 무려 70%의 학생이 '그렇다'고 답한다는 조사 결과는 정말이지 무한한 부러움을 불러일으킨다.

| 고교평준화와 학력저하의 관계, 입증 가능한가? |

고교평준화와 학력저하의 관계에 대해서는 여러 연구가 있다. 그런데 이들 연구들은 대체로 변인 통제가 제대로 이뤄지지 않은 것들이다. 예를 들어 고교평준화 지역과 비평준화 지역의 학력수준을 비교해 보면 평준화 지역 학생들의 학력이 비평준화 지역 학생들의 학력보다 높게 나오는데, 이를 고교평준화를 지지하는 근거로 삼기는 곤란하다. 고교평준화 지역이 대체로 교육열과 생활수준이 높은 대도시 지역이므로, 학력이 높다는 것이 단순히 고교평준화의 결과인지 아니면 부모의 생활수준이나 교육열 등이 영향을 준 것인지 결론내릴 수 없는 것이다. 즉 변인 통제가 제대로 되지 않은 연구이기 때문에, 이러한 연구를 근거로 고교평준화를 옹호해서는 곤란한 것이다.

물론 사회과학 연구에서 완벽한 변인 통제란 거의 불가능하기 때문에, 최선보다는 차선에 만족해야 하는 경우가 많다. 특히 대도시와 중소도시간의 생활여건이나 소득수준 차이로 인한 영향을 보정하기 위해, 중소도시들만을 연구대상으로 삼은 연구들이 있다. 2000년대 들어 주요한 연구가 두 건 있었는데, 서로 결론이 엇갈린다. 2004년 한국개발연구원^{KDI}에서 발표한 "고교평준화 정책이 학업 성취도에 미치는 효과에 관한 실증 분석"에 의하면, 연구 대상을 중소도시들로 한정했을 때 비평준화 지역의 고등학교 학력이 평준화 지역의 학력보다 높다. 하지만 2006년 한국교육개발원^{KEDI}에서 발표한 "고교평준화 정책효과에 대한 종합연구"에서는 역시 중소도시들만 비교했음에도 불구하고 평준화 지역 고등학생의 학력이 비평준화 지역보다 높게 나온다. 이러한 상반된 연구는 사회과학에서 변인 통제라는 것이 얼마나 어려운 문제인지를 잘 보여준다. 연구에 사용한 방법론과 기법에 따라 상반되는 결과가 나올 수 있는 것이다.

참고로 중소도시 비평준화 지역의 명문 고등학교로는 해당 지역뿐만 아니라 인근 지역의 학생들도 많이 진학하는 반면, 평준화 지역에서는 학력이 우수한 학생들이 특목고 등으로 빠져나가는 사례가 상대적으로 많다는 점에 유의해야 한다. 즉 고교 진학시기를 전후한 학생들의 이동에 의해 고교생들의 학력 조사 결과가 왜곡되는 것이다. 학력을 비교할 때 '학교 소재지'를 기준으로 하지 말고 '학생 주소지'를 기준으로 조사하는 것이 필요한 것은 이 때문이다.

여태까지의 평준화 관련 연구는 '고교 진학 전후의 학생이동'이라는 변인을 제대로 살피지 않았다. 대표적인 예가 2007년 연세대 경제학과의 한순구·성태윤 교수의 논문 "평준화와 비평준화"이다. 이 논문의 요지는 2000년대 이후 고교평준화가 이뤄진 지역들의 'SKY'대학 ^{서울대·고려대·연세대} 진학률이 낮아진 것으로 보아, 고교평준화가 학력을 저하시킨다는 것이다. 서울 근교의 고양(일산 포함), 성남(분당 포함), 안양(군포·과천·의왕 포함), 부천 등지의 경우 2002년에 고교평준화가 시행되었는데, 그 결과 이 지역 고등학교 학생들의 SKY대학 진학률이 4%대에서 3%대로 평균 1% 정도 하락한 것이다. 그런데 이 연구 역시 고교 진학을 전후로 이뤄지는 학생들의 이동을 제대로 반영하지 못했다는 문제점을 안고 있다.

　　고교평준화가 도입되기 이전에는 특목고보다는 지역별 명문고를 선호하던 학생들도 꽤 있었다. 나는 박사과정에 있을 때 분당 지역에서 일주일에 2~3일씩 중3 학생들을 가르치는 '알바 강사'를 했었는데, 평준화되기 이전이었던 당시에는 최상위권 학생들도 꼭 특목고를 가야만 한다는 의식이 강하지 않았으며 심지어 충분히 특목고에 합격할만한 학생도 지역의 명문고로 진학하는 경우를 꽤 목격할 수 있었다.

　　그런데 2002년 주민과의 의사소통과 의견수렴이 충분하지 않은 가운데 고교평준화 제도가 도입되면서, 불안감을 느낀 최상위권 학생의 학부모들은 너나할것없이 자녀들을 특목고에 지원시키기 시작했다. 부천·성남 지역은 아예 특목고가 없고 고양 지역에 외고가 1개 있었을 뿐이므로(성남외고는 2006년에 문을 열었다), 결국 고교평준화를 기점으로 이 지역들의 학력수준이 높은 학생들이 이전에 비해 더 많이 외부의 특목고로 유출되었다고 볼 수 있다. 게다가 그 중 상당수는 서울 지역 외고로 진학한 것으로 보인다(2009학년도까지는 시도 경계를 넘어 외고를 지원하는 것이 가능했다). 한순구·성태윤 교수의 연구는 이러한 변인을 살피지 않았다는 결함을 안고 있다. SKY 대학 진학률을 조사할 때 '학교 소재지'를 기준으로 하지 않고 '학생 주소지'를 기준으로 조사한다면 상당히 다른 결과가 나올 것이다.

'변인 통제'의 문제는 고교평준화가 학력을 저하시킨다는 연구에서만 나타나는 문제가 아니다. 반대로 고교평준화를 옹호하는 근거로 동원되는 연구에서도 변인 통제의 문제를 쉽게 찾아볼 수 있다. 2005년 한국교육개발원 KEDI 에서 가톨릭대 성기선 교수가 발표한 "고교평준화 정책 효과 분석" 연구는 평준화/비평준화 지역의 학력을 단순 비교하지 않았다(앞에서 언급했듯이, 학력을 단순 비교하면 대도시 지역이 모두 포함된 평준화 지역이 비평준화 지역보다 더 높은 학력을 가진 것으로 나온다). 그 대신 성기선 교수는 평준화/비평준화 지역별로 학력의 '변화'를 비교하였다. 고1에서 고3으로 올라가면서 학력이 어떻게 변화하는지를 전국 모의고사 성적의 변화를 통해 비교한 결과, 평준화 지역의 학력향상도가 비평준화 지역의 학력향상도보다 10% 가량 높게 나타난 것이다.

성기선 교수의 연구에 의하면 고교평준화가 학력향상에 좀더 기여한다. 하지만 고교평준화 지역에는 서울 등의 대도시들이 모두 포함되어 있고, 이런 지역에는 사교육이 발달되어 있어 학생들은 상대적으로 사교육을 쉽게 이용할 수 있다. 따라서 고교평준화 지역의 학력향상 효과가 더 크다는 것이 학교배정방식의 차이 때문인지, 아니면 고교평준화 지역이 상대적으로 사교육을 이용하기 좋은 여건이기 때문인지를 가려내기란 불가능하다.

결국 고교평준화 지역과 비평준화 지역의 학력을 비교함으로써 설득력있는 연구 결과를 내놓는 것은 거의 불가능한 것으로 보인다. 주변 지역으로의 전출입, 특목고로의 이탈, 사교육 효과 등의 변인을 모두 통제하기란 불가능하기 때문이다. 다만 앞서 밝힌 것처럼 PISA 국제학력 비교평가 등을 통해서, 한국 학생들의 학력이 국제적으로 매우 높은 수준이라는 점만은 염두에 두자. 적어도 고교평준화 정책이 학력을 상당히 끌어내리는 효과가 있다면, 고등학생의 74%가 고교평준화 지역에 속하는 우리나라가 세계 2~3위권의 높은 학력을 기록하기란 어렵지 않겠는가?

다양화,
왜 거꾸로 가고 있나?

이명박 정부의 교육정책이 내세우는 대표적인 슬로건이 '자율화'와 '다양화'이다. 그런데 실상을 들여다보면 자율화와 다양화는커녕, 그 반대로 강압과 획일의 물결이 몰아닥치고 있다. 일제고사를 치르는 날 체험학습을 선택할 수 있음을 알린 교사들이 교단에서 퇴출당했고, 0교시나 우열반과 같은 학생들의 자율권을 침해하는 제도가 허용되었다.

혹자는 강압과 획일화가 우리나라 교육에 새로운 바람을 불어넣기 위해 불가피하고 과도적인 현상이라고 볼 지도 모르겠다. 하지만 내가 보기에 이명박 정부의 교육정책이 강압과 획일화를 초래하는 것은 결코 일시적인 현상이 아니다. 이명박 교육정책의 핵심이 미국 공화당의 교육개혁 프로그램을 우리나라에 이식하는 데 있기 때문이다. 예를 들어 지방분권적 전통이 강한 미국에서 학교의 책무성을 높이기 위해 시도된 정책이, 매우 강력한 중앙집권적 전통을 가진 우리나라에서 동일한 효과를 낳을 수 있을까? 가장 심각하게 이러한 의문을 불러일으키는 것은 일제고사이다.

| 일제고사, 선택권 부여가 당연하다 |

이명박 정부 들어서면서 일제고사가 부활되었다. 종류도 무척 다양해서 매년 3월 초등4학년~중학3학년을 대상으로 치르는 교과학습 진단평가, 10월 초등6학년·중학3학년·고등1학년을 대상으로 치르는 국가수준 학업성취도평가, 역시 10월 초등3학년을 대상으로 치르는 국가수준 기초학력 진단평가, 12월 중학1·2학년을 대상으로 치르는 전국연합 학업성취도평가 등이 있다. 이 중 2008년 10월 치러진 국가수준 학업성취도평가 결과가 2009년 2월 공개되었는데, 전북 장수를 포함하여 여러 지역에서 조작 및 허위보고 사례가 잇달아 드러나면서 일제고사는 초장부터 그 신뢰도에 큰 상처를 입게 되었다.

일제고사 가운데 가장 이해가 되지 않는 것은 진단평가이다. 원래 진단평가라는 것은 새 학년이나 학기를 시작할 때, 학생들의 학업수준을 확인해서 이를 수업이나 학생지도에 반영하기 위한 것이다. 말 그대로 학생들을 '진단'하기 위한 시험인 것이다. 따라서 과목의 특성과 해당 지역의 여건, 그리고 교사의 수업방식이나 목표에 따라 진단평가의 형식과 내용은 다양하게 나타나는 게 당연하다. 예컨대 쪽지시험을 치를 수도 있고, 간단한 과제물을 요구할 수도 있으며, 학생들의 문제해결 속도를 측정할 수도 있다. 간단한 구술시험이나 면접을 할 수도 있다.

그런데 이런 목적의 평가를 전국 단위의 동일한 시험으로 치르는 것은 교육현장의 현실적인 여건을 전혀 반영하지 않은 것이다. 학생들을

'진단'한다면서 학교나 교사의 특성을 고려하지 않고 국·영·수 및 사회·과학 등 주요 과목 모두를 전국적으로 동일한 객관식 시험으로 테스트하라니? 이것은 교육현장의 자율성을 침해하는 일이고, 교육을 더욱 획일화시키는 일이 아닐 수 없다. 또한 이러한 진단평가 결과를 진정으로 '진단'의 목적으로 활용할 일선 교사는 하나도 없다고 봐도 무방하다.

학업성취도평가 또한 심각한 문제를 안고 있다. 물론 학업성취도평가는 거의 모든 나라에서 치러지는 시험이다. 이를 통해 국가 차원에서 학생들의 학업성취도를 관리하는 것이다. 하지만 학업성취도평가는 대부분 표본평가로 치르지, 전수평가[일제고사]를 시행하는 경우는 드물다. 우리나라에서도 일제고사를 치르지 않던 시기에 꾸준히 학업성취도평가를 3~4%의 표본집단을 선정하여 치러왔다. 여론조사를 할 때 모든 사람의 의견을 묻지 않고 일부의 표본집단만 조사해도 상당히 정확히 전체 여론을 알 수 있는 것처럼, 표본으로 선정된 일부 학생들만 평가를 해도 학업성취도 수준을 파악하는 데에는 문제가 없는 것이다.

학업성취도평가를 전수평가[일제고사]로 치르는 나라가 있기는 하다. 미국, 영국, 일본이 대표적이다. 하지만 그 실상을 들여다보면 우리나라의 사정과 많이 다르다는 것을 알 수 있다. 일본은 2007년에 일제고사가 부활되었다. 학생들에게 여유를 주는 이른바 '유토리 교육'으로 인해 학생들의 학력이 저하되었다는 여론과 함께 학습 강도를 높이는 정책이 펼쳐지면서, 일제고사가 부활된 것이다. 하지만 사립학교의 경우에는 절반가량이 일제고사를 치르지 않는다. 사립학교는 자율적 운영권을 가지고 있는데, 여기에 대해 국가가 어떤 시험을 치르라고 강요할 수 없다는 것이다.

영국의 경우 스코틀랜드와 웨일즈에서는 일제고사가 모두 폐지되었고, 잉글랜드에서도 중·고등학교에서는 폐지되었고 초등학교 2, 6학년 대상 시험만 남아있는 상황이다. 이것도 최근 일제고사가 교육을 획일화시킨다는 케임브리지대의 연구조사가 발표되면서 집중적인 비판의 대상이 되어 폐지될 위기에 처해 있다.

미국의 경우 국가 수준의 일제고사는 없다. 다만 미국의 각 주 정부에서 학업성취도평가를 표본평가 또는 전수평가^{일제고사} 방식으로 시행하고, 연방정부는 ^{NCLB No Child Left Behind ; 학생 낙오방지법}에 의거해 그 결과를 종합하여 분석하는 작업을 할 뿐이다. 즉 미국에서도 학업성취도평가를 일제고사의 형태로 치르는 주는 일부에 국한되어 있다.

캘리포니아주처럼 일제고사를 치르는 경우에도, 그 방식은 절대 강압적이지 않다. 학부모가 일제고사 참여 여부를 선택할 수 있으며, 시험을 치르지 않아도 어떠한 불이익도 받지 않음이 보장되어 있다. 표본평가만 실시해도 학업성취도 정보를 충분히 얻을 수 있으므로, 굳이 전수평가를 하겠다면 당연히 선택권을 부여해야 한다고 보는 것이다. 실제로 미국에서 일제고사를 거부하는 학부모의 상당수는 자녀의 프라이버시 문제에 민감한 고소득층 학부모들이다. 자녀의 학력 관련 정보를 정부가 알게 되는 것에 대하여 거부감을 느끼는 것이다. 일제고사 대신 체험학습을 갈 수 있다고 안내했다는 이유로 교사를 학교 밖으로 내쫓고도 태연한 우리나라 교육당국을, 이런 미국 사람들이 이해할 수 있을까?

| 학교별 성적 공개의 무서운 결과 |

지금부터는 학업성취도와 수능성적 공개와 연관된 문제를 살펴보자. 이것은 지금까지 다룬 일제고사의 문제와는 다른 차원의 문제다. 일제고사(전수평가)이든 표본평가이든간에, 학업성취도평가 결과가 '공개'되는 것이 가진 문제를 살펴보려는 것이다.

2008년 10월에 치른 전국 학업성취도평가의 지역별 성적이 2009년 2월에 공개되었다. 수능성적 또한 2009년 4월 지역별 정보가 일부 공개되기 시작했다. 앞으로는 학업성취도평가와 수능성적의 지역별 현황뿐만 아니라 학교별 현황까지 공개될 예정이다. 2008년 국회를 통과한 '학교정보 공개법'이 2010년 시행되면서, 학교의 교육 방향과 여건, 그리고 성과 등에 대하여 공개를 하도록 되어있기 때문이다.

여기서 잠깐. 학교별 학업성취도 현황을 공개하는 것은 결코 이상한 일이 아니다. 학부모들에게 자녀가 다니는 학교의 평균적인 학업성취도나 대학진학률 등에 대하여 알 수 있도록 정보를 제공하는 것은 세계 어디에서나 보편적으로 볼 수 있는 현상이다. 상급학교에 진학하면서 그런 정보에 대하여 궁금해하지 않을 학생과 학부모가 있을까? 당연히 공개하는 것이 상식적이다. 평준화의 왕국처럼 알려진 핀란드에서도 이런 정보는 공개되어 있다. 그렇다면 우리나라에서 학업성취도평가와 수능성적을 공개하는 것은 뭐가 문제란 말인가?

최근에 공개하고 있는 학업성취도평가나 수능은 모두 객관식이나 단답식으로 되어있는 '빨리 정답 찾기' 시험이다. 이런 지표만 공개하면, 다른 교육적 지표들은 뒷전으로 밀리게 된다는 문제가 발생한다. 멀리 갈 것도 없이, 대입에서 오랫동안 시행되어 온 '논술'이라는 지표를 생각해 보자. 수능은 빨리 정답을 찾아내는 시험이지만, 논술은 어떤 현상이나 자료를 다각적이고 깊이있게 분석하고 자신의 견해를 정리하도록 유도하는 시험이다. 그렇다면 수능이 논술보다 교육적으로 우월하거나 선호할만한 지표라고 말할 수 있을까? 전혀 그렇게 말할 수 없을 것이다. 그런데 수능이나 학업성취도평가와 같은 획일적 지표만 공개하고 경쟁을 시키면, 당연히 우리 교육이 다양화되는 게 아니라 더욱 획일화될 것이다.

다른 선진국의 상황은 이와 다르다. 서구 선진국들은 보편적으로 학교 교육이 단답식·객관식 '빨리 정답 찾기' 일변도에서 크게 벗어나 있다. 논술형 평가, 토론형 수업, 탐구형 과제 등을 일상적으로 볼 수 있는 것이다. 독일 학생들은 객관식 시험이라는 걸 접해본 적이 없기 때문에, 객관식으로 치러지는 PISA 국제학력비교평가 표본집단으로 선정된 학급에서는 사전에 객관식 시험에 대비한 예행연습을 해야 할 정도이다. 미국 학교에서는 정규수업시간에 SAT(수능) 문제집을 푸는 일은 아주 예외적으로만 벌어지는 일이다. 최근 미국에서도 대도시를 중심으로로 SAT 대비 학원이 늘어나면서 그에 대한 대응으로 SAT 문제집을 푸는 학교가 있긴 하지만, 주로 정규수업이 아닌 방과후 프로그램으로 신청자에 한하여 진행하며, 간혹 정규수업시간에 문제풀이를 하는 경우가 있지만 이는 어디까지나 예외적인 경우이다. 일상적인 학교교육이 이처럼 주입식 교육과 단답식·객관식 시험으로부터 벗어나있고 이것이 정상적인 학교교육임이 상식으로 받아들여지는 상황에서는, 학업성취도를 획일적 잣대로 측정하여 공개한다 할지라도(여전히 교육 획일화의 우려가 제기되지만) 적어도 우리나라보다는 문제가 적다.

그런데 우리나라는 어떠한가? 학교 교육의 목표가 오로지 단답식·객관식 시험에서 빨리 답맞히는 능력을 키우는 데 초점을 맞추고 있다. 엄밀히 말하면 초등학교는 여기서 어느정도 거리를 두고 있는데, 중학교와 고등학교는 대단히 심각한 수준이다. 우리나라 내신성적의 독자적인 가치를 인정하기 어려운 이유는, 내신평가가 수능과 다를바 없는 방식으로(심지어 종종 보다 저열한 수준으로) 이뤄지기 때문이다. 이런 상황에서 학업성취도평가와 수능성적을 공개하면서 '정답 빨리 맞히기' 능력을 더욱 강조한다면, 당연히 논술이나 발표력 등과 같은 다른 교육적 지표는 더더욱 뒷전에 놓이게 되는 것이다. 우리나라의 고질적인 '정답 빨리 맞히기'식 학교교육을 근본적으로 개선하지 않는 한, 학업성취도평가와 수능성적을 공개하는 것은 미국이나 영국보다 훨씬 강력하게 교육을 획일화시키는 결과를 초래할 것이다.

따라서 이러한 문제를 보완하려면, 학업성취도평가와 수능성적의 공개를 당분간 유예하고 학교 교육 개혁을 전제조건으로 재추진하든가, 아니면 학업성취도평가와 수능과는 별개의 교육적 지표를 조사하여 이를 함께 공개해야 한다. 예를 들어 선진형 교육(논술·토론·탐구 등) 활성화 지수, 자기주도적 학습 지수 등의 새로운 지표들을 개발하여 학업성취도평가나 수능성적과 함께 공개하는 것이다. (여기에 더해서 인권 지수라든가 학교생활 행복 지수 등을 추가한다면 금상첨화이겠다.)

| '수월성'은 '학력'이 아니라니까 |

수월성 excellence 이란 학생 개개인이 가지고 있는 재능과 잠재력을 최대한 발전시키고 끌어올리는 것, 또는 그 결과로써 성취된 상태를 뜻한다. 수월성 교육은 '학생들의 다양한 재능'에서 출발한다. 따라서 수월성 교육을 위해서는 다양한 과목과 프로그램이 운영되어야 하는 것이 당연하다. 만들기에 재능이 있는 학생은 이것을 더 잘하도록 하고, 문필이 뛰어난 학생은 이것을 더 잘하도록 하는 식의 교육이 바로 수월성 교육이다.

'학력'은 '학업성취도'의 줄임말이다. 전통적으로 많이 쓰여온 용어이지만, 최근에는 공식적으로 '학업성취도'라는 말을 더 많이 사용한다. 학력, 또는 학업성취도란 무엇인가? 영어로 'achievement'이다. 즉 교육과정상의 목표를 성취한 정도를 의미한다.

우리나라에선 '학력'과 '수월성'을 거의 동의어처럼 쓰고 있지만, 사실 이 두 개념은 상당히 다른 의미를 내포하고 있다. 특히 수월성 개념의 출발점이 '다양한 재능'인 반면, 학력 개념의 출발점은 '교육과정 상의 목표'에 있다는 점에 유의해야 한다. 즉 예를 들어 교육과정상 중학교 3학년 1학기 때 '2차방정식과 근의 공식'과 관련된 내용을 배우게 되어있다면, 무조건 이를 가르치고서 시험을 통해 학생들의 성취도를 테스트해서 높은 점수를 얻도록 하는 것이 학력 중심 교육이다. '왜 이 학생이 이 내용을 이 시기에 배워야 하는지'에 대한 물음은 배제된다. 교육과정상의 목표를 무비판적으로 받아들이고, 무조건 점수를 올리도록 하는 것이다. 이런 학력 중심 교육 속에서는 '재능의 다양성'이라든가 '적성에 맞는 진로'와 같은 상식이 들어설 자리가 없다.

그리고 우리는 너무나 오랫동안 이러한 몰상식 속에 살아왔다. 최근에도 이런 일이 있었다. 6차교육과정에서 7차교육과정으로 개정되면서 문과나 예체능계 학생들이 치르는 수능의 수리'나'형에 미적분이 빠졌다. 그런데 이명박 정부 들어서면서 2008년에 수리'나'형에 다시 미적분을 포함시키기로 결정했다. 이렇게 되면 국문학이나 피아노를 전공할 학생도 의무적으로 미적분을 배우라는 소리다. 이게 합리적인가? 오히려 미국의 SAT수학처럼 최소한도의 수리적 능력만 테스트하는 수리'다'형을 신설하는 것이 합리적이지 않겠는가? 그런데 아무도 이러한 문제를 제기하지 않았다. 교육과정을 무비판적으로 받아들이는 것은 우리에게는 너무나 익숙한 습성이다. 그리고 그러한 전제 하에서 추구되는 '학력' 중심 교육을 우리는 너무나 당연한 것으로 받아들인다. 그래서 우리나라에서는 수월성 교육과 학력 중심 교육이 뒤섞여지고, 마치 똑같은 것처럼 치부된다.

물론 현실적으로 수월성 교육과 학력 중심 교육을 완전히 구분하기란 불가능할 수도 있다. 하지만 수월성 교육과 학력 중심 교육의 전반적인 양상은 확연히 다르다. 수월성 교육은 '재능의 다양성'에서 출발하므로, 수직적 다양화 못지않게 수평적 다양화를 중시한다. 대개의 선진국은 수월성 교육을 추구한다고 공언하지만, 우리가 생각하듯이 국영수 골고루 잘하는 똑똑한 아이들을 따로 뽑아서 특별반이나 특목고에 진학시키는 것을 수월성 교육이라고 여기지 않는다. 이들은 일반 학교에서 되도록 '다양하면서도 깊이있는' 교육기회를 제공하는 것에 초점을 맞춘다. 따라서 선진국의 수월성 교육은 대체로 특별한 학교를 세우는 방식으로 이뤄지는 것이 아니라 학생들이 보다 다양한 프로그램이나 교과목을 선택할 수 있도록 하고 이에 도전하도록 독려하는 방식으로 이뤄진다. 그들에게는 공작이나 미술, 문학 등도 수월성 교육의 대상이 된다.

반면 학력 중심 교육은 '교육과정상의 목표'를 무비판적으로 수용하는 데에서 출발하므로, 수평적 다양화는 관심 밖에 놓이게 되고 수직적 다양화(특히 심화교육, 속진교육)에만 몰두하게 된다. 그 영역도 영어, 수학, 과학 등 두세 과목에 국한된다. 이런 걸 두고 수월성 교육이라고 한다면 수월성 교육의 원래 개념을 크게 왜곡하는 것이다. 우리나라에서 '수월성 교육'을 소리높여 주장하는 사람들 가운데 진짜 제대로 수월성 개념을 이해하고 있는 사람이 몇 명인지 의심스럽기 짝이 없다. 이들은 십중팔구 학력 중심 교육을 수월성 교육과 동일시하는 오류를 저지르고 있다.

특히 '수월성 교육을 위해 학생간 경쟁을 강화해야 한다'는 주장은 선진국의 교육 전문가들에게는 상당히 낯설고 괴상한 얘기다. 학교 성적표에 석차^{등수}도 매기지 않는 그들이(2부에서 언급했듯이 학교 성적표에 석차가 표기되는 것은 일본과 한국에서만 볼 수 있는 희귀한 현상이다), 수월성 교육을 한답시고 새삼스럽게 동료와의 경쟁의식을 부추긴다는 것은 상상할 수도 없는 일이다. 각자의 재능을 최대한 발휘하도록 유도하는 데 왜 친구들과의 비교가 필요하겠는가?

'수월성' 개념은 우리나라에서 심각하게 왜곡되고 특히 '학력' 개념과 동의어처럼 오용되고 있다. 하지만 제대로 된 의미에서의 '수월성' 개념은 우리가 경원시 할 필요가 별로 없는 것이다. 일반 학교에서 선발경쟁 없이 (즉 선택가능한 방식으로) 운영되는 프로그램을 통해 이뤄지기만 한다면, 수월성 교육은 오히려 적극적으로 수용하고 우리의 여건에 맞게 정착시키기 위해 노력해야 한다. 그리고 이에 상응하여 대학에서 학생을 선발할 때 국영수 중심의 주요 과목들에서 골고루 높은 성적을 받을 것을 요구하는 관행에서 벗어나도록 할 필요가 있다.

자율화와 경쟁

2002년 노무현 대통령이 대통령 선거에서 승리함으로써 대체로 '개혁' 성향이라고 분류되는 세력이 김대중 대통령에 이어 연속 10년 집권하는 상황이 도래하자, 한나라당과 조중동(조선·중앙·동아일보)을 중심으로 하는 반대 세력은 큰 충격에 빠졌다. 이들은 김대중-노무현 정부를 보다 거세게 '좌파'라고 낙인찍음과 동시에 몇 가지 중요한 사상적·정치적 쇄신운동을 시도하는데, 그 결과 노골적인 신자유주의가 한국 사회의 지배적인 이념으로 성립되게 된다. 그리고 그로 인한 영향은 경제의 영역을 뛰어넘어 다른 영역으로 확장되기 시작한다.

신자유주의적 이념이 경제 이외로 확장된 대표적인 영역이 바로 '교육'이다. 나에게 '교육쓰나미'의 정체를 한마디로 요약해보라고 한다면, "교육관료의 지배력과 학벌주의의 위력이 공고하게 유지되고 있는 데 더하여, 신자유주의적인 교육개혁 프로그램이 강압적인 방식으로 이식됨으로 인해 최악의 교육쓰나미를 초래하고 있다"고 표현하겠다.

| '자율-규제 프레임'의 위력 |

자율이 좋은가, 규제가 좋은가? '규제가 좋다'고 답할 사람은 거의 없을 것이다. 사회현상에 대하여 어떠한 물음을 던지느냐에 따라 거의 자동으로 우열이 가려지는 경우가 종종 있다. 이러한 물음을 내놓게 되는 사고방식 또는 사고의 틀을 흔히 '프레임 frame'이라고 한다. 신자유주의의 프레임을 잘 드러내는 대표적인 물음이 바로 '자율이냐, 규제냐?'라는 것이다. 일단 특정한 프레임을 던지고 이를 일반화시키는 데 성공하면, 그것 자체로서 이미 승자와 패자가 가려진다. 예컨대 '자율이 좋은가, 규제가 좋은가'라는 물음은 이미 '자율은 좋은 것, 규제는 나쁜 것'이며 '자율을 주장하는 측은 승자, 규제를 주장하는 측은 패자'라는 결론을 함축하고 있다.

최근 한국 사회에서 '자율-규제 프레임'에 의해 신자유주의의 안드로메다로 날아가버린(혹은 날아갈 준비를 하고있는) 주제가 한두 개가 아니다. 우선 민생과 직결된 주택·의료·교육 영역에서 이뤄지고 있는 부동산 규제 완화, 의료산업화, 대입자율화 등이 '자율' 쪽에 손을 들어주는 대표적인 정책이다. 그밖에 각종 공공부문의 민영화 정책들 또한 이 자율-규제 프레임에 의해 진즉 결론(?)이 내려진 것이다. 특히 대입과 관련해서는, 대학을 '정부의 부당한 규제'로부터 해방시켜 자율적인 학생선발권을 행사하도록 해야 대학의 경쟁력이 향상된다는 논리가 상당한 설득력을 발휘했다.

그리하여 이명박 대통령이 취임한 2008년에 내신·수능·논술 등의 반영 비율이 자율화된 데 이어, 본고사·고교등급제·기여입학제를 금지하는 이른바 '3불정책'이 도마에 오르게 된다. 이제는 겨우 3불정책 정도만 왈가왈부의 대상이 될 수 있을 뿐이며, 그마저도 위태로운 상황이다. 자율-규제 프레임의 위력은 이렇게 강력하다. 자율-규제 프레임을 수용하는 순간, '자율화' 정책에 대한 비판은 곧바로 부당한 정부의 간섭과 개입을 승인하는 것으로 간주된다. 실제로 대학 관계자들을 만나보면 교육부가 '돈줄'을 쥐고 이를 매개로 대학에 대한 불필요하거나 부당한 간섭을 해온 것에 대하여 넌더리가 난다는 반응이 적지 않다. 이러한 문제에 대해서는 아예 일정 영역에서는 법률적으로 대학의 자율성을 보장해 준다거나 하는 방식의 근본적 해결책이 모색되어야 할 것이다.

하지만 과연 정부의 규제가 늘 불합리한 것인가? 무엇보다 국민에 의해 선출되고 대표성을 인정받은 정부의 규제가, 무조건 불합리하고 불필요한 것이라고 인식되어서는 곤란하다. 특히 우리나라가 어떤 나라인가? 정부 주도로 고도 경제성장에 성공한 경험을 가진 나라 아닌가? 전세계의 주목과 찬탄의 대상이 된 우리나라의 경제성장은 시장원리와 '자율'에 의해 이룩된 것이 아니라, 오히려 숱한 '규제'를 포함하는 정부의 특정한 발전전략에 의해 이뤄진 것이었다. 이제 겨우 이러한 발전 모델에서 벗어날 참인데 그러자마자 곧바로 '정부의 규제는 나쁜 것, 자율은 좋은 것'이라는 단순논리가 유행하는 것은 참으로 놀라운 일이 아닐 수 없다.

　　　　엄격한 시장주의에 따르면, 유일하게 정당한 규제는 시장원리의 작동을 해치는 독과점에 대한 규제이다. 이를 제외한 모든 규제는 부당하며, 원칙적으로 철폐되어야 한다. 그런데 늘 '자율'이 좋은 것이라면, 왜 사람의 장기나 마약은 자유롭게 거래되지 않도록 '규제'되는가? 왜 환경영향평가 등의 절차를 밟아야만 공사가 시작될 수 있도록 '규제'되고, 재개발은 일정 비율 이상의 주민의 동의를 얻어야 한다고 '규제'되는가? 왜 서브프라임 모기지 사태 이후 몰아닥친 전세계 경제위기 앞에서 전문가들이 '자율의 과잉, 적절한 규제의 부재'가 문제의 원인이었다고 지적하는가?… 이러저러한 규제들이 존재하는 이유는 단순하다. 규제 여부에 따른 사회적 득실관계를 판단해볼 때, 규제를 할 때 얻게 되는 사회적 이득이 그 반대의 경우보다 더 크기 때문이다.

　　　　대입에 대한 규제도 마찬가지이다. 일단 3불정책을 거론해 보자면, 내가 보기에 3불정책의 정당성은 너무나 명확하다. 본고사나 고교등급제나 기여입학제가 시행될 경우 우리가 지불해야 할 엄청난 사회적 경비를 고려할 때, 이를 아예 금지하는 것이 당연히 합리적인 선택인 것이다. 3불정책 이외에도, 정부가 학생선발 과정에서 개입하는 것을 원칙적으로 부정해서는 곤란하다.

　　　　물론 정부의 개입이 무조건 정당하다고 볼 수는 없으며, 노무현 정부에서 이뤄졌던 대입제도 개혁의 경우 정책의 내용 자체에 심각한 문제가 있었다(이 문제에 대해서는 2부에서 이미 다뤘다). 하지만 우리나라는 교육문제가 전세계 어느 나라보다도 심각하며 그 모든 교육문제가 '대입'이라는 깔대기로 모이는 상황이 아닌가? 더구나 국민의 혈세를 들여 대학들에 재정 지원을 해주면서도, 대학에 대하여 그에 상응하는 사회적 책임을 요구하지 않는 것은 한마디로 정부의 책임을 저버리는 배임행위이다.

| 경쟁시켜라, 그것이 자유의 증거이다 |

신자유주의가 한국 사회의 변화를 선도하는 주요한 이념으로서 등장하기 시작한 것은 1990년대 초반 김영삼 정부에서 '국제경쟁력 강화'(그때 사용된 용어는 '국가'경쟁력이 아니라 '국제'경쟁력이었다)를 부르짖을 때부터였다. 반대파에 의해 '좌파'라는 색깔이 덧씌워져온 김대중 정부와 노무현 정부 시절에도, 신자유주의적 개혁 프로그램은 나름대로 일관성을 가지고 지속적으로 추진되어 왔다. 하지만 신자유주의가 기승을 부리기 시작한 것은 2000년대 초~중반 '뉴라이트'로 대표되는 우파의 사상적 쇄신운동이 벌어지기 시작하면서이다. 이때부터 신자유주의가 경제 영역에 그치지 않고 사회 각 영역을 개혁하기 위한 프로그램으로서 전면적으로 부각되기 시작하였다.

신자유주의란 무엇인가? 신자유주의의 가장 손꼽히는 특징은 자유시장경제에 대한 신봉이다. 시장원리가 원활하게 작동되도록 하기 위해서, 각종 경제활동에 대한 정부의 규제가 완화되거나 폐지되는 것은 당연히 필수적인 조건으로 간주된다. 그렇다고 해서 국가권력이 손을 놓고 완전히 방임 상태에 있어서는 안된다. '자유방임'이라는 슬로건은 경제의 영역에서나 통용되는 것이다. 국가권력은 무엇보다 재산권_{소유권}을 침해하는 요인에 대해서는 강력하게 응징하는 역할을 할 것을 주문받는다.

그런데 자유시장경제에 대한 신봉은 전통적 자유주의로부터 물려받은 유산이라는 점에서, 신자유주의만의 것이라고 볼 수 없다. 즉 이것이 신자유주의의 핵심 요소임은 분명하지만, 이것만으로는 '구'자유주의와 구별되는 '신'자유주의의 특수함을 이해할 수 없는 것이다. 신자유주의가 구자유주의에 더하여 가지고 있는 특징은 첫째로 '노동유연화'와 '금융화'를 금과옥조로 받아들인다는 것이고, 둘째로 경쟁을 촉진시키기 위해 과격한 정책을 도입하는 것도 기꺼이 승인한다는 점이다.

물론 구자유주의도 경쟁을 중시한다. 국가의 간섭이 없는 자유시장 상황이 확보되면, 개인간의 경쟁이 최고의 효율을 가져다준다는 것이다. 반면 신자유주의는 원활한 경쟁이 벌어지는 상황을 확보하기 위해 국가의 적극적인 '개입'을 승인한다. 이런 면에서 신자유주의자들이 걸핏하면 내세우는 '작은 정부'라는 말은 겉치레에 불과한 경우가 많다. 신자유주의에 따르면 경쟁은 자유의 증거이며, 자유는 효율을 보장하므로, 결국 국가 권력을 직접 동원해서라도 경쟁을 촉진시키는 정책은 선하고 정당한 것이다. 이러한 신념은 구자유주의와 미묘한 대조를 이룬다.

신자유주의 특유의 '경쟁'에 대한 믿음, 그리고 경쟁을 촉발시키기 위해 강압적인 정책도 능히 구사할 수 있다는 신념은 이미 우리나라의 교육에 깊은 영향을 남겼다. 일제고사를 부활시키고, 학생들에게 선택권을 안내한 교사들을 파면했으며, 지역별 일제고사와 수능성적을 공개하여 지역별·학교별 경쟁의 관문을 열어젖히고, 국제중을 신설하여 학생들간의 선발경쟁을 격화시켰다. 입학사정관제는 신자유주의와 연관된 정책은 아니지만, 적어도 그것 자체로서 경쟁을 완화시키는 정책도 아니라는 점에 유의해야 한다. 다만 그 경쟁이 수능이나 내신과 같은 좁은 의미의 '성적' 경쟁에서 이탈한다는 차이가 있을 뿐이다. 학벌을 위한 치열한 경쟁 자체는 전혀 부정적인 것으로 여겨지지 않는다.

경쟁을 촉진하는 정책을 강압적으로 몰아부치는 면에 있어서, 우리나라는 신자유주의의 원산지인 미국이나 영국보다 더 심했다. 그 이유는 미국이나 영국에는 그만큼 구자유주의가 깊게 뿌리박고 있기 때문이다. 개인의 자율성('경쟁'으로 환원되지 않는)을 매우 중시하는 구자유주의의 관점에 따르면, 국가가 일제고사를 시행하도록 강제하고 이를 따르지 않는 교사를 파면한다든지 하는 것은 도저히 있을 수 없는 일이기 때문이다. 일제고사 파동은 우리나라 우파의 자유주의가 얼마나 빈약한 뿌리를 갖고 있는가를 새삼 보여주는 일이었다.

| 누구에게 자율권을 주는가? |

2008년 4월 15일, 이명박 정부는 0교시, 우열반 등의 도입 여부를 교육감 또는 교장 자율에 맡기는 이른바 '학교 자율화 조치'를 발표하였다. 이미 영어몰입교육 파동 등으로 민감해져 있던 학생들 사이에서 '밥좀 먹자', '미친 교육'이라는 슬로건이 터져나오게 만든 직접적인 계기였다. 그리고 이는 중고생을 중심으로 촉발된 촛불집회의 시발점 가운데 하나가 된다.

그런데 이 '학교 자율화 조치'는 교육관료^{교육감, 교장}의 자율권을 확장시키는 반면 정작 교육 현장에서 대면하는 일반 학생과 교사들의 입장은 제대로 고려하지 않은 것이었다. 교육관료들의 뜻에 의해 0교시나 우열반을 도입한다고 해보자. 교육관료들에게는 자율권의 행사이다. 하지만 이 때문에 무조건 이른 아침 등교해야 하거나 성적에 의해 무조건 반을 배정받아야 하는 학생들의 입장에서는, 자율권의 억압이다. 이들에게는 선택권이 없기 때문이다.

우리나라 학생들이 학교에 다니면서 얼마만큼의 '선택'이라는 것을 할 수 있는가? 기본적 신체에 대한 권리인 두발 문제부터 시작하여 '야간 타율학습'이라는 자조적 명칭으로 불리는 야간 자율학습, 고등학교 2학년에 진입하면서 문과/이과를 나누는 것을 제외하고는 거의 선택의 여지가 없는 교육 과정, 학생회나 동아리와 같은 기본적인 자치 활동의 권리마저 간섭받고 억압되는 현실을 고려해 보면 우리나라 학생들이 '교육'이 아닌 '사육'의 대상이라는 표현이 설득력 있게 들리는 상황이다.

교사 역시 마찬가지이다. 우리나라 교사는 자신이 어떠한 수단과 방법으로 수업을 진행할 것인지, 어느 단원을 어느 수준으로 가르칠지 등을 전혀 스스로 결정할 수 없다. 평가방식 또한 획일적인 잣대에 의해 타율적으로 정해진다. 학생들을 돌보기보다는 관료적인 요구에 짜맞춰진 행정 문서 처리 등을 우선시해야만 본인과 주변이 편하다.

물론 자율성이라는 개념이 무조건 부정적인 것으로 치부되어서는 안 될 것이다. 특히 교육 과정 편성 및 운영 등에 있어 단위 학교의 자율성을 높이는 것은 시급한 과제이다. 다만 누구의 자율성을 높여주는 정책인지를 주의깊게 살펴야 하는데, 학생이나 교사가 아닌 교육관료에게 자율성을 부여하고 오히려 학생과 교사의 자율성은 후퇴시킬 수 있는 조치를 '학교 자율화 조치'라는 명칭으로 부르는 것 자체가 '학교의 주인은 교육관료'임을 보여주는 증거라 할 것이다.

이제 이명박 정부의 교육정책의 특징이 드러난다. 자율을 주긴 주지만, 그 자율은 경쟁을 촉발시키기 위한 자율, 경쟁원리가 작동하기 위한 자율에 국한된다는 것이다. 따라서 이들이 보기에 교육현장에서 대면하는 교사와 학생에게 부여하는 자율은 위험한 것이다. 교사와 학생들이 자율권을 발휘하여 경쟁을 경감하는 방향으로 나아갈 우려가 있기 때문이다. 따라서 이명박 정부는 교육관료들에게만 자율을 준다. 그리고 그 자율권의 행사를 항상 감시하고, 특정한 방향으로만 진행하도록 감독한다. 물론 그 '특정한' 방향은 곧 보다 격렬한 경쟁이 이뤄지도록 하는 방향이다. 종합적으로 볼 때, '자율'이라는 명목으로 시행되는 이명박 정부의 교육정책들에 대해서 '자율은 좋지 않으니 규제를 해야 한다'고 대응하는 것보다는 '관료가 아닌 학생과 교사에게 자율을 달라'고 대응하는 편이 훨씬 효과적이다.

| 교장공모제, 시장주의 정책의 진보성? |

지금까지 살펴본 바에 따르면, 신자유주의적 교육개혁을 추진하는 시장주의자와 전통적인 교육관료는 나름대로 궁합이 잘 맞는 편이다. 우리나라 교육관료들의 주류는 여태까지 정권이 왼쪽 깜빡이를 켜면 왼쪽으로 핸들을 트는 시늉을 하고, 정권이 오른쪽으로 깜빡이를 켜면 오른쪽으로 핸들을 트는 시늉을 해왔다. 이명박 정부가 경쟁을 촉진시키는 강력한 정책을 원하면, 교육관료들은 이를 위해 기꺼이 한몸 바칠 '시늉(?!)'을 할 각오가 되어있다.

그런데 시장주의자와 교육관료들의 사이가 꼭 좋은 것만은 아니다. 어떤 영역에서는 심각한 대립이 벌어지기도 한다. 대표적인 영역이 바로 승진 및 교장 임용제도이다. 이 영역에서는 시장주의자가 진보주의자와 유사한 입장에 선다. 우리나라 교육문제를 둘러싼 세력관계와 대립구도가 결코 단순하지 않음을 알려주는 대목이다.

시장주의자여, 승리해다오!

다음 중 자격증이 필요한 직책은? ①시장 ②사장 ③총장 ④학장 ⑤교장. 정답은 ⑤ 교장이다. 나는 왜 유독 교장만은 자격증을 요구하는지 이해할 수 없다. 교육에 대한 능력과 마인드를 주변에서 인정받은 사람이 교장이 되도록 하면 되지, 왜 관료적인 승진트랙을 따라서 차곡차곡 점수를 쌓아간 사람만이 교장이 될 수 있을까? 더구나 교원 승진제도^{근무평정}에서 교장이 점수를 매기는 평가항목을 보면 '교육관이 얼마나 투철한가?'와 같은 주관적이기 짝이 없는 것들이어서, 현실적으로 교장에게 잘 보이지 않고서는 승진이 불가능하다.

20~30년간 이처럼 '위'만 보고 승진궤도를 밟아올라가 교장이 된 사람이 갑자기 '아래'에 있는 학생이나 학부모에게 눈높이를 제대로 맞출 가능성은 거의 없다. 대한민국 교장들 특유의 케케묵은 답답함의 비밀이 바로 여기에 있다. 이런 희한한 승진제도가 계속 유지된 것은 사실 우리나라 교육을 좌우해온 핵심세력이 바로 '관료파'이고, 관료파의 권력을 유지하는 두개의 핵심 기둥이 교육과정 편성권과 승진제도이기 때문이다.

이명박 정부 들어서 관료파에 도전하는 '미국파'가 나타났다. 이들은 미국 공화당에서 추진했던, 시장원리에 입각한 신자유주의적 교육개혁 프로그램을 도입하고 있다. 미국파의 핵심인 이주호 교육과학기술부 차관과 곽승준 미래기획위원장, 정두언 한나라당 의원 등은 모두 경제학 전공자로서, 관료파의 기득권에 포섭된 적이 없다. 이들의 눈에 기존의 교장 승진·임용제도가 곱게 보일 리 없다. 특히 미국파의 수장인 이주호 차관의 지론이 바로 '교장공모제'를 확대하는 것이다. 교장공모제는 일반적인 승진경로를 거치지 않고 바로 교장이 될 수 있도록 한 제도이다. 교장공모제에는 초빙형, 개방형, 내부형 등 세 가지 유형이 있는데, 그중 '내부형'은 교장자격증이 없는 일반 교사도 교장이 될 수 있도록 한 것이다. 관료파의 아성인 교총이 내부형에 대하여 '무자격 교장'을 양산한다며 격렬한 반감을 보여온 것은 너무나 당연하다. 교육과학기술부는 실제로 향후 교장공모제에서 내부형을 제외할 조짐을 보였다.

이러한 움직임에 제동을 건 것이 미국파이다. 1월에 이주호 차관이 교육과학기술부에 부임하고 나서, 진작 나왔어야 마땅한 교장공모제 개선안 발표가 계속 미뤄지고 있다.

그 와중에 5월 1일 교육과학기술부는 2010년까지 전국 초중고교의 20%에 해당하는 2500개교를 자율학교로 지정하겠다고 발표했다. 자율학교로 지정되면 교장공모제 도입이 가능하다. 그런데 보도자료에는 이에 대한 구체적 언급이 전혀 없다. 관료파와 미국파 사이에 격렬한 내부 다툼이 벌어지고 있음을 짐작케 하는 대목이다. 최근 학원 심야교습규제 등을 둘러싼 갈등의 이면에도 실은 관료파와 미국파간의 치열한 견제가 자리잡고 있는 것이다.

최근에 미국파의 지원군이 나타났다. 김상곤 신임 경기도 교육감이 취임 일성으로 교장공모제(내부형)의 확대를 공언한 것이다. 관료주의 혁파를 위해 시장주의자와 진보주의자가 손을 잡는 듯한 형국이다. 사실 미국파의 정책이 교육문제를 해결하는 데 별로 효과적이지 못하다는 것은 명확하다. 일제고사는 이미 파탄났고, 자사고와 교원평가는 원하는 효과(교육다양화 및 학교책무성)를 얻지 못할 것이며, 입학사정관제는 도입취지는 긍정적이지만 예측되는 결말은 비관적이다. 하지만 관료주의를 해체하는 데 시장주의만큼 강력한 무기도 별로 없다. 교장공모제를 둘러싼 다툼에서만은 시장주의자가 승리하기를, 진심으로 바란다. _한겨레신문 2009년 5월 12일자

여기서 교육 현장에 '경쟁'을 도입하고 강화하려는 이명박 정부의 정책이 가진 양면성이 잘 드러난다. 학생간 경쟁을 격화시키는 정책은, 가뜩이나 세계 최고 수준의 점수 경쟁이 벌어지는 우리나라에서 도저히 환영받을 수 없는 것이다. 반면 경쟁의 무풍지대로서 연줄과 복종의 원리가 지배해온 교육관료 사회에 경쟁을 도입하려는 정책은, 충분히 진보적이라는 평가를 받을 수 있다. 바로 이러한 지점에서 '개별 정책'에 대한 평가와 '정책들의 세트'에 대한 평가를 구분해야 하는 이유가 드러난다.

교장공모제는 시대착오적인 교장자격증 제도를 개선할 목적으로 노무현 정부 시절에 도입된 제도이다. 교장공모제 실시 여부는 학교운영위원회(교장 및 교사대표, 학부모대표, 지역대표 등으로 구성)와 시도 교육청간의 합의에 의해 결정되며, 일단 교장공모제 도입이 결정되면 교장공모 공지가 뜨고 후보자들이 응모한다. 2009년 현재 전국적으로 100개 남짓한 학교에서 교장공모제가 시행되고 있다. 100개가 넘으면 꽤 많은 것처럼 보일지 모르지만, 전국 초중고교의 1% 정도에 불과하다. 그것도 학생 수가 줄어들어 폐교의 위기에 처한 시골 학교에 마지못해 도입하는 등, 교장공모제의 확대를 반기지 않는 교육관료들의 방해가 집요하다. 교장을 향한 승진 트랙 중에 있는 교육청의 장학사·연구사들, 그리고 교장이 되기 직전 단계에 있는 교감 등은 모두 교장공모제를 미워할 수밖에 없다. 교장공모제가 확대될수록 자신의 기득권이 위협받기 때문이다.

　　교장공모제를 도입한다 해도 교육관료들이 개방형이나 내부형 비중을 낮추고 초빙형 비중을 높인다는 점이 또다른 문제이다. 교장공모제에는 세 가지 유형이 있다. '개방형'은 교사자격증이 없는 일반인도 교장에 응모할 수 있도록 한 것이다. '내부형'은 교사자격증을 가지고 일정 기간 교사로 일한 경력이 있는 사람은 누구나 교장에 응모할 수 있도록 한 것이고, '초빙형'은 교장자격증을 가진 사람만이 응모할 수 있도록 한 것이다. 즉 개방형이 가장 범위가 넓으며, 내부형이 중간이고, 초빙형은 가장 범위가 좁다.

그런데 교장공모에 뽑혀 교장으로 재임하는 기간은 교장 임기 (4년×2회=8년)에 포함되지 않는다. 그래서 초빙형은 사실상 교장자격증 소지자의 교장 임기를 늘리는 수단으로 악용되고 있다. 교육관료들이 교장공모제를 시행한다 할지라도 개방형이나 내부형 비중은 낮추고 초빙형으로 제한하려고 노골적으로 애쓰는 데에는 이러한 배경이 작용하는 것이다. 사실 교장공모제가 교장자격증 제도의 폐해를 극복하자는 취지로 도입된 것인 만큼, 교장공모제에 초빙형을 만들어놓은 것 자체가 모순이다. 교장자격증이 있는 사람은 초빙형이 아니어도 내부형과 개방형에 응모할 수 있기 때문이다. 교장공모제의 유형으로 초빙형이 마련된 것은 교장공모제가 확대되어도 자신의 기득권을 최대한 방어할 수 있도록 하려는 교육관료들의 '꼼수'가 작용한 결과라고밖에 할 수 없다.

교장공모제와 아울러 또하나 교장 승진·임용 제도상에 중요한 변화가 일어날 가능성이 있다. 대학원 과정의 '교장전문양성과정'을 도입하여, 이 과정을 이수한 교사에게 교장자격증을 부여하는 방안이 추진 중인 것이다. 교장전문양성과정은 현행 교장승진제도와 병행하여 실시될 예정이다. 다만 이 제도를 도입하기 위한 기초적인 연구만이 이뤄졌을 뿐 이를 구체화한 방안은 아직 공개된 바 없기 때문에, 이 제도가 얼마나 큰 효과가 있을지는 예측하기 어렵다.

결국 2010년에 대폭 확대될 예정인 자율학교에서 어떠한 유형의 교장공모제가 실시될 것인지를 주의깊게 지켜볼 필요가 있다. 상대적으로 개방형·내부형의 비율이 높다면 시장주의자들^{미국파}이 교육관료들^{관료파}을 제압했다고 해석할 수 있다. 반대로 초빙형의 비율이 높다면 교육관료들의 일치단결된 위세(?)에 시장주의자가 밀렸다고 볼 수 있을 것이다. 한편 여태까지 내부형 공모제에 응모하려면 교직 경력 15년 이상이 필요했는데 이를 상향조정하려는 움직임이나, 교장전문양성제도를 도입하더라도 정원을 매우 적은 수로 제한하거나 오랜 교직 경력을 요구하려는 조짐 등도 경계해야 한다. 아울러 이 모든 논의가 시대착오적인 교장자격증제도를 어떻게 '보완'할 것인가를 놓고 이뤄진다는 한계를 안고 있음을 계속 자각하고 있어야 한다.

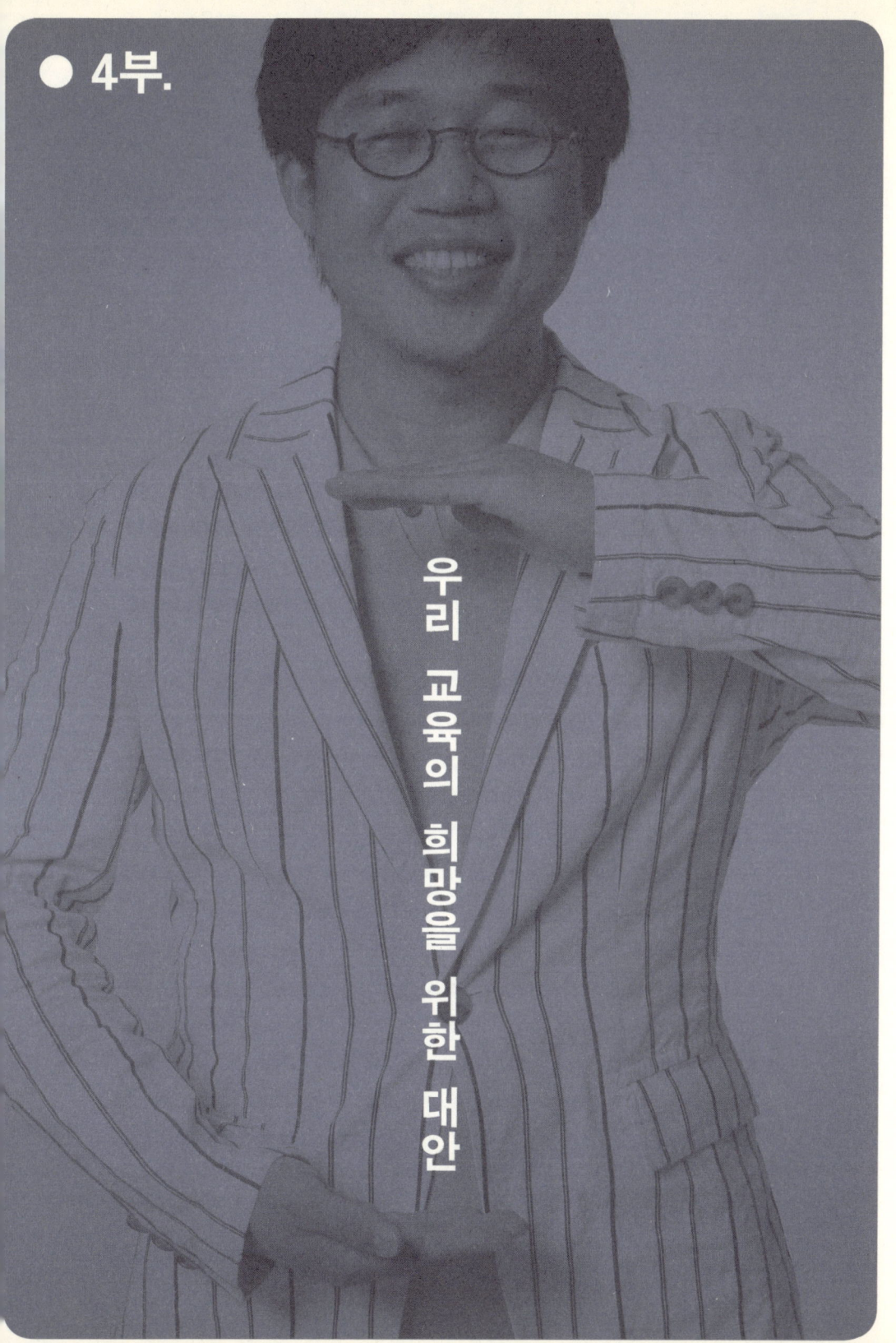

4부.

우리 교육의 희망을 위한 대안

선발경쟁을 완화하려면

2부에서 한국 교육의 양대 문제가 '선발경쟁'과 '학교관료화'임을 밝히고, 이 두 가지가 서로 연관을 맺고 있기는 하지만 근본적으로 서로 독립적인 원인과 작동 메커니즘을 가지고 있다고 주장하였다. 그렇다면 한국 교육의 해결책을 모색하는 과정에서도, '선발경쟁'과 '학교관료화'를 각기 어떻게 제어하고 개선해갈 것인지를 논해야 할 것이다.

우선 선발경쟁 문제를 어떻게 해결해나갈 것인지에 대하여 정리해 보자. 우리가 모색할 수 있는 대안에는 '선발방식'과 '대학체제'이라고 하는 두 가지 층위가 겹쳐 있다. 이 두 가지 층위를 각기 독립적으로 다룰 수도 있지만, 동시에 생각하는 것이 더 효율적일 것으로 보인다. 예를 들어 대학체제를 그대로 둔 채 선발방식만 고치는 것도, 선발방식은 그대로 둔 채 대학체제만 개혁하는 것도 가능하다. 하지만 선발방식과 대학시스템을 동시에 고치는 것도 가능하며, 이렇게 이중 개혁을 추진하는 것이 우리 사회의 교육문제를 총체적으로 해결해가는 데 보다 효율적일 것으로 보인다.

다음의 표는 앞으로 진행할 논의를 단순히 도표화한 것이다. 좌표의 가로축에 해당하는 선발방식 개혁 중에 첫 번째 단계는 입시간소화, 두 번째 단계는 내신·수능 개혁, 세 번째 단계는 기회균등 원칙의 전면화이다. 세로축에 해당하는 대학체제 개혁 중에서 첫 번째 단계는 사립대 재정 공영화, 두 번째 단계는 국립대 통합네트워크, 세 번째 단계는 대학평준화이다. 선발방식 개혁방안이 세 가지이고 대학체제 개혁방안이 세 가지이므로 총 아홉 가지의 조합이 생기는 셈이다. 이 가운데 어느 좌표점까지 진행할 수 있을지는 국민의 동의를 어느 정도 수위까지 끌어올릴 수 있는지에 따라 다를 것이다.

표. 선발방식 개혁(세로축)과 대학체제 개혁(가로축)의 가능한 조합들. 우측 상방향으로 갈수록 공공성과 사교육비 절감효과가 크다.

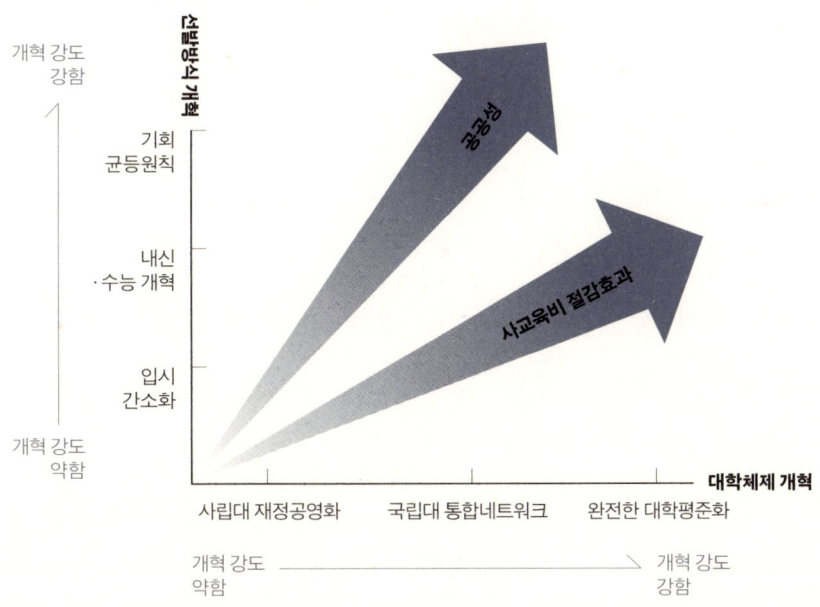

4부 우리 교육의 희망을 위한 대안 * 215

| 선발방식 개혁은 '입시 간소화'부터 |

선발방식 개혁의 첫 단계는 '입시 간소화'이다. 선발과정에서 반영하는 전형요소를 단순화시켜야 한다. 한 학생이 내신, 수능, 논술 등 여러 가지 전형요소를 동시에 준비해야 할수록 심리적 부담이 커지고 사교육비가 늘어나기 때문이다. 따라서 한 가지 전형요소만 준비해도 대학에 진학할 수 있도록 하는 것이 사교육비와 심리적 부담감을 절감하는 데 유리하다. 예를 들면 대학에서 정원의 1/3은 내신만으로 선발하고, 1/3은 수능만으로, 1/3은 논술만으로 선발하는 것이다. 즉 '내신 and 수능 and 논술' 체제(이른바 '죽음의 트라이앵글')에서 '내신 or 수능 or 논술' 체제로 변경하는 것이다. 아울러 현재 수시/정시별로 반영요소가 크게 다른데 이것도 동시에 개선해야 할 것이다. 현재에도 내신위주 전형이나 논술위주 전형이 있지만 이것도 많은 경우 '수능 최저학력기준'을 요구하는데다가, 이러한 전형들이 수시에 집중되어있고 정시에서는 이러한 전형이 없다. 따라서 수험생들은 수능 최저학력기준을 충족시킬 겸, 수능 위주로 선발하는 정시전형을 대비할 겸, 수능 위주로 공부하게 되어있는 것이다. 따라서 '내신만으로 선발'하는 전형과 '논술만으로 선발'하는 전형이 수시뿐만 아니라 정시에도 상당한 정원비율로 존재해야 한다. 이런 식으로 선발하게 되면 학생들은 고1~2 시기에 자신에게 유리한 전형이 무엇인지를 파악하고 한 가지 전형요소에 집중하여 대비하게 될 것이다. 각각의 전형에 입학사정관제를 결합시키는 것도

가능할 텐데, 이때 경시대회나 토플성적 등 사교육 자극요인을 반영하지 못하도록 확실히 배제한다는 전제조건이 필요하다.

    물론 수능, 내신, 논술 가운데 특정한 한 요소가 보다 우월한 지표라고 생각하는 사람들은 이러한 절충에 반대할 것이다. 그러나 현행 수능, 내신, 논술은 제각기 장단점을 가지고 있다. 내신은 체감 경쟁강도가 높고 고교별 학력격차를 반영하지 못하며 비평준화 지역의 상위권 중학생들을 딜레마에 빠뜨린다는 단점이 있는 반면, 장기적인 학업적 성실성의 지표가 되며 지역별 균형선발의 효과를 가진다는 장점을 가지고 있다. 수능은 '빨리 정답 찾기'식 교육을 강화시킨다는 단점과, 개개인의 학력 수준을 뚜렷하게 보여준다는 장점을 가지고 있다(비록 총체적인 학력이 아니라 매우 일면적인 학력이지만). 논술은 현행 교육과정과 동떨어져있다는 단점과, 다각적·심층적 사고력을 측정할 수 있다는 장점을 가지고 있다. 이러한 장단점을 종합적으로 고려해 볼 때, 현재 상황에서 수능·내신·논술 가운데 하나의 전형요소를 일반화시키려고 시도한다면 그 전형요소가 가진 단점 또한 극대화되어 심각한 문제를 일으킬 것이다.

표. 현존하는 수능, 내신, 논술의 장단점. 앞으로 교육과정과 수업방식, 수능제도의 변화에 따라 아래의 장단점은 바뀔 수 있다.

	장점	단점
수능	개인별 학력 격차를 잘 보여줌	'빨리 정답 찾기'식 교육 강화
내신	장기적인 학업적 성실성의 지표 / 지역별 균형선발의 효과	체감 경쟁강도 높음 / 고교별 학력격차 반영하지 못함 / 비평준화 지역의 문제
논술	다각적·심층적 사고력 측정 가능	현행 교육과정 및 수업방식과 동떨어짐

한편 사교육 유발 효과는 수능, 내신, 논술 모두 만만치 않은 수준이다. 재미있는 것은 학부모를 대상으로 설문조사를 해보면 사교육 유발효과가 가장 큰 요소가 '내신'이라고 답하는 비율이 가장 높은 반면(60%대), 교사들에게 동일한 설문조사를 해보면 '수능'이라고 답하는 비율이 가장 높다는(50%대) 점이다. 왜 그럴까? 교사는 자신이 직접 담당하는 내신교육의 사교육 유발효과를 무의식적으로 축소시켜 인식하려는 경향이 있을 것이고, 학부모는 자녀가 적어도 고2 후반이 되기 전에는 수능 사교육을 본격적으로 체감하기 어려우므로 상대적으로 내신의 사교육 유발효과를 크게 볼 가능성이 있다. 하지만 수능 사교육이 고2 후반 이후에 집중되는 데 반해 내신 사교육은 심지어 초등학교 때부터 지속되므로, 객관적으로 봤을 때 내신이 수능보다 사교육 유발효과가 큰 것은 맞다.

내가 보기엔 현재의 공교육 체제와 환경을 그대로 유지한다고 전제했을 때 만일 수능·논술·내신을 동등한 비율로 반영한다면, 그중 사교육 유발효과가 가장 낮게 나타나는 것은 수능일 것이다. 하지만 그렇다고 해서 수능의 사교육 유발효과가 내신이나 논술의 사교육 유발효과보다 크게 낮은 것은 아니기 때문에, 수능으로 선발하는 방식을 일반화한다고 해서 사교육비가 특별히 줄어들 것으로 기대하기는 어렵다.

입시 간소화를 추진할 때 반드시 병행해야 할 것이 있다. 선발 과정에서 반영하는 과목의 갯수를 줄여야 한다는 것이다. 수능이나 내신성적을 반영할 때 학생이 지원한 분야와 연관된 과목만을 반영해도 되지 않는가? 왜 다들 틀에 박힌 것처럼 국영수 성적을 더해서 겨뤄야 하는가? 영국, 프랑스, 독일 등 유럽 국가들에서는 아예 지원자가 대학에서 전공하려는 분야에 따라 응시할 시험 과목이 지정된다. 일부 공통필수과목이 있는 경우도 있지만(예를 들어 프랑스의 경우 유일한 공통필수과목이 철학 바칼로레아이다), 공통필수과목이 없는 경우도 있다(영국의 A-레벨 테스트). 미국의 SAT의 경우 필수과목이 있긴 하지만, 그것도 우리 수능의 '언수외^{국수영}'와는 매우 다르다. SAT의 필수 과목은 언어와 수학 두 과목인데, 필수 언어의 범위에는 문학이 빠져있으며, 필수 수학의 수준은 우리나라 중학교 수학 정도에 불과하다. 그리고 나머지는 모두 선택과목으로서, 선택과목에 문학, 심화수학, 각종 외국어, 역사, 과학 과목들이 있다. 나는 특히 기득권이 큰 수학이 대입에서 선택과목으로 되는 것이 우리나라 교육 선진화의 중요한 지표라고 생각한다. 그리고 갈수록 그 필요의 범위가 넓어지고 있는 심리학과 미디어 과목이 선택과목으로 도입되어야 한다고 본다.

  선발방식 개혁의 두 번째 단계는 내신 및 수능 개혁이다. 내신 개혁의 방향은 뒤에서 '책임교육, 맞춤교육, 창의적 교육'이라는 세 가지 지표로 정리할 것이다. 간단히 소개하자면 책임교육이란 최저학력수준을 학교가 확실히 책임지는 것을 말하며, 맞춤교육이란 학생들의 선택권과 교육기회를 최대한 확장해주는 것을, 창의적 교육이란 '빨리 정답 찾기'와 객관식·단답식 평가에 치중하는 주입식 교육으로부터 벗어나는 것을 말한다. 여기에 덧붙여 핀란드에서 꽃피운 '협동학습' 수업모델이 추가될 수 있을 것이다.

　　　　수능 개혁의 방향은 크게 세 가지로 정리할 수 있다. 첫째, 문과/이과 구분을 폐지하고, 공통필수과목을 줄이거나 없애며, 선택과목을 대폭 확장해야 한다. 대학별·전공별로 학생들이 선택가능한 과목들의 폭을 지정하면(물론 그중 일부는 필수과목으로 지정할 수 있을 것이다), 학생들이 자신이 지원할 대학 및 전공에 따라 과목을 선택하여 공부하는 것이다. 둘째, 수능을 절대적 성취도 지표로 사용할 수 있도록 표준화시켜야 한다. 현재 수능은 그때그때의 출제자의 의도와 판단에 따라 난이도가 달라지고 있어, 그 해에 치러진 수능성적을 다음 해에는 써먹을 수 없다. 즉 현재 수능점수는 단순히 '등수'를 매기기 위한 것일 뿐, 학생들이 교육과정상의 목표를 제대로 달성하고 있는지를 측정하는 지표로서 전혀 부적합한 것이다. 이러한 수능의 문제점은 미국의 SAT나 토플 등과 비교하면 잘 드러난다. SAT나 토플은 한 해에도 여러 번 치러지고 학생들은 원하는 시기에 응시하는데, 일단 시험을 치러 얻은 점수는 지속적인 효력을 갖는다. 하지만 우리나라의 수능 점수는 그 해의 대입이 끝나고 나면 모든 효력을 잃어버린다. 셋째, 객관식에서 서술형·논술형으로 전환해야 한다. 영국, 프랑스, 독일 등 많은 나라들이 서술형·논술형 평가로 대학입시를 치르고 이를 별 문제없이 채점하여 처리하고 있음을 참고할 필요가 있다. 뒤에서 서술할 내신교육의 개혁이 본궤도에 이르게 되면, 수능을 점차적으로 서술형·논술형으로 변화시킬 수 있을 것이다.

이 세 가지 방향으로 개혁함에 있어, 교육과정과 수능제도의 개편에 대학 측의 참여를 제도화해야 한다는 조건이 필요하다. 우리나라의 대학진학율은 80%에 달하여, 의도한 것은 아니지만 대학교육이 보편교육처럼 되어버린 상황이다. 그런데 고등학교 교육과정과 수능제도에 대한 대학 측의 불만은 극에 달한 상황이다. 이러한 불만 중 일부는 3부에서 밝힌 것처럼 학생들의 학과 선호도의 변화 등에 대한 오해에서 비롯된 것이고 심지어 대학 측의 책임을 다른 곳으로 전가하는 부분도 있지만, 대학 측의 문제제기 중에 타당한 부분도 적지 않다. 따라서 교육과정 및 수능제도의 개편에 대학 측의 참여가 필수적으로 필요하다. 대학 측의 참여는 교육과정 및 수능제도가 관료주의와 교과별 이기주의에 의해 오염되는 것을 견제하기 위해서도 필요하다. 중고등학교에서 어느 과목을 내신 필수과목으로 삼고 어떠한 선택과목을 제공할 것인지에 대하여 보다 폭넓은 사회적 토론과 합의가 이뤄져야 마땅하다. 그리고 대학은 수능과목을 '학과(전공)별로' 공지하되 그중 일부는 필수과목으로 지정하여 의무화시키고 나머지는 학생 선택에 맡기는 방식으로, 국영수 중심의 획일적 입시를 해체해야 할 것이다.

그리고 만일 대학체제 개혁의 수준이 완전한 대학평준화에 이른다면, 수능의 위상과 기능은 크게 바뀌어야 한다. 프랑스의 바칼로레아처럼 대학입학 자격고사로 변신할 수도 있을 것이고, 캐나다처럼 내신성적으로 학생을 선발하는 경우에는 수능이 폐지될 수도 있을 것이다.

선발방식 개혁의 세 번째 단계는 기회균등 원칙을 적극적으로 반영하는 것인데, 이것은 사실 두 번째 단계와 순서를 바꾸거나 동시에 시행해도 상관없는 것이다. 이미 일부 대학의 입학사정관제 전형에서 어려운 여건에서 열심히 노력한 학생들을 높이 평가하여 선발하고 있다. 하지만 이를 확대하기 위해서는 면밀한 사전 준비가 필요하다. 미국에서도 적극적 차별철폐법 Affirmative Action 을 적용할 때 일률적으로 가산점을 주거나 정원 쿼터제를 두는 것은 연방대법원에 의해 위헌 판결을 받은 바 있어, 최근에는 새로운 기술적 방법들을 동원하고 있다. 우리나라도 가산점제나 쿼터제같은 일률적 방법은 위헌소송의 대상이 되는 등 여러 가지 시비가 일 것으로 보이므로, 이러한 문제를 최소화할 수 있는 다양한 방식을 개발해야 할 것이다.

'사립대 재정공영화'로 등록금 문제까지 해결하자

이제 대학체제의 개혁에 대하여 정리해 보자. 대학체제의 개혁의 첫 단계는 '사립대 재정공영화'이다. 사립대에 국고를 대거 투입함으로써 사립대의 재정을 공영화하여 등록금을 낮추고 사립대의 재정적 기반을 확충해주는 대신, 학생 선발과정에 공적 위원회가 적극 개입하도록 하는 것이다. 이 방안은 최근 심각한 현안으로 대두되고 있는 대학등록금 문제를 해결해갈 수 있다는 장점이 있다. 사립대의 비율이 세계에서 가장 높아 전체 대학들 가운데 무려 85%가 사립인 우리나라의 특성을 고려해볼 때, 대학등록금 문제를 해결하려면 국민의 세금을 사립대에 투입하여 재정을 공영화하는 방법 외에는 특별한 대안이 별로 없다. 이 방법은 얼핏 낯설어 보일지도 모르지만, 바로 우리나라의 사립 중·고등학교들은 1970년대 박정희 대통령에 의해 재정적으로 공영화되어 이후 30여년간 운영되어 왔으며, 선진국의 대학들 중에서도 사립대학이지만 재정적으로 공영화된 사례들을 볼 수 있다.

사립대를 재정적으로 공영화시키면, 이를 매개로 학생선발과정에 대한 사회적 통제가 보다 손쉽고 직접적으로 이뤄질 수 있다. 이런 면에서 대학체제 개혁과 선발방식 개혁이 맞물리는 것이다. 그리고 바로 이 지점이 등록금 인하를 위한 운동과 교육개혁 운동이 만나는 접점이기도 하다. 강준만 전북대 교수가 제안한 '서울대·연세대·고려대 학부 정원 감축안' 같은 것도 이러한 흐름 속에서 통합적으로 검토될 수 있을 것이다.

물론 관료적 속박을 경험해 온 대학들의 입장에서는, 재정지원을 받는 대가로 학생 선발방식을 사회화하는 것에 거부감을 가질 수 있을 것이다. 하지만 이 방안이 대학으로부터 학생선발권을 박탈하는 데 목적이 있는 것이 아니라는 점에 유의할 필요가 있다. 학생 선발방식을 결정할 공적 위원회 등에 대학 대표들이 참여할 수 있도록 보장하며, 다만 이전에 비해 폭넓은 사회적 논의와 의결과정을 거치도록 함으로써 선발과정을 사회화하는 것이다. 학생선발을 제외한 주요 영역에서의 대학 자율권을 법률로 보장하는 타협도 가능할 것이다. 사립대의 입장에서도 재정 확충을 위해 정부 보조금을 늘려주기를 원하고 있으므로, 타협이 이뤄질 여지는 분명히 존재한다. (현재 사립대 재정 중 정부보조금이 차지하는 비율은 평균 10% 가량이며, 연세대·고려대가 가장 높아서 20% 가량을 기록하고 있다.)

한나라당은 2007년 치러진 대선 공약으로 '등록금 반값'을 언급했다가 2008년 총선 공약에서는 이를 슬그머니 제외했던 원죄(?)가 있다. 이에 대한 비판이 거세지자, 정부는 2009년 7월 '등록금 후불제'를 깜짝 카드로 들고 나왔다. 이전의 학자금 대출제도와 달리 졸업시까지는 이자가 없고, 졸업 후 일정 소득이 발생하면 그때부터 갚아나가기 시작하여 최장 25년에 달하는 장기 상환이 가능하도록 한 것이다. 이것은 등록금 문제에 획기적인 전기가 될만한 제도이긴 하지만, 중요한 한계를 안고 있다. 아무리 후불제로 한다 해도 등록금이 치솟는 추세를 방치한다면 졸업과 동시에 빚더미에 올라앉는 상황을 막을 길이 없는 것이다. 우리나라 등록금은 이미 세계적으로 높은 수준이어서 OECD 30개국 중에서 국·공립대는 3위, 사립대는 5위에 달한다. 우리나라 대학들은 해마다 물가상승률 이상으로 등록금을 인상하는 고질적인 습성을 가지고 있는데, 등록금 후불제를 계기로 등록금을 더욱 마음껏 올리려 할 가능성이 크다. 따라서 등록금 후불제가 실현된 것과는 별도의 차원에서, 대학에 대한 정부 지원을 확대함으로써 등록금의 수준 자체를 낮추려는 노력이 필요하다.

물론 사립대에도 직접 국고를 투입하여 등록금을 원천적으로 경감하자는 제안은 좌파적인 정책이다. 합리적인 우파라면 등록금 후불제나 학자금 대출이자를 낮춰주는 등의 방식으로 보완하자는 입장일 것이고, 수구파 또는 극우파라면 '그냥 내버려두자'는 입장일 것이다. 엄밀히 보면 대학교육은 의무교육이 아니므로, '수익자 부담'이라는 시장원리를 적용하여 '교육받으려면 돈을 내라'고 하는 주장도 설득력을 가진다. 하지만 국민들에게 대학등록금과 관련하여 좌우파의 정책 가운데 어느 편이 좋겠느냐고 물으면, 좌파적인 정책이 더 높은 지지를 기록할 것이다. '돈이 없어서 공부를 못하는' 상황을 매우 억울해하는 우리 국민들의 전통적인 정서는, 확실히 좌파에 가깝다. 더구나 "이명박 정부의 감세정책으로 연간 20조 이상의 세수가 줄어드는데, 그중 5조만 대학으로 돌리면 대학등록금을 반값으로 줄일 수 있다. 어떻게 하는 게 좋겠느냐?"고 물으면, 대부분의 국민들이 어떠한 답을 할지는 불보듯 뻔한 일이다.

대학체제 개혁의 두 번째 단계는 '국립대 통합네트워크'를 만드는 것이다. 현존하는 국·공립대 중심으로 통합네트워크를 구성하되, 사립대 중 원하는 학교들을 이 네트워크에 적극 편입시키는 안이다. 이렇게 하여 네트워크에 참여하는 학교들의 학생선발을 통합적으로 진행하는 것이다. 즉 네트워크 안의 대학들은 사실상 평준화되는 것이다. 이렇게 되면 서울대의 학부는 기존의 특권적인 지위를 잃고, 서울대는 연구에 집중하는 '대학원 대학'이 된다. 물론 서울대 교수진이 학부생들을 일부 위탁교육하는 것은 가능할 텐데, 이러한 방안은 서울대 장회익 교수 등에 의해 2001년에 공식 제안된 바 있다. 국립대 통합네트워크안은 경상대 정진상 교수가 정리하여 《국립대 통합네트워크》라는 저서로 펴낸 바 있으며, 민주노동당의 공약으로 채택된 바도 있다.

그런데 국립대 통합네트워크가 실현되면 이 네트워크에 속하지 않는 명문 사립대들이 별도로 '그들만의 리그'를 구축할 가능성이 높다는 점에 유의해야 한다. 즉 '등록금 비싼 일류 사립대, 등록금 싼 이류 국립대' 체제로 이원화되어, 일류 사립대 중심으로 학벌주의와 선발경쟁이 (전체적으로는 이전보다는 약화된다 할지라도) 여전히 상당한 수준으로 나타날 것이라는 얘기다. 내가 사립대 재정공영화를 국립대 통합네트워크보다 우선적인 과제로 설정한 것은 이 때문이다. 최소한의 제어장치가 마련되지 않는다면, 국립대 통합네트워크가 성립되는 순간 사립 명문대학들은 '공공성'과는 정반대 방향으로 더욱 강하게 치달으면서 최악의 상황이 초래될 가능성이 크다.

또한 사립대를 국립대 통합네트워크로 끌어들일 유인이 부족하다는 점도 문제다. 정진상 교수는 법학전문대학원이나 의학전문대학원의 정원 배정을 이용하여 일종의 '거래'를 할 것을 제안했는데, 이미 법학전문대학원으로의 전환이 완료되었고 의학전문대학원으로의 전환은 정체 내지 역류 현상이 일어나고 있는 마당에 어떠한 대안이 가능한지 보다 다각적인 연구가 필요하다.

대학체제 개혁의 세 번째 단계는 대학평준화이다. 대학평준화는 독일, 프랑스, 스웨덴 등의 주요 유럽 대륙 국가들과 캐나다 등에서 볼 수 있는 체제로서, 선발경쟁과 학벌주의를 제어할 수 있는 가장 확실한 대안이다. 혹자는 '어떻게 경쟁 없이 발전이 있겠느냐'고 하겠지만, 학생들간의 선발경쟁이 없다뿐이지 대학의 주요 기능인 연구와 교육을 위한 경쟁은 당연히 일상적으로 존재한다. 평준화된 대학 중에서 세계 대학 랭킹에서 서울대보다 높은 순위를 기록하는 대학들이 수두룩하다. 다만 나라별로 그 구체적인 운용방식은 조금씩 다르지만, 대학평준화 체제가 이뤄진 나라들에서도 일부 인기학과 등에서는 성적순으로 선발하는 경우가 있음을 참조할 필요가 있다.

대학이 대부분 국공립대인 상황이라면 상대적으로 대학평준화를 이루기가 손쉬운 반면, 세계에서 사립대학 비율이 가장 높은 우리나라의 경우에는 상당한 어려움이 예상된다. 특히 연세대, 고려대 등의 명문 사립대를 이 체제로 끌어들이려면 거의 혁명이 필요할지도 모른다. 실제로 대학평준화 체제를 이룩한 나라들의 사례를 보면 엄청난 사회적 변화가 수반된 경우가 많다. 프랑스는 1968년 혁명을 겪고 나서 대학평준화가 단행되었고, 독일은 세계대전 이후 사회를 재건하면서, 스웨덴, 핀란드 등은 사회민주주의 세력이 장기집권하면서 대학평준화가 가능했다.

또한 우리나라의 극심한 서울·수도권 편중현상도 대학평준화에 중요한 걸림돌이 될 것이다. 아무리 지방대학에 지원을 집중한다 해도, 우리나라의 인구와 경제력과 문화적 활동이 서울에 엄청나게 집중되어있는 상황에서 지방에 소재한 대학에 다니려는 학생이 그리 많지 않을 수 있다. 결국 대학평준화는 엄청난 논의와 노력을 필요로 하는 한국 사회의 장기 과제라 할 것이다.

학교를 관료의 지배에서 해방시키자

한국 교육의 양대 문제인 '선발경쟁'과 '학교관료화' 가운데 이제 학교관료화의 문제에 대한 대안을 얘기할 차례이다. 앞에서 이미 밝힌 것처럼, 한국 교육의 문제는 '선발경쟁'의 문제로 환원되지 않는다. 내일 당장 대학이 평준화되어 선발경쟁이 없어진다 할지라도, 초중고등학교의 교육이 어떤 의미에서건 자동적으로 '정상화'되는 것은 불가능하다. 학교의 일상이 관료적 통제에 묶여 철저하게 구속되고 있기 때문이다.

거듭 이야기하지만, 한국 학교는 교육기관이라기보다 행정기관에 가깝다. 학교의 활동의 중심이 교육에 있다고 보기 어렵기 때문이다. 한국 학교에서는 교육적인 기준으로는 말이 안되는 일이 계속 벌어지고 있음에도 불구하고 행정적인 기준으로는 별 탈 없이 굴러간다. 이처럼 어처구니 없을 정도로 심각한 지경에 이른 '학교관료화'의 현실을 파악하지 못하면서 '공교육 강화' 운운하는 것은 거의 부질없는 짓이다.

| '획일적 교육'과 '무책임 교육'의 원인 |

학교관료화, 즉 학교가 관료에 의해 지배되고 관료주의가 일상화됨으로 인해 나타나는 결과는 크게 '획일적 교육'과 '무책임 교육'으로 분류할 수 있다. '획일적 교육'에 대해서는 3부에서 이미 다뤘으며, '무책임 교육'에 대해서는 2부에서 다룬 바 있다. 이제 이 두 가지 측면이 구체적으로 어떠한 원인에 의해 초래되는 것인지를 정리해 보자.

'획일적 교육'이 이뤄지는 이유는 다음과 같이 정리할 수 있다. ① 교육과정의 경직성. 우리나라 교육과정은 학생들의 선택의 여지가 거의 없을 정도로 획일적이고, 지나치게 세부적인 내용까지 가르치도록 규정한다. ②가르치도록 규정된 교과내용의 과다함. 지나치게 많은 분량을 의무적으로 가르치도록 하면, 교사는 다양한 교습방법을 고려하지 않고 쓱 훑고 지나가는 '주마간산식' 교육을 하게 된다. ③국정·검인정 교과서 제도. 국가가 교과서를 직접 발행하거나 검정하면서 세부적인 내용까지 일일이 통제한다. ④학년별 상대평가제도. 교사는 자신이 가르친 학급만을 평가해야 한다. 그런데 학년별 평가로 석차를 매길 것을 요구하면, 각기 다른 학급을 담당하는 교사들이 수업 내용과 시험문제 등을 똑같이 맞춘다(이상 2부 내용 참조). ⑤학교 공간의 부족. 학점제나 수준별 수업 등을 위해서는 학교의 공간이 지금보다 훨씬 여유있어야 하는데, 절대적인 공간의 부족이 이를 좌절시킨다. ⑥섣부른 일제고사와 학교정보공시제도. 최근에 섣부르고 잘못된 방식으로 추진된 일제고사와 학교정보공시제도는 '정답 빨리 찾기'식 교육을 강화했다(3부 내용 참조).

한편 '무책임 교육'이 이뤄지는 이유는 다음과 같이 정리할 수 있다. ①교육보다 행정에 치중된 학교조직 및 교사 업무체계. ②교육의 본질에서 벗어난 복잡하고 혼란스러운 교사 승진 및 평가제도. ③경직된 수업방식으로 인한 정규수업의 저효율성. ④보완교육 체계의 미비. 최소한의 성취도에 미달하여 보완교육이 필요한 학생에게는 일상적으로 보완교육을 시행해야 한다. ⑤교사가 담당하는 학생수가 지나치게 많다는 점.

무책임 교육이 이뤄지는 원인 ⑤, 즉 교사당 학생수가 지나치게 많다는 점은 '획일적 교육'이 이뤄지는 원인이기도 하다. 우리나라는 아직도 교사 1인당 학생수 및 학급당 학생수에 있어 OECD 국가들의 평균치를 한참 웃돌고 있다. 우리나라의 높은 교육열에 비춰보면 낯이 뜨거워지는 일이다. 특히 OECD 30개국의 학급당 학생수 평균치와 우리나라의 학급당 학생수를 비교해 보면 초등학교의 경우 21.5명 대 31.6명, 중고등학교는 24명 대 35.8명으로 OECD 평균에도 훨씬 미치지 못함을 알 수 있다. 게다가 수도권 지역에서는 아직도 학급당 인원이 40명이 넘는 경우가 일반적이다. 정부에서는 출산율 감소로 인해 지금의 교사 정원을 유지하면 20년 뒤에는 우리나라 학급당 학생수가 OECD 평균치에 도달한다면서 교사 정원을 동결시키고 있는데, 이것은 앞으로 무려 20년간이나 OECD 평균보다 못미치는 상태를 유지하겠다는, 매우 황당한 발상이 아닐 수 없다. 게다가 OECD 평균보다 좋은 상태이면 어디가 덧나기라도 하는 것인지, 혹시 앞으로 출산율 높이기 정책이 성공을 거둬 학생수가 증가하면 어쩌겠다는 것인지 도무지 이해가 되지 않는다. 이런 현상은 '우리나라의 교육열이 높다'는 선입견과는 달리 국민과 정부의 마인드가 기본적인 교육 여건을 개선하는 데 있어서 수준 미달이라는 사실을 보여주는 것이다.

| 교사 해방운동이 필요하다 |

흔히 학교 교사가 학원 강사보다 못하다고 생각한다. 하지만 현재 비교적 젊은 연령대의 초중고교 교사들의 평균적인 실력은 학원 강사들의 평균보다 훨씬 높다. 각 지역 교대가 최고 인기대학이 된 지 오래고, 서울·수도권 지역의 중등교원 임용시험 경쟁률은 10대 1이 넘어 임용시험이 일종의 '고시'로 인식될 정도 아닌가? 이런 어려운 시험을 거쳐 선발된 교사들이 학원 강사보다 못할 리가 없다. 문제는 교사 생활을 여러 해 하다보면 현실에 안주하여 복지부동하는 '웰빙파'와 열심히 점수 관리하고 교육관료들의 눈에 들어 승진하려는 '승진파'로 나뉜다는 것이다. 교육적 소신을 지키고 학생들에게 충실하려는 '소신파'에게 학교는 너무나 외로운 곳이다.

학교 교사가 학원 강사보다 못한 점은 양쪽의 일상적인 활동을 비교해 보면 드러난다. 학원 강사는 (특히 단과 강사의 경우) 어떤 교재로 어떻게 수업할지를 마음대로 결정할 수 있다. 하지만 학교 교사는 어떤 교재로 어떻게 가르칠지를 스스로 결정할 수 없다. 학원 강사는 정규수업 이외의 공강이나 쉬는 시간을 주로 학생과 수업을 위해 할애한다. 즉 수업준비를 하거나 학생들의 질문이나 상담을 받아주거나 뒤처진 학생을 위한 보충교육(흔히 '보강수업'이라고 부른다)을 한다. 하지만 학교 교사는 정규수업 이외 시간을 최우선적으로 행정업무를 하는 데 할애해야 한다.

'행정업무가 뭐가 대수냐'고 묻는 사람이 많겠지만, 1년에 한 학교로 쏟아져 들어오는 공문이 무려 5500개에 달하고, 이중 상당수는 일선 교사에게까지 내려온다. 보고서를 제출하라는 요구가 다양한 곳에서 쏟아진다. 교육부, 시도교육청, 지역교육청, 국회, 지방의회, 그리고 그 학교의 교장이나 교감에 이르기까지, 학교와 학생의 상황에 대한 온갖 시시콜콜한 자료들을 다 보고서로 제출하도록 요구한다. 모두 일선의 교사들을 '아랫것'으로 여기는 사람들의 짓이다. 2009년 교총의 조사에 의하면 공문처리 때문에 한 달에 한번 이상 수업을 빠진다는 교사가 69%에 달한다. 종종 정규수업까지 희생되는 이유는, 급하게 회신해 줄 것을 요구하는 공문이 많기 때문이다. 정규수업마저 빼먹어야 하는 경우가 이 정도로 발생하니, 정규수업 이외의 시간이 어떻게 돌아갈지는 짐작이 될 것이다.

행정업무를 제때 처리하지 않으면? 일단 교장이나 교감의 눈밖에 나기 때문에, 승진은 불가능한 일이 되어버린다. (반면 학생 상담을 늦추거나 게을리한다고 해서 승진에 지장이 생기지는 않는다는 점에 유의할 필요가 있다.) 심지어 행정업무를 제때 처리하지 않았다는 이유로 징계를 받을 수도 있게 되어있다. 업무가 전산화되면서 오히려 업무가 늘었다는 지적도 속출한다. 서울의 한 중학교 교감은 나에게 "내가 처음 교사생활 시작할 때에 비해 교사 1인당 업무량이 세 배는 늘어난 것 같아요"라고 말하는데, 그렇게 된 원인으로 '전산화'를 꼽는다. 업무의 '표준화' 없이 전산화가 추진된 결과 교사의 잡무를 늘리는 결과가 초래된 것이다. 이런 상황에서 교사들의 책무성과 전문성을 높이려는 시도는 성공하기 어렵다. 책무성이나 전문성 따위는 자유인에게 요구할 수 있는 것이지, 노예나 농노에게 요구할 수 있는 것은 아니지 않은가?

그렇다면 학교관료화는 어떠한 메커니즘에 의해 유지되는가? 교육관료들은 크게 두 가지 방식으로 학교를(정확하게는 교사를, 그리고 그를 매개로 학생을) 지배한다. 하나는 교육과정 편성권이고, 또하나는 승진제도이다. 교육과정 편성권을 현장 교사들에게 상당부분 이양하고 승진제도를 전면적으로 개혁하지 않는 한, 교육 현장이 재활의 길로 들어설 가능성은 없다. 한마디로 교사 해방운동이 전제되지 않고서는 한국 교육의 재활이 불가능한 것이다.

사육당하는 교사들

유럽에서 교육철학을 전공한 대단한 독설가를 한 분 알고 있다. 이 분에 따르면 한국 학교는 '교육'이 아니라 '사육'이 이뤄지는 곳이란다. 솔직히 나도 그렇게 생각한다. 그런데 면밀히 고찰해보면 학생들만 사육되는 것이 아니다. 교사도 사육되고 있다. 교사 사육은 학생 사육과 구조적으로 결합되어 있고, 이것은 교육선진화를 가로막는 결정적인 걸림돌이다.

교사들이 사육되고 있음을 보여주는 증거를 살펴보자. 우선 교과서부터 붕어빵이다. 많은 검인정 교과서들이 소단원 제목과 순서까지 일치한다. 더욱 기가 막힌 것은, 교사용 지침서에 '이런 것은 가르치고 저런 것은 가르치지 말라'는 내용까지 자세히 적혀있다는 사실이다! 이에 더하여 교장을 정점으로 하는 피라미드식 권력구조는 눈치와 보신주의를 조장한다. 위에서 요구하는 각종 서류 만들기에 시간을 우선 할애해야 하고, 학생들에게 에너지를 투여하기보다 윗사람에게 잘 보이는 데 신경써야 원활한 승진이 가능하다. • 엄청난 임용고시 경쟁률을 뚫고 교직에 첫발을 디딘 유능한 젊은 교사들도, 이같은 철저한 관료적 통제 속에서 몇 년을 보내고 나면 사기가 꺾이고 체념과 포기의 정서에 길들여진다. 학생들의 발표니 토론이니 수업참여니 하는 것들은 다 교육청 나리들이 행차할 때나 잠깐 흉내내보는 사치일 뿐이다. 사회적 풍향계도 잃어버린다. 오죽하면 증권가 속설에 '객장에 농부와 선생이 나타나면 꼭지'라던가. •
'사육'되는 교사들이 학생들을 '사육'하지 않을 수 있겠는가? 주입식 교육은 필연적이다. 교육경쟁력 1위인 핀란드 같은 나라와는 말할 것도 없고, 우리에게 비교적 친숙한 미국하고만 견줘봐도 교수학습방법론에 있어 엄청난 차이를 보인다. 미국 학생들이 남북전쟁의 배경과 의미에 대하여 발표와 토론을 진행하는 동안, 우리나라 학생들은 임진왜란에 대한 지루한 주입식 강의를 들은 뒤 암기해야 할 사건연대와 인물 목록을 보고 한숨을 내쉰다. 미국 학교의 숙제는 수업 내용과 긴밀한 연관을 맺고 있으며 실제로 발표와 토론거리로 활용되지만, 우리나라의 수행평가 답안지는 교사의 케비넷 속에서 안식할 뿐이다. • 멋모르는 언론은 '학교 교사가 학원 강사보다 못하다'며 질타한다. 그런데 학교와 학원이 동일한 주입식 교육으로 경쟁하는 상황에서, 시장 경쟁에 노출되어있는 학원이 학교보다 잘하는 것은 당연하지 않은가? 학교 교사와 학원 강사가 동일선상에서 비교되도록 만드는 근본 원인을 외면한 채 교사를 동네북 삼는 것은 비겁한 일이다. 학교교육이 주입식에서 벗어나 참여형·소통형으로 탈바꿈한다면, 학교와 학원은 비교할래야 비교할 수 없게 된다.

요즘 사회분위기 하에서 '자율인가, 규제인가?'라는 질문을 던지면 무조건 '자율'이 판정승을 거두게 되어있다. 그런데 뭔가 수상하다. 왜 '학교'나 '사학재단'의 자율성만 거론되는가? 왜 '교사'의 자율성은 아무도 얘기하지 않는 것일까? 진정한 자율성의 단위가 집단이나 단체가 아닌 '개인'이라는 것은 근대의 상식이 아니던가?… 사육을 거부하는 교사들의 진정한 대중운동이 필요하다. 물론 이것은 그 누가 대신해줄 수 있는 일이 아니다. _한겨레신문 2007년 11월 26일자

| 승 진 및 평 가 제 도 를 전 면 혁 신 해 야 |

현행 승진제도는 교육관료에게 충성해온 교사가 승진하여 다시 교육관료가 되어 후배 교사들에게 충성을 요구하도록 하는 제도이다. 이같은 승진제도는 학교 현장에 올바른 리더십이 형성되는 것을 가로막고, 교사를 관료적 시스템의 포로로 만드는 주범이다.

우리나라 학교의 권력모델은 군대에 가깝다. 교장은 군대의 상관과 유사한 의미와 기능을 부여받는다. 군대 모델로부터 많이 벗어나있는 우리나라의 대학과 비교해 보면, 우리나라 초중고교의 승진제도와 조직체계는 이상하기 짝이 없다. 대학에서는 단과대 학장이나 대학 총장이 되기 위해서 관료들이 정해놓은 틀에 따라 점수를 따야만 한다고 생각하지 않는다(그런데 교장이 되려면 관료적 승진트랙을 따라 점수를 따고 교감을 거쳐야 한다). 대학에서는 학장이나 총장이 되기 위해서 특정한 자격기준이나 자격증을 가져야 한다고 여기지 않는다(그런데 교장이 되려면 자격증을 따야 한다). 대학의 학장이나 총장은 대표로서 존중해야 할 대상일 뿐, 아무도 학장이나 총장이 교

수들의 일상적인 활동에 배놔라 감놔라 지배할 권한을 가지고 있거나 교수들의 업적을 평가할 때 점수를 매길 수 있는 '상관'이라고 여기지 않는다(그런데 학교의 교장은 막강한 권력을 가진 상관이며, 특히 교사들의 승진 여부를 결정하는 근평 점수를 매긴다).

승진제도 개혁에서 가장 중요한 것은 '교장'이라는 직위의 의미와 기능을 전면적으로 변경하는 것이다. 교장은 대외적인 업무에서 학교의 대표이지만, 대내적으로는 학교 본연의 임무가 원활하게 이뤄지도록 돕는 '교육활동 지원 책임자'로서 구실해야 한다. 이러기 위해서는 교장자격증제도를 없애고, 교육적 마인드와 행정능력을 인정받는 교사는 누구든지 곧장 교장이 될 수 있도록 해야 한다. 3부에서 언급한 교장공모제(내부형 또는 개방형)를 전면화하는 것도 하나의 방법이 될 수 있을 것이고, 그밖에도 교사와 학부모의 직접투표에 의해 교장을 선출하는 제도 등을 검토할 수 있겠다.

물론 교장자격증제도를 유지할 수도 있고 실제로 그러한 나라도 있지만, 교장자격증제도를 유지할 경우 최소한의 교육 경력이 있는 사람이 일정한 연수과정을 이수하면 바로 자격증을 받을 수 있도록 해야 한다. 즉 교장자격증이 오랜 관료적 승진과정을 통해 달성되는 달콤한 열매 같은 것이 아니라, 그야말로 교사라면 누구나 적성과 의지에 따라 도전할 수 있는 기능적인 자격증이 되도록 해야 한다는 것이다. 물론 교장으로 임용되고 나서 교장의 학교운영 전반에 대하여 학생·학부모 및 교사들로부터 체계적이고 지속적인 평가를 받아야 함은 물론이다.

교사에 대한 평가는 현재 승진을 위한 근평^{근무평정}, 성과급 평가, 그리고 2010년 도입될 예정인 교원평가^{교원능력개발평가} 등 세 가지로 나뉘어 있다. 이처럼 무질서한 교사에 대한 평가제도들은 교사를 교육 본연의 임무에 몰두하지 못하도록 만든다. 교사들이 학생을 상대하는 일에 전념하지 않고 '이것저것' 챙기도록 유도하는 것이다. 아울러 지나치게 복잡한 교사들의 호봉 및 직제 또한 문제이다. 승진제도와 직급체계 모두 지금보다 단순화하여, 교사집단에서 최대한 민주적이고 수평적인 조직문화가 형성되도록 유도해야 한다.

교사집단에서 올바른 리더십이 형성되도록 하기 위해 적절한 승진제도는 매우 중요하다. 그렇다면 승진과 포상의 기준은 무엇이 되어야 하는가? 무엇보다 학생과 학부모에 의한 평가가 핵심이 되고, 동일 과목이나 동일 학년 담당교사들에 의한 다면평가에 의해 보완되어야 한다. 학생·학부모는 교육서비스를 제공받는 입장에 있으므로, 교육서비스를 제공하는 교사를 평가할 수 있는 가장 적절한 위치에 있다는 점, 이 평범한 진실을 인정하는 데에서 출발해야 한다. 그리고 연수는 승진을 위한 점수를 따기 위한 것이 아니라, 이러한 평가에서 좋은 결과를 얻기 위한 교사의 노력을 지원하는 기능을 해야 한다. 그리고 그밖의 일체의 잡다한 평가기준들을 폐기해야 한다. 이래야 교사의 관심과 역량이 '교육'에 집중된다.

학생과 학부모에 의한 평가, 그리고 동료 교사들에 의한 (학년별·과목별) 다면평가를 실시하는 과정에서, 두 가지 주의할 점이 있다. 하나는 평가 항목을 매우 주의해서 만들어야 한다는 점이다. 우리 교육에서 시급히 보완되어야 하는 부분들이 평가의 핵심 항목이 되어야 하는 것이다. 예를 들어 수업을 재미있게 한 교사, 학생들의 질문에 충실히 응대해준 교사, 말하기와 쓰기 능력의 향상에 힘쓴 교사, 보완교육에 힘쓴 교사… 등이 높은 성적을 받을 수 있도록 평가 항목을 고안하고, 각각의 항목에서 우수한 실적을 낸 교사들을 포상해야 한다. 그리고 이러한 평가 항목들에서 종합적으로 높은 성과를 거둔 사람이 주변으로부터 존경을 받고 승진하여 리더십을 가지도록 만드는 것이 필요하다.

또하나 주의할 점은, 교사를 평가할 때 개인 단위의 평가에 치중해서는 곤란하다는 점이다. 이렇게 되면 교사 개개인이 서로 경쟁을 하게 될 뿐, 협동과 협력은 잘 되지 않는다. 집단별 평가 과목별, 학년별, 학교별 등 와 개인별 평가를 어떻게 조화시킬지를 고민해야 한다.

물론, 현재 3년마다 시행하고 있는 학교평가처럼 '쓸데없는 보고서'를 대량생산하는 제도는 완전히 뜯어고쳐야 한다. 과목별·학년별·학교별 평가 역시 그 핵심은 학생 및 학부모에 의한 평가여야 한다. 예를 들어 학교평가는 매년 실시하는 것으로 바꾸되 학생과 학부모에 의해 평가되도록 하고, 그 평가 항목은 우리나라 교육의 후진적 상황을 개선하도록 학업흥미도 제고, 보완교육 충실화, 논술형·토론형 교육으로의 전환 등을 핵심으로 삼아야 할 것이다. 그리고 모든 평가의 최상위에 존재하는 '교육부에 의한 시도교육청 평가' 또한 이러한 기조로 완전히 개혁해야 한다.

마지막으로 각종 연구·시범학교 사업들을 대폭 정리하고, 승진 가산점 제도를 없애고 금전적 보상으로 대체해야 한다. 교육부와 교육청의 정책에 따라 별의별 종류의 연구학교와 시범학교 등이 운영되고 있으나, 이것은 교육관료들에게 일거리를 만들어주는 구실을 할 뿐, 냉정히 말해서 학교 현장에서 이뤄지는 교육의 질을 높이는 데 거의 아무런 역할을 하지 못한다. 더구나 이러한 사업들은 쓸데없는 행정업무를 늘리고 교사들이 승진가산점에 연연하도록 만드는 폐해를 낳고 있다. 물론 도서벽지에서 근무하게 되거나 담임을 맡아 업무량이 많아지는 등 가산점을 주는 게 당연한 것처럼 여겨지는 경우가 있으나, 도서벽지에 근무하거나 담임을 맡는다고 해서 그 교사의 교육적 성과가 높아지고 학교의 리더가 될 자격이 생기는 것이 아니므로 승진가산점을 주는 것은 불합리하다. 이럴 경우 승진가산점 대신 직접적인 금전적 보상을 주는 것이 마땅하고, 승진은 학생·학부모에 의한 평가 및 과목별·학년별 동료 교사들에 의한 다면평가에 의해 이뤄지도록 해야 한다.

현재 교장이 될 확률이 가장 높은 과목은 체육이다. 이것은 체육교사가 상대적으로 시간적 여유가 많은 편이므로 '이것저것 잘 챙겨서' 가산점을 따기 좋은데다가, 각종 체전 등 운동대회 출전 및 입상시 가산점이 상당히 높은 편이기 때문이다. 물론 내 말은 체육교사가 승진해서는 안된다는 말이 아니다. 예를 들어 소년체전이나 전국체전에서 좋은 성적을 거두면 그 자체로서 포상을 해야지, 이것이 가산점으로 이어져 학교를 잘 이끌 수 있는 리더십의 증거인 것처럼 작용해서는 안된다는 것이다.

| 주입식 교육 패러다임에서 벗어나자 |

학교관료화의 또다른 축인 교육과정은 어떻게 개혁할 것인가? 현재 교육과정은 교과별 기득권 세력의 세력다툼에 의해 구성되고 개정되어온 것으로서, 그 구성이 획일적이고 경직되어 있어 사회의 변화에 부응하고 학생들의 요구를 충족시키는 데 실패하고 있다. 따라서 전면적인 교육과정의 개혁이 필요하다.

교육과정 개혁의 첫 번째 원칙은 교과목의 개수와 의무적으로 가르치도록 규정된 교과내용을 대폭 줄이고 탐구형·토론형·논술형 교육을 활성화시키는 것이다. 우리나라 교육과정은 지나치게 과목수가 많을 뿐만 아니라 지나치게 많은 분량을 모두 가르치도록 세부적으로 규정하고 있어, 교사의 자율적 재량을 제약하고 '주마간산'식 교육이 이뤄지도록 만들고 있다. 앞으로 국가는 교육과정상의 목표를 대략적으로만 제시하고, 교사와 학생이 재미있고 개성적인 방식으로 그 목표에 도달할 수 있도록 각종 지원을 해야 한다.

논술고사가 대입에 도입된 지 15년이 지났지만 학교 교육은 '논술적 전환'을 시도조차 하지 못하고 있는 이유를 여기서 찾아볼 수 있다. 현장 교사에게 사실상 아무런 자율권도 주지 않고 옴쭉달싹 못하도록 묶어놓으면서, 어떻게 '논술적 전환'이 가능하겠는가? 입학사정관제가 도입되면서 최종 선발단계를 집단토론과 면접으로 한다고 하지만, 학교의 돌아가는 사정을 아는 사람들은 학교에서 토론식 수업을 하게 되리라는 기대는 아예 품지 않는다. 학교가 거대한 붕어빵 제조공장 이상의 역할을 하지 못하는 상황에서, 대학입시제도를 변화시킴으로써 공교육을 바람직한 방향으로 전환시키려는 시도는 성공하기 어려운 것이다. 현재의 학교교육 시스템으로는 그나마 수능 정도만을 어느정도 대비해주는 것이 가능한 수준이다.

특히 주입식 교육은 이미 학교라는 공간적 제약을 넘어서 인터넷 등을 통하여 얼마든지 제공받을 수 있는 상황이므로, 학교가 이전처럼 주입식 교육을 지속하는 것은 학교의 존재 이유를 스스로 약화시키는 것에 불과하다. 교육과정을 간소화하고 다양한 선진적 수업모델이 정착될 수 있도록 제도적 제약을 해체하는 것이 반드시 필요하다.

학원만도 못한 학교?

1년여 전, 타워팰리스 코앞에 있는 고등학교에서 자퇴한 학생이 있다. 이 학생은 교칙을 위반한 친구를 변호하다가 교사로부터 인격적 모욕을 당하자 자퇴를 궁리하기 시작했고, 상담을 요청받은 나는 어머니에게 자퇴를 권했다. 그런데 얼마 전 이 학생에게서 문자메시지가 왔다. "선생님 저 서울대 합격했어욧!^^" 원래 고3에 진급할 나이인데 말이다.

아이가 성적은 높은데 학교를 그만두고 싶어한다는 문의가 점점 더 많아진다. 나의 표준적인 답은 "자퇴시키세요." 성적이 높은데도 학교로부터 탈출할 걸 궁리할 정도라면, 이미 심리적으로 돌이키기 어려운 상태다. 부모가 억지로 주저앉혔다가 나중에 결과가 좋지 못하면 아이로부터 엄청난 원망을 들어야 한다. 이런 아이들은 대체로 자기관리능력과 목표의식이 분명해서, 결과도 나쁘지 않은 편이다. 자퇴하겠다고 나선 아이들이 항상 꺼내드는 카드가 있다. "인터넷강의로 공부하면 되잖아요?" 할말이 없다. 인터넷강의의 혁명적 함의는 교육의 시공간적 제약을 초월했다는 점과 아울러, 학교가 더이상 주입식 교육을 지속할 이유가 없다는 사실을 극적으로 폭로했다는 점에 있다. 이제 학교는 더이상 학생에게 물고기를 먹여주는 곳이 아니라, 학생들이 물고기를 잡는 방법을 배우는 곳이 되어야 한다.

학교가 학원보다 못하기 때문에 학원으로 몰린다는 얘기가 있다. 그러니 학교에서도 학원처럼 수준별·맞춤형 수업을 진행하고, 수업을 잘하는 교사를 우대하며, 학생관리를 더욱 철저히 하자는 것이다. 몇 가지 주의사항만 지켜진다면 반대할 이유가 없는 내용이다. 사교육비도 줄어들 것이다. 하지만 이것이 단기적 대응책이 될 수는 있을지언정, 적어도 우리 교육의 근본적 지향이 될 수 없다는 것 또한 분명하다. 물고기를 대충 던져주면서 '알아서 먹겠지' 하며 방관하는 지금의 상황에 비한다면, 물고기를 잘 분류하고 요리해서 친절하게 먹여주는 것은 중요한 개선이다. 하지만 여전히 학생들이 물고기 잡는 법을 배우지 못한다는 한계를 인식해야 한다. • 공교육을 살리려면 학교교육을 옹호하고 대입에서 내신 반영비율을 높여야 한다고들 말한다. 하지만 학원강의보다 더 주입식인 학교수업과, 수능보다 더 일차원적인 내신 시험문제들을 보고 나면, 이런 주장에 동의하고 싶은 생각이 싹 달아난다. 지금처럼 엉망인 내신교육에 눈감으면서 '공교육 지키기' 운운하는 건 위선이다.

대안은 의외로 가까이에 있다. '전국국어교사모임'을 필두로 과목별 교사모임마다, 주입식에서 벗어난 탐구형·토론형 수업콘텐츠를 방대하게 축적해놓고 있다. 최근에는 '사교육걱정없는세상'에서 새로운 내신교육운동을 시작했다. 이러한 움직임이 가속화되려면 국정·검인정 교과서제도의 폐지, 교사에게 교육과정 편성권의 일부 이양, 교육과정의 간소화, 학년별 평가에서 교사-학급별 평가로의 전환(교사는 자신이 담당한 학급만을 평가해야 한다), 선진국처럼 석차 대신 평점을 표기하는 성적표, 탐구형 과제 수행을 돕기 위한 도서관 확충 등이 필요하다. 물론 이러한 변화에 대한 저항이 만만찮을 것이다. 하지만 이것이 불가능해진다면, 인터넷강의를 들먹이며 자퇴하려는 학생들을 말리는 것 또한 불가능하다.

이명박 정부는 지금의 교육위기에 대한 대응으로 '학교가 더 잘 가르치도록 해야한다'고 말한다. 그러나 무엇이 진정 '더 잘 가르치는 것'인가? 피터 드러커는 이렇게 말한다. "학교는 학교 밖에서는 제공받을 수 없는 것을 제공해야 한다." 학교는 이제 인터넷 강의로는 제공받을 수 없는 걸 해줘야 한다. 이것이 진정으로 학교의 경쟁력을 강화하는 일이다. _한겨레신문 2009년 2월 17일자

2009년 2월, 진보적인 정치적 입장을 가지고 있는 것으로 알려져온 가수 신해철씨가 특목고 전문인 하이스트 학원의 광고에 출연하여 물의를 일으켰다. 그의 변론인즉 자신이 비판해온 것은 공교육이었지 사교육이 아니었다는 것이다. 선택의 여지가 없이 다녀야 하는 공교육에 비하면, 자신의 의향과 의지에 따라 선택할 수 있는 사교육이 훨씬 낫다는 의미일 것이다. 비슷한 시기에 메가스터디의 손주은 대표이사가 조선일보와의 인터뷰를 통해 공교육에 대하여 쓴소리를 퍼부었다.

물론 현재의 공교육은 심하게 욕먹을만한 요소들을 갖추고 있다. 하지만 신해철 씨와 손주은 대표가(그리고 내가) 경험해온 과거의 학교가, 학교가 보여줄 수 있는 '유일한' 형태라고 단정해서는 곤란하지 않을까? 신해철 씨와 손주은 씨의 발언은 역설적이게도 우리나라 학교가 어떠한 모습으로 변모해야 하는지를 보여준다. 그리고 그러한 변모에 실패한다면 우리나라 학교가 국민들로부터 총체적으로 버림받을 것임을 예고한다. 이미 기러기가족, 대안학교, 홈스쿨링 등 다양한 방식으로 우리나라 교육시스템으로부터의 탈출이 진행되고 있지 않은가?

신해철과 손주은, 주입식 교육의 포로들
_필자의 칼럼에 대한 반론을 재반박하며

우선 필자의 2월 17일자 칼럼("학원보다 못한 학교?")을, 내가 학생들을 자퇴하도록 꾀어냈다는 의미로 읽었다면 엄청난 오해다. 나에게 자퇴 문제를 상의해오는 경우들은 예외없이 자퇴하려는 학생과 이를 말리려는 부모 사이에 격렬한 대립이 지속되어 양자가 모두 정신적으로 녹초가 된 상황이었다. 이때 내가 몇 가지 전제조건(특히 일정 수준 이상의 자기관리능력)이 충족된다면 "자퇴해도 된다"고 말하면, 생각보다 쉽게 문제가 해결되고 가정에 평화가 찾아왔던 것이다. ● 내가 칼럼을 통해 주장하고자 했던 핵심은, 수능과 대별되는 내신교육의 독립적 가치를 확보해야 하며, 그러기 위해서는 몇 가지 핵심적인 제도 개혁이 필요하다는 것이다. 현재 수능은 수능적이고, 학교교육도 수능적이다(그러면서 종종 수능보다 더 저열한 수준이다). 물론 대학이 수능 중심으로 선발하니까 학교교육이 수능화된다고 해석할 수도 있겠지만, 대학입시가 목전에 놓이지 않은 중학교나 초등학교에서도 수능적인 교육이 이뤄지는 것은(특히 중학교가 심하다) 한국 교육이 '주입식 교육 패러다임'에 갇혀있음을 보여준다.

왜 학교가 학원과 경쟁하는 황당한 상황이 벌어지는가? 왜 내신성적을 올려주는 학원이 성행하는가? 근본적으로 학교가 주입식 교육을 하기 때문이다. 주입식 교육의 패러다임에 갇혀있는 한, 학교는 학원과의 경쟁에서 밀릴 수밖에 없다. 1차대전을 배우며 참호 안에서 대기하는 병사의 상황과 심리를 토론하고 발표하도록 하는 교육은 학원이 작용하기 어렵다. 하지만 임진왜란의 사건들을 연대기적으로 줄줄 외우도록 해서 객관식·단답식 문제로 점수매기는 교육은 평균적으로 학교보다 학원이 더 잘 하게 되어있다. 학원은 제한된 시간 동안 보다 효율적으로 주입하기 위해 치열하게 시장경쟁하며, 이에 더하여 강력한 금전적 보상기제까지 가지고 있기 때문이다. ● 이명박 정부는 학교를 학원과 경쟁시켜서 사교육을 줄이겠다고 한다. 학벌 획득을 위한 경쟁이 엄존하는 상황에서 완전한 성공은 불가능하다. 하지만 절반의 성공은 가능하다. 학교에서 학생을 더 오랫동안 붙잡아놓고 교사를 '빡세게' 굴리면, 어쨌든 사교육비는 얼마간 줄어들 것이기 때문이다! 그렇다면 주입식 교육의 패러다임의 테두리 안에서 정부에 반대하여 '경쟁을 완화하자'(일본의 이른바 '유토리' 교육)고 주장할 것인가, 아니면 '창의적 교육'이라고 부를 수 있는 새로운 패러다임으로 교체하자고 주장할 것인가? 내가 보기엔 후자가 더 전망이 있다. 주입식 교육으로는 빨리 정답을 찾아내고 기존의 것을 모방하는 능력이 키워질 뿐이지만, 선진국 문턱에 접근한 한국의 사회경제적 위상은 이미 진정으로 새로운 것을 발상하고 만들어낼 것을 요구하고 있기 때문이다. 따라서 '창의적 교육'이라는 지표는 합리적 우파로부터도 지지받을 수 있다.

문제는 전교조다. 전교조는 창의적 교육을 위한 콘텐츠를(교과별 교사모임들을 통해) 이미 확보하고 있음에도 불구하고, 이를 제도화시키기 위한 활동에 무게를 싣지 않는다. 오랜 정파싸움과 걸핏하면 '신자유주의'를 들먹이는 습관, 그리고 '노조'로서의 타성에 발목을 잡혀서이다. '참교육'을 외치며 '노조 이상의 노조'를 표방하던 초심을 회복하는 것이 시급하다. 나는 전교조를 심하게 비판한 적도 있지만, 그래도 앞으로 몇 년간은 전교조에 기대를 걸어볼 생각이다. 무엇보다 전교조는 우리나라의 고질적인 주입식·획일적 교육을 대체할 수 있는 검증된 교육콘텐츠를 이미 확보하고 있다는 점에서 엄청난 잠재력을 가지고 있기 때문이다.

왜 글의 제목이 신해철과 손주은이냐고? 다음 두 글을 비교해 보라. "나는 근미래에 뉴미디어를 이용한 홈스쿨링과 사교육이 지식의 전수를 담당하며, 가정과 공교육이 개인의 품성함양과 사회화를 맡는 형태로 교육의 시스템이 획기적인 변화를 맞을 것이라 본다."_신해철, 2월 28일 자신의 홈페이지에 올린 글 ● "온라인으로 학습이 가능한 세상인데 꼭 매일같이 학교에 가야 하는지도 의문이다. 일주일에 한 이틀만 학교에 오게 하고, 대신 학교들을 통폐합하면 절감되는 예산 갖고 원어민 교사 엄청 데려와 학교 경쟁력을 높일 수 있다."_손주은 메가스터디 대표이사, 2월 16일자 조선일보 인터뷰

신해철과 손주은의 공통점이 느껴지는가? 이들은 모두 주입식 교육은 학교보다 학원이나 인터넷강의가 더 잘한다는 걸 알고 있다. 그런데 이들이 알고있는 교육은 주입식 교육밖에 없다. 그래서 실질적인 결론은 공교육의 폐기, 사교육으로의 투항이다. 신해철과 손주은은 퍽이나 다른 인생역정과 이념적 성향을 가지고 있지만, 모두 '주입식 교육 패러다임'의 프로들인 것이다. _한겨레신문 2009년 3월 12일자. 실제 지면에는 이 기고문의 축약본이 실림

교사·학생의 자율에 기반한 다양한 교육을!

앞에서 교육과정 개혁의 첫 번째 원칙은 주입식 교육에서 벗어나는 것이고, 이를 위해서는 교육과정을 간소화하고 필수 과목의 분량을 축소하는 개혁이 필요하다고 주장하였다. 이는 '물고기를 잡아서 먹여주는' 교육에서 '물고기를 잡는 법을 배우게 하는' 교육으로, 되도록 많은 양의 지식을 전수하는 교육에서 지식을 탐구하고 정리하는 역량을 높이는 교육으로 전환하는 것을 뜻한다. 이런 의미에서 '패러다임 전환'이라는 용어를 사용한 것이다.

교육과정 개혁의 두 번째 원칙은 학생과 교사의 자율권을 확대하는 것이다. 3부에서 지적한 것처럼, 여태까지 이명박 정부에서 추진한 자율화는 대부분 교육관료인 교육감이나 교장의 자율권을 늘리는 것이다. 그보다는 교육현장에서 대면하는 교사와 학생의 자율권이 커져야 한다. 그리고 교사와 학생의 자율권이 확대되는 만큼, 다양한 교육이 이뤄지는 것이 가능하다.

| 학생과 교사의 자율권을 높이려면 |

교육과정상 학생의 자율권을 늘리려면 어떻게 해야 하는가? 고교 평준화의 원칙하에 최대한 다양한 교과목과 프로그램이 운용되도록 하는 것이 중요하다. 지금처럼 문과/이과 구분을 제외하고는 실질적으로 아무런 선택도 할 수 없는 상황에서는 학생들의 진로나 적성에 맞는 교육이 이뤄질 수 없다. 문과/이과 구분을 폐지하고, 중학 과정에서부터 선택과목을 도입하고, 고등학교는 핀란드처럼 학점제로 운영하여 선택의 폭을 극대화하거나 미국처럼 다양한 심화과정 프로그램을 운영하는 등의 개선책을 모색할 수 있을 것이다.

나는 특히 중학교와 고등학교를 통합하여 무학년 학점제로 운영하는 방안을 제안한다. 핀란드처럼 초등학교와 중학교를 통합하고 고등학교만 학점제로 운영하는 것도 생각해볼 수 있겠지만, 우리나라 사정에서는 초등학교와 중학교를 통합하는 것보다 중학교와 고등학교를 통합하는 것이 간단하다. 중고등학교 교사는 사범대에서 양성하고 초등학교 교사는 교대에서 양성하는 전통이 오래 지속되어 왔고, 교사의 임용 및 인사도 중학교와 고등학교는 통합운영되어온 반면 초등학교는 이와 별도로 운영되어왔기 때문이다.

사실 학점제 운영이 법률적으로 불가능한 것은 아니다. 우리나라의 초중등교육법을 보면 중학교와 고등학교를 학년제가 아닌 학점제로 운영하는 것이 가능하게 되어있다(정확하게는 교육감의 권한으로 '학년제 이외의 방식'으로 운영할 수 있게 되어있다). 중학교와 고등학교를 통합 운영하는 것도 법률상 가능하다. 따라서 중고등학교를 통합하여 학점제로 운영하는 것이 '법적으로는' 가능한 것이다. 하지만 현실적으로 학점제로 운영되는 경우는 사실상 없으며, 중학교와 고등학교의 통합운영은 읍면단위 지역에서 열악한 교육환경이나 교사수급 문제를 보완할 목적으로 일부 이뤄지고 있을 뿐이다.

그렇다면 교사 자율권을 높이려면 어떻게 해야 하는가? 현행 국정·검인정 교과서 제도를 해체하고 자유발행교과서 제도로 이행하여, 현장 교사들이 교육과정상의 목표를 달성하기 위해서라면 어떠한 텍스트와 도구도 활용할 수 있도록 허용해야 한다. 학교 단위로 교육과정 편성권의 상당부분을 이양하여 학교 교사들이 자율적으로 새로운 과목을 신설할 수 있도록 해야 한다. 심지어 스웨덴이나 핀란드처럼 교사가 교과서를 직접 집필할 수 있도록 허용하는 것도 검토해볼만하다. 세분화된 과목간 장벽을 허물고 새로운 교육콘텐츠를 만들어내는 창조적인 작업에 교사들이 직접 뛰어들도록 독려해야 한다. 그리고 교육청 단위의 '장학'은 이러한 교사들의 노력을 지원하고 여기서 좋은 결과물을 낸 교사들의 성과를 정리하여 공유시키는 데 초점을 맞춰야 한다.

교육과정과 직접 연관된 것은 아니지만, 학교 성적표에 석차가 표기되는 제도를 반드시 개혁해야 함을 언급하고 싶다. 2부에서 언급한 것처럼, 일본과 우리나라를 제외한 거의 모든 나라의 성적표에는 석차[등수]가 표기되지 않고 평점(A, B, C…와 같은)이나 점수만이 표기될 뿐이다.

석차 표기는 교육의 가장 기초가 되는 학급 또는 학년 단위부터 서열화를 조장하여 교육목표를 왜곡시킨다. 제 아무리 공교육이 '강화'되어 학생들의 절대 성취도가 10점씩 높아져도 석차는 그대로이다. 또 학생들이 모두 공부파업을 하여 절대 성취도가 20점씩 낮아진다 해도 석차는 그대로이다. 이렇듯 석차는 학생들의 절대적인 성취를 전혀 반영하지 않는다는 점에서, 교육적으로 볼 때 매우 희한한 지표이다. 특히 학년 석차를 매기도록 하는 제도는 서로 다른 교사가 담당하는 학급의 학생들을 일괄 평가하여 일렬로 줄세우도록 하기 때문에, 교사별로 개성적이고 다양한 교육이 이뤄지는 것을 가로막는 병폐를 낳는다. 교사는 자신이 담당한 학급만을 평가하도록 하는 것이 당연하다.

우리나라 중고등학교 성적표를 평점 또는 점수를 표기하는 제도로 전환하는 것은 교사 자율성을 넓히기 위한 필수 조건이다. 대부분의 선진국이 취하고 시행하고 있는 것처럼 상대평가를 지양하고 절대평가로 전환하여, 성적표에 평점 또는 점수를 표기하고 보조적으로 교사의 정성적인 관찰 결과 및 견해를 적도록 하는 것이 필요하다. 절대평가를 시행할 경우 가장 우려되는 점은 내신성적이 대입에 반영되는 경우 고등학교에서 '성적 부풀리기' 현상이 벌어지는 것인데, 이를 제어하기 위한 최소한의 지침 및 교사들 내부에서의 자발적인 문화운동이 필요하다.

| 중-고 통합 무학년 학점제를 도입하면서 특목고를 폐지하자 |

외국어고는 외국어 특기자 양성을 목적으로 만들어진 학교이다. 하지만 외국어고가 이러한 기능에 충실하기보다 일반적인 입시 명문학교로 기능하고 있다는 점은 아무도 부인하지 못할 것이다. 그렇다면 대안은 무엇일까?

일각에서는 외고 출신자의 대학 전공분야를 어문계열로 제한해야 한다고 주장한다. 하지만 이것은 일단 개인의 자유를 지나치게 제한한다는 면에서 위헌의 소지가 있고, 언어(외국어)의 특성을 고려해볼 때 불합리한 방식이다. 수학·과학은 도구로서의 측면과 지식으로서의 측면이 비교적 동등한 비중을 가지는 반면, 언어(외국어)는 지식보다는 도구로서의 의미가 훨씬 크기 때문이다. 즉 외국어라는 도구를 활용하여 다양한 분야에서 활동하도록 하는 것이 외국어 특기자 양성이라는 외고의 설립 취지에 오히려 더 부합한다고 볼 수도 있는 것이다.

그렇다면 외고의 설립목적에 맞도록 외고의 운영을 '정상화'시키는 것이 대안일까? 이러한 주장의 명분은 이렇다. 외고는 원래 '특수목적' 고등학교이므로, 특수목적에 맞게 운영하자는 것이다. 그 핵심은 '외국어 특기자 양성'이라는 목적에 부합하도록 외고의 외국어 교육을 확실하게 강화하는 것이다. 예를 들어 '제2·제3외국어 인증졸업제'를 도입하여, 졸업시까지 제2외국어 및 제3외국어가 일정 수준에 도달하지 못한 학생이 일정 비율을 초과하면 외고 인가를 취소하는 방안이 있을 수 있다. 이렇게 되면 외고의 기능은 자동으로 '정상화'될 것이다.

하지만 이러한 논의에는 한 가지 중요한 함정이 있다. 고등학생 시기는 새로운 외국어를 습득하기 시작하기엔 지나치게 늦은 연령대라는 점이다. 물론 더 늦은 나이에도 외국어를 훌륭하게 습득한 사례가 없는 것은 아니지만, 대략 사춘기 이후에는 외국어 습득능력이 상당히 떨어진다는 것이 학계의 일반적인 견해이다. 게다가 고등학교 3학년 때에는 아무래도 대입 준비에 초점이 맞춰지기 때문에 외국어 교육의 내실을 기하기가 쉽지 않다. 결국 외국어 특기자 양성을 목적으로 하는 학교가 고등학교 과정으로 운영된다는 발상 자체에 무리가 있음을 인정하지 않을 수 없다. 결국 외국어고등학교가 필요하다고 주장하다 보면 외국어고등학교 뿐만 아니라 외국어중학교까지 필요하다는 논리적 결론에 도달하게 된다.

그렇다면 대안은? 결국 외고의 폐지, 또는 일반고로의 전환이 될 수밖에 없다. 물론 이같은 대안은 일반고 체제의 대대적인 개혁을 전제로 한다. 특목고는 일반고와 동전의 양면과 같은 관계에 있다. 즉 일반고에서는 수행하지 못하는 기능을 특목고에서 담당한다는 것이 특목고를 설립하는 명분인 것이다. 그런데 만약 특목고에서 담당한다고 알려진 여러 기능들(특히 특정 영역에 대한 수월성 교육)을 일반고에서 수행할 수 있다면, 특목고는 그 존재 근거를 상실할 것이다. 이것을 가능하게 해주는 제도가 바로 중-고 통합 무학년 학점제이다.

'중-고 통합 무학년 학점제'와 '절대평가제', 그리고 '온라인 학점이수제' 등을 결합시키면, 일반 중고등학교에서 학생 개개인의 관심과 재능에 따라 매우 다양한 교육이 가능해진다. 그리고 각자가 원하는 영역에서의 수월성 교육도 훨씬 손쉽게 이뤄질 수 있다. 학습능력과 의욕이 뛰어난 학생들은 중학교와 고등학교 전 과정을 4~5년만에 졸업하는 길에 도전할 수 있을 것이고, 실제로 그 목표를 달성할 것이다. 만일 다니는 학교에서 개설되지 않은 과목을 배워보고 싶다면 온라인 학점이수제를 활용하면 될 것이다. 이를 테면 우리 학교에 러시아어를 가르치는 선생님이 없어도, 러시아어를 공부하여 학점을 인정받을 수 있는 것이다. 다양한 과목을 선택하고 수강하는 과정을 통해 본인의 적성과 진로에 대한 탐색을 겸할 수 있다는 것 또한 무학년 학점제의 중요한 장점이다.

물론 무학년 학점제가 된다고 하여 학생들이 원하는 과목만 수강하도록 허용하는 것은 아니다. 대학에서처럼 '필수'과목과 '선택'과목이 존재할 수밖에 없다. 다만 중학교에 해당하는 초반 3년에 비해 고등학교에 해당하는 후반 3년 과정에서 선택과목의 수와 비중이 더욱 커지는 것이 정상적일 것이다. 예를 들어 후반 3년 과정쯤 되면 '영어' 과목이라고 해서 똑같은 교과서를 가르치는 것이 아니라 '영어 고전소설 강독', '영어 신문읽기', '영어회화 연습' 등 다양한 강좌를 개설하고, 학생의 적성과 필요에 따라 이수하는 강좌의 종류와 수준과 개수를 선택 가능하도록 해주는 것이 바람직하다.

'특수한' 교육을 위해서 '특수한' 학교를 설립해야 한다는 주장은 편견에 불과하다. '보통' 학교에서 '특수한' 교육을 행하는 방법은 여러 가지 있을 수 있다. 선진국에서 특목고가 거의 없는데도 다양한 교육이 가능한 것은, 일반 학교에서 유연하고 다양한 교육이 가능한 체제를 가지고 있기 때문이다. 나는 대안으로서 '중-고 통합 무학년 학점제'를 도입할 것을 제기한다. 여태까지는 주로 외고를 염두에 두고 말하였지만, 같은 맥락에서 그밖의 특목고들과 자사고 등도 함께 일원화시키는 것이 가능할 것이다. 모든 학교들이 중-고 통합 무학년 학점제로 일원화되고 부분적인 학교선택제(선지원 추첨배정)와 자유로운 전학 허용을 통해 최대한의 교육기회가 동등하게 주어진다면, 특목고/일반고/자사고 등으로 다원화된 학교체계를 일원화하고 특목고 수요를 일반 학교로 끌어들이는 것이 가능하다.

특목고 문제는 심각한 갈등을 유발할 수 있는 뇌관이다. 잘못 건드리면 첨예한 대립을 일으킬 소지가 크다. 사회통합적인 마인드에 기반하여 미래지향적인 해결책을 만들어내는 것이 절실하다. 나는 현재의 일반고 체제를 내버려 두면서 특목고 문제를 해결하기는 불가능하다고 본다. 특목고의 존재 근거는 현행 일반고의 결함과 한계에 있기 때문에, 특목고 문제를 해결하려면 특목고가 아니라 일반고를 개혁해야 한다. 즉 특목고 문제의 해법은 일반 학교의 철저한 개혁을 통해, 특목고가 별도로 존재해야 하는 근거 자체를 없애는 데 달려있는 것이다. '중-고 통합 무학년 학점제'는 최소한의 비용으로 특목고 문제를 원천적으로 해결할 수 있는 방안이다. 나의 방안을 기점으로 특목고 문제의 근본적 해결을 위한 사회적 논의가 시작되기를 기대한다. 어찌 보면 소소한 특목고 문제를 제대로 해결하지 못하고 계속 사회적으로 큰 비용을 지불해야 한다면, 한국 사회의 미래는 정말 암담하다고 할 수밖에 없다.

| 미래 교육의 지표 : 책임교육, 맞춤교육, 창의적 교육 |

선진국 교육의 공통점이 무엇인지를 관찰해 보면, 미래의 학교가 지향해야 할 기본 방향을 대략 정리할 수 있다. 내가 정리하고 있는 지표는 '맞춤교육', '창의적 교육', '책임교육'이라는 세 가지이다. '맞춤교육'은 선택가능한 다양하고 깊이있는 교육기회를 부여하는 것으로서, 진정한 의미의 수월성 교육을 실현하고 특목고 수요를 흡수하며 사교육비를 절감할 수 있는 방법이다. 이를 위하여 선택과목의 다양화와 더불어 학점제를 도입할 필요가 있다. 현재 초중등교육법상으로도 중고등학교를 학년제가 아닌 학점제로 운영하는 것이 가능하다. 물론 이를 위해서는 교실이 보다 많아져야 하는데, 정부가 4대강 개발사업에 투입하는 돈의 몇분의 일만 투입하면 학점제 운영에 필요한 학교공간을 신설하는 것이 가능할 것이다.

특히 내신성적이 상대평가제에서 절대평가제로 전환되면 온라인 학점이수제를 도입하고 거점학교별로 과목별 심화반을 운영할 수 있다. 이렇게 되면 학생들이 비인기 과목을 선택하고자 해도 선택권을 보장해줄 수 있으며, 특목고 수요를 일반 학교에서 적극적으로 흡수하여 장차 특목고를 감축하거나 폐지하는 것이 가능해진다.

'창의적 교육'이란 주입식 교육과 '정답 빨리 맞히기'식 평가에서 벗어난 탐구형·토론형·논술형 교육을 일컫는다. 이를 통해 창의적 인재를 양성하고, 지식교육과 인성교육을 통합하며, 사교육비를 절감할 수 있다. 창의적 교육을 위해서는 앞서 언급한 교육과정 및 수업모델, 평가 방식 등의 전반적인 개혁이 필요하며 수능제도 등도 이에 발맞춰 개혁되어야 한다.

표. 바람직한 미래 교육의 3대 지표

지표	책임교육	맞춤교육	창의적 교육
핵심 내용	학력부진학생에 대한 즉각적·체계적 보완	'선택가능한' 다양하고 깊이있는 교육기회 부여	주입식에서 벗어난 탐구형·토론형 학습 일상화
효과	학력 신장, 사교육비 절감, 맞벌이가정 및 저소득층 혜택	진정한 의미의 수월성 교육, 특목고 수요 흡수, 사교육비 절감	창의적 인재 양성, 지식교육-인성교육 통합, 사교육비 절감
연관 제도	기초학력을 실질적으로 책임질 수 있는 일상적 보완교육 프로그램, 온라인-오프라인 통합교육	(중·고 통합) 무학년 학점제, 온라인강의를 이용한 학점 이수제, 학교별·지역별 심화교육과정 등	교과서·성적기재·수능제도 개혁, 학년별평가 탈피, 교육과정 개혁, 객관식·단답식에서 서술형·논술형 평가로

미래 교육이 지향해야 할 세 가지 방향 가운데 '책임교육'은 별도의 강조가 필요한 내용이다. 학력부진학생에 대한 보완교육은 즉각적·일상적으로 이뤄지는 것이 가장 효과적이다. 이를 가장 성공적으로 실행하고 있는 핀란드의 경우를 보면, 종합학교(우리나라의 초등학교와 중학교가 통합된 형태)에서 담임 또는 담당교사가 어떤 학생이 어떤 부분의 보완교육이 필요한지를 구체적으로 체크하여 보완교육 담당교사에게

넘기면, 보완교육 담당교사는 방과 후에 해당 학생과 머리를 맞대고 학생이 일정 수준 이상의 이해와 성취도를 보이는 것을 확인해야만 집에 귀가하도록 한다. 핀란드 교육의 특징은 단순히 '경쟁 경감'에만 있는 것이 아니며, 그 이면에 이러한 철저한 책임교육 시스템이 작동하고 있는 것이다.

현실적으로 우리나라에서 학교의 '무책임 교육'으로 인해 가장 피해를 보는 경우는 저소득층 맞벌이 부부의 자녀들이다. 교사의 자율성이 극대화되면서 동시에 교사의 책무성이 같이 커지는 것이 중요하다. 학교의 일상적인 보완교육을 통해 기초학력 미달 학생이 미연에 방지되도록 하는 것이 '복지'와 '교육'이 통합되는 미래 학교의 단면일 것이다. 특히 우리나라의 '무책임 교육'의 수준이 심각한 수준임을 고려할 때, 초등학교와 중학교에서 '책임교육'을 상당한 궤도로 올려놓는 것은 시급한 과제이다.

일제고사, 반대가 능사인가?

국가수준학업성취도평가 이하 일제고사 를 둘러싼 잡음과 논란을 지켜보면서, 무엇보다 '기초학력 미달'로 판정하는 기준의 합리성과 일관성이 의심스럽다. 알려진 바로는 한국교육과정평가원에서 나름의 절대평가 기준으로 기초학력 미달자를 가려낸다고 한다. 그런데 평가원은 일제고사보다 더욱 세심하게 관리할 것으로 보이는 대입 수능시험에서도 출제 난이도의 일관성을 유지하지 못해 크고 작은 사고를 일으켜왔다. 특히 이번에 발표된 2008년 일제고사 전집평가 를 2006년 일제고사 표집평가 결과와 비교해 보면(2007년도분은 미발표) 초등·고등학교의 학력 수준은 비슷한데 유독 중학교 단계의 기초학력 미달자가 증가했다. 평가원은 이러한 결과에 관하여 어떠한 해석도 내놓지 않았는데, 내가 보기엔 난이도 조절에 실패했을 가능성이 충분하다. ● 또하나 짚고 넘어갈 것이 있다. 안병만 교육과학기술부 장관이 초등-중학-고교로 갈수록 기초학력 미달자가 많아지는 것을 놓고 "하향평준화의 결과"라는 어이없는 주장을 한 것이다. 안장관도 명색이 사회과학 전공자인데, 공시적·통시적 대조군과의 비교 없이 1회의 테스트 결과로 과학적 결론을 내리는 것이 불가능하다는 걸 잘 알지 않는가? 학년이 올라갈수록 교과내용이 어려워지므로 기초학력 미달자가 늘어나는 것은 당연한 것이고, 다른 나라도 마찬가지이다. 게다가 공인된 국제학력비교평가에서 계속 최상위권 성적을 유지하는 대한민국 학생들에게 '하향평준화'라는 낙인은 어불성설이다.

나는 일제고사가 절대악이라고 생각하지 않는다. 문제는 이명박 정부가 일제고사의 기능을 이중화시키는 것, 즉 최저학력과 최고학력 모두의 잣대로 활용하는 데 있다. 특히 최고학력의 기준을 '객관식·단답식 시험에서 빨리 답맞추는 능력'으로 획일화시키고 일제고사라는 잣대로 학생들을 무한경쟁시키는 것은 현재 한국 사회에 필요하지도, 지속가능하지도 않다. 하지만 일제고사의 기능을 기초학력 미달자 확인과 대책 마련으로 한정한다면, 학생에게 선택권을 부여한다는 전제하에 일제고사를 시행하는 것도 나쁜 방법이 아니다. ● 사실 기초적인 읽기와 연산능력 등이 확보되지 않으면 상급학교에서 정상적인 학습 자체가 불가능하다. 그런데 여태까지 우리나라 학교가 뒤처진 학생들을 얼마나 방치해왔나를 돌이켜보면, 낯이 뜨거워질 지경이다. 겨우 '특별보충학습'이라고 하는 효과가 의심스러운 제도가 마련되어 있었지만, 이것마저 일선 학교에서 예산을 다른 용도로 전용하기 일쑤였다. 이같은 학교의 무책임함으로 인해 가장 큰 피해를 보는 경우는 저소득층(비정규직) 맞벌이 부부의 자녀들이었다. 이런 상황을 고려해 보면, 이번 일제고사를 계기로 기초학력 미달자에 사회적 관심이 집중된 것이 고마울 지경이다.

그러니 이제 '교사는 일제고사 없이도 금방 기초학력 미달자를 알아볼 수 있다'는 식으로 이야기하지 말자. 이 말 자체는 맞지만, 지금까지 학교의 무책임함에 비춰보면 안이

하기 짝이 없게 들린다. 이런 언행이 국민과 교육계 사이에 불신의 벽을 키워왔고, 전교조에 '반대만 하는 집단'이라는 이미지를 칠해왔다. 일제고사 반대 여부보다, 학교가 기초학력 미달자를 책임질 수 있는 문화와 제도를 가지는 것이 중요하다. 만일 일제고사를 반대한다면, 핀란드처럼 세심하고 일상적인 성취도체크와 보충교육이 이뤄질 수 있는 대안적인 시스템을 선도적으로 제안할 수 있을 것이다. 핀란드를 편의에 따라 이용하기만 할 게 아니라, 진짜 핀란드처럼 해보는 건 어떨까? _한겨레신문 2009년 3월 10일자

| 경쟁에서 협동으로 : 핀란드 교육에서 배우자 |

핀란드는 2000년, 2003년, 2006년 치러진 PISA 국제학력비교평가에서 각 영역별로 모두 최상위급의 성적을 올려 '학력수준 세계 1위'임을 공인받았다. 뿐만 아니라 학업흥미도 조사에서도 세계 1위, 그리고 초중등교육 및 대학교육의 경쟁력 평가에서도 1위를 차지하는 경이로운 나라이다. 핀란드가 세계 최고의 교육강국이라는 점은 2000년 PISA 평가 이전에는 거의 알려져있지 않았는데, 이제는 유럽은 물론이고 미국에서도 핀란드 교육을 배우기 위해 탐방과 연수를 가고 있다.

앞에서 언급한 '책임교육, 맞춤교육, 창의적 교육'이라고 하는 3대 지표는 대부분의 선진국에서 대체로 동의하며 따르고 있는 지표이다. 즉 핀란드에서 유난히 모범적으로 실행하고 있다 뿐이지, 핀란드만의 전유물은 아니라는 것이다. 특히 핀란드에서는 초등·중학교가 통합된 종합학교(표준 재학기간은 9년인데 선택제인 유치원까지 합하면 10년)에서는 '창의적 교육'과 '책임교육'에 초점을 맞추고, 고등학교는 학점제로

운영하면서 다양한 지적 관심과 진로, 전공을 탐색할 수 있도록 하여 '맞춤교육'에 초점을 맞춘다(종합학교 중 중학교에 해당하는 학년에서 이미 학생들의 이수과목의 20%정도는 선택과목이므로, 맞춤교육은 중학교 학령에서부터 시작된다고 볼 수도 있다).

그런데 여기에 덧붙여 핀란드에서 가장 화려하게 꽃피운 독특한 수업방식을 언급하지 않을 수 없다. 이것이 바로 '협동학습'이다. 핀란드에서 보완교육은 철저히 개인 단위로 이뤄지는 반면, 정규수업은 협동의 원리가 지배한다. 핀란드식 협동학습은 지식교육과 인성교육, 시민교육을 통합할 수 있는 가능성을 열어준다. 그리고 '경쟁을 시켜야만 교육성과가 높아진다'고 철석같이 믿는 이들을 충격에 빠뜨린다.

경쟁시켜야 경쟁력이 생기나?

얼마 전 한 기자가 나에게 전화로 질문해왔다. '경쟁을 강조하는 수월성 교육을 10, 기회균등을 강조하는 평준화 교육을 0'으로 설정하면 나의 입장은 수치로 얼마쯤에 해당하냐는 것이다. 순간 '그래도 많이 보고들 었을 기자 양반이 이런 어처구니없는 좌표를 들이대다니…' 하는 생각에 어이가 없었다. 일단, 대부분의 선진국이 선발경쟁을 배제하는 고교평준화 원칙을 지키면서 동시에 수월성을 추구한다는 점을 이 기자가 명확히 아는지 의심스러웠다. 실제로 고입 선발경쟁은 OECD 30개국 중에서 일본과 우리나라 정도에서나 찾아볼 수 있는 굉장히 예외적인 현상인데, 이런 사정을 잘 모르는 사람들이 의외로 많다.

또하나 의미심장한 대목은, 이 기자가 '경쟁'과 '수월성'을 짝지우고 있다는 것이다. 적절한 경쟁이 학업성취도를 높이는 데 도움이 될 수 있다는 것은 교육학의 상식이다. 하지만 경쟁이 수월성을 추구하는 유일한 방법은 결코 아니다. 이를 가장 잘 보여주는 나라가 바로 핀란드다. 이 나라에서는 내신 등수도 매기지 않고, 일제고사도 치르지 않으며, 선발경쟁도 거의 없다. 그런데도 PISA 국제학력비교평가에서 우리나라와 수위를 다툰다. 차이가 있다면 우리나라는 학생들에게 가혹한 경쟁과 무거운 학습노동을 짐지우는 '공부지옥'인데 반해, 핀란드는 학생의 70%가 '공부가 즐겁다'고 답하는 '공부천국'(?)이라는 점이다. ● 왜 그럴까? 교육경쟁력 세계 1위로 공인받는 핀란드 교육의 특징을 꼽아 보면 교사들의 수준이 높고, 학습동기 부여에 각별한 노력을 기울이며, 학생 개개인에 대한 밀착 돌봄이 일상적으로 이뤄지고, 교육예산이 풍족하다는 점을 들 수 있다. 그런데 여기에 더하여 개인간 경쟁을 거의 완벽히 배제한다는 특징을 놓쳐서는 안된다. 단순히 석차를 매기지 않는 정도가 아니다. 수업 방식도 우리와 상당히 다르다. 수업시간에 4~5명으로 이뤄진 팀별로 탐구와 토론, 각종 작업이 이뤄지고 교사는 각 팀의 진행을 계속 점검하며 상호작용하는 것이다. ●
이러한 학습 방식은 '협동학습'이라고 불린다. 교사가 모든 학생들에게 동일한 내용을 주입하는 '일괄학습'이나 교사가 학생 개개인과 상호작용하는 '개별학습'에 비해 학습효율이 높다고 알려져 있다. 예를 들어 25명으로 구성된 반에서 학생 개개인이 1분간 발표하는 것을 교사가 지켜보면 25분이 소요되지만, 5명씩 5개 팀으로 나뉘어진 상태에서 팀원들끼리 발표하도록 하면 5분이면 충분하다. 그리고 팀내에서 학업능력이 우수한 학생이 뒤떨어지는 학생을 도와주는 과정에서 우수한 학생은 자신이 알고있는 것을 명확하게 정리하고 표현하는 능력을 기르게 되고, 뒤떨어지는 학생은 교사에만 의존하는 경우에 비해 훨씬 즉각적인 도움을 받게 된다. 그야말로 '협동'을 통해 서로 발전할 기회를 갖게 되는 것이다. ● 물론 협동학습은 핀란드만의 전유물이 아니다. 많은 선진국 학교들에서 찾아볼 수 있고, 우리나라의 일반 학교에서도 실험적인 시도가 이뤄지고 있다. 그런데 협동학습은 팀원 개인별로 등수를 매겨 경쟁심을 유발하는 것과 잘 맞지 않는다. 학생들을 무조건 한줄로 세워 등수를 매기는 우리나라의 내신성적 제도 하에서는 협동학습의 잠재력이 충분히 펼쳐지기 어려울 수 있다.

핀란드 교육은 한국 사회에서 상식으로 자리잡은 '경쟁시켜야 경쟁력이 생긴다'는 통념을 뒤집는다. 가장 경쟁력있는 학습방식이 경쟁이 아닌 협동이라는 역설이, 우리에게 '비경쟁적 수월성교육'이라는 새로운 화두를 던진다. 아니, '협동적 수월성교육'이라 해도 되겠다. _한겨레신문 2008년 8월 12일자

    특히 우리나라의 발달된 IT기술 기반을 이용하면 책임교육의 효율을 높이는 데 매우 큰 도움이 될 수 있다. 인터넷을 이용하여 학생 개개인의 성취도가 자동으로 교사에게 보고되도록 할 경우, 매우 효율적인 보완교육 체제를 운용할 수 있다. 또한 이것을 보완교육뿐만 아니라 정규수업의 효율을 높이기 위해 활용할 수도 있다. 예를 들어 외국어 습득을 위해서는 많은 노출시간이 필수적으로 요구되는데(예를 들어 주당 영어 수업시간을 한두 시간 늘리는 것으로는 어림도 없다), 노출시간을 확보하기 위해 사이버 게임, 애니메이션이나 동영상 시청 등의 과제를 부여하고 그 수행 여부가 자동으로 보고 되도록 할 경우, 정규수업의 효율을 높일 수 있다. 참고로 정부는 향후 전자교과서를 도입할 예정으로 현재 시험 운용 중인데, 이러한 유비쿼터스 교육의 활용은 정규수업과 보완교육의 효율을 높이는 데 매우 요긴한 기술적 수단이 될 수 있을 것이다.

교육정치,
좌파와 우파가 대화해야

우리나라 헌법에는 교육의 정치적 중립성이 규정되어 있다. 예를 들어 교육감 후보는 정당의 추천이나 지원을 받을 수 없도록 규정되어 있다. 하지만 대중들의 감각 속에 이미 '교육은 정치'이다. 과거 여러 차례에 걸쳐 정권이 바뀌면 대입제도가 달라졌고, 특히 노무현 정부와 이명박 정부에서는 교육문제가 정권의 인기와 지지도를 하락시키는 주요한 요인이 되었다.

교육은 이제 치열한 이념 대립이 벌어지는 전쟁터이다. 문제는 이 전쟁이 지속되면 우리나라는 너나할것없이 계속 불행해질 것이라는 점이다. 이미 우리나라 학생들은 너무나 오랫동안 충분히 불행하지 않았는가? 그리고 지금 추세라면 이명박 정부 이후에도 상황은 비관적이다. 이명박 정부가 몇 가지 중요한 개악을 한 것이 사실이지만, 지금 같아서는 설령 다음 번 선거를 통해 정권이 교체된다 할지라도 상황이 크게 나아질 것이라고 보기 어렵다. 노무현 정부나 김대중 정부 시절의 교육으로 회귀하는 것이 목표가 될 수는 없는 노릇 아닌가? 교육문제에 관한 대안이 절실하게 필요하다.

| 좌파와 우파의 공감대가 가능한 이유 |

나는 고전적(?) 사회주의에 대한 꿈을 버리지 못하는 극좌파와, 경쟁과 시장원리만을 앵무새처럼 반복하는 극우파를 배제한다면, '교육정치'의 영역에서는 합리적 좌파와 합리적 우파 사이에 어느 정도 타협과 협력이 가능하다고 생각한다. 사실 따지고 보면 교육 영역뿐만이 아니다. 나는 몇 년 전부터 교육·주택·의료의 세 가지 영역에서는 유럽식 복지국가적 모델의 타협을 이뤄야하고 또 이것이 가능하다고 생각해 왔다. 교육·주택·의료에서 보편적 복지를 실현하자는 정책은 전형적으로 좌파의 정책이라고 할 수 있겠지만, 우파라 할지라도 합리적으로 사고하는 사람이라면 교육·주택·의료의 영역에서 보편적 복지가 실현되는 것이 한국 자본주의의 전체적인 경쟁력을 향상시키는 데 큰 도움이 된다고 느낄 것이다.

적어도 일부 영역에서의 복지가 사회 전체의 비용을 절감하는 효과가 있다는 것은 어려운 얘기가 아니다. 미국의 엉망진창인 민영의료보험 체계와 초중등교육체계가 '보편적 복지'라는 관점에서 진작 개혁되었다면, 미국의 국가 경쟁력은 지금보다 훨씬 높아졌을 것이다. 미국의 주택시장을 보완하는 최소한의 공공적 장치가 있었다면, 서브프라임 모기지 사태는 벌어지지 않았을 것이다. 이런 영역이 한두 가지가 아니다. 따지고 보면 세계 최초의 복지정책도 독일의 우파 정치인인 '철혈 재상' 비스마르크에 의해 실현되었다. 그는 독일의 부국강병을 위해 복지정책이 필요하다고 봤던 것이다. 우리나라에서도 고교평준화, 공적 의료보험, 그린벨트를 시행한 사람은 다름아니라 우파의 대표적 아이콘인 박정희 대통령인데, 이런 정책들이 만약 지금 우리나라에서 처음 도입된다면 엄청나게 좌파적인 정책으로 보였을 것이고 박정희 대통령은 '빨갱이'라고 낙인찍혔을 것이다.

그렇다면 구체적으로 교육정치에서 좌-우 타협이 가능하다고 보는 근거는 무엇인가? 나는 크게 세 가지가 있다고 생각한다. 첫째는 사교육 문제를 해결하지 않고서는 이미 세계 최저 수준에 이른 출산율 저하 경향을 돌이킬 수 없기 때문이다. 인구 전문가들은 이구동성으로 우리나라 출산율이 현재의 1점대 초반에서 0점대로 돌입하는 것이 시간문제라고 말하며, 한국 사회가 미래에 터질 '인구 폭탄'을 짊어지고 있음을 지적한다. 그런데 젊은 부부에게 왜 아이를 낳지 않느냐고 물어보면 이구동성으로 육아와 교육 부담을 이야기한다. 이 문제를 방치하면 가뜩이나 세계에서 가장 빠른 속도로 진행되고 있는 한국 사회의 고령화는 더욱 심각해질 것이고, 이것이 미래의 한국 경제에 엄청난 부담이 될 것임은 자명하다. 그런데 앞에서 언급한 것처럼 사교육을 줄이려면 선발경쟁을 완화하고 학교관료화를 타파해야 한다. 이러한 목표 앞에 좌파와 우파 사이에 상당 수준의 타협이 이뤄질 수 있다.

둘째는 사고력과 창의력을 키워주는 교육으로 전환하지 않고서는 지식기반경제에 걸맞는 인재를 키워낼 수 없기 때문이다. 급속한 산업화 시대에는 주입식 교육을 통해 표준화된 지식인을 대량생산해내는 것이 필요했다고 볼 수 있다. 하지만 이미 지식기반경제로의 이행이 진행되어 산업의 각 영역에서 보다 수준높은 창의성이 요구되는 상황에서, 이전과 같은 고루한 방식으로는 한국 사회와 기업이 원하는 창의적 인재를 키워내기 어렵다. 그야말로 '주입식 교육 패러다임으로부터의 대탈출'이 필요한 것이다. 한시바삐 '물고기를 먹여주는 교육'에서 '물고기 잡는 법을 배우는 교육'으로 전환해야 한다.

물론 우파는 '한 명의 천재가 10만 명을 먹여살린다'는 식의 대항 이데올로기를 가지고 있다. 하지만 우파 중에서도 합리적인 사고와 현장 기업 경험을 풍부하게 가진 사람이라면, 이러한 이데올로기의 허점을 잘 이해하고 있을 것이다. 예를 들어 마이크로소프트사나 애플사의 창의력이 빌 게이츠나 스티브 잡스 1인의 전유물이었다면 이 회사들이 이 정도의 성공을 거두는 것은 절대로 불가능했을 것이기 때문이다.

셋째는 개인간 경쟁이 철저히 내면화되고 협동의 경험이 없는 인간형은 적응능력과 경쟁력이 떨어진다는 사실, 즉 지나친 경쟁이 경쟁력에 해롭다는 역설 때문이다. 자기 점수만 높이는 데 골몰하며 청소년기를 보낸 학생이, 기업에 들어가서 적절한 수직·수평적 협력을 통해 자신의 과업을 성공적으로 수행할 수 있겠는가? 혼자 높은 점수를 받아 '내가 잘났음'을 입증받는 데 길들여진 학생이, 부서나 팀의 일원이 되어 협동작업을 원활하게 진행하는 것이 가능하겠는가?… 아닐 것이다.

사실 따지고 보면 자본주의 사회에서 경쟁은 주로 기업과 기업 사이에서 벌어지는 것이다. 기업 내에서는 경쟁이 아니라 협동이 우선적이다. 기업 내의 직원들이 서로를 향해 경쟁만 한다면 그 기업은 당장

망할 것이기 때문이다. 이런 면에서 볼 때 학생들 개개인이 개별적인 단위로서 경쟁하게 만드는 현재의 우리나라 교육은, 기업에서 요구하는 능력·인성과는 심각하게 동떨어진 것이다.

이 세 가지 이유와 아울러 반드시 고려해야 할 점이 있다. 우리나라에서 벌어지는 '교육 전쟁'에서 유리한 위치를 점하고 있는 고소득층도, 우리나라의 교육시스템을 혐오하며 매우 피곤해 한다는 것이다. 타워팰리스에 사는 엄마들은 근심걱정이 없는 줄 아는가? 고소득층이라고 해서 아이들이 다 공부를 잘하는 것도 결코 아닌데다가, 우리나라는 아이의 성적이 낮으면 낮은 대로 피곤하고, 높으면 높은 대로 피곤한 나라이기 때문이다. 이들이 수구적인 교육 이데올로기의 헤게모니 하에 있다고 해서, 이들이 우리나라 교육문제가 이대로 방치되기를 원한다고 봐서는 안된다. 이들도 직감적으로 우리나라의 교육시스템이 잘못되었고 근본적인 수술이 필요하다는 것을 알고 있다.

이제 교육문제 해결을 위한 사회적 대토론을 시작해야 한다. 합리적 좌파와 합리적 우파가 만나서 논의를 주도해야 한다. 물론 어느 지점에선가 더이상 타협 불가능한 차이가 드러날 것이다. 하지만 양립불가능한 차이가 드러나기 '직전'까지는 최대한의 대화와 타협을 통해 교육문제를 해결해가기 위한 공감대를 만들어가야 한다. 비록 어렵겠지만 이것이 가능할 수 있다는 생각이 들 정도로, 우리나라의 교육 문제는 심각한 상황이다.

● 후기

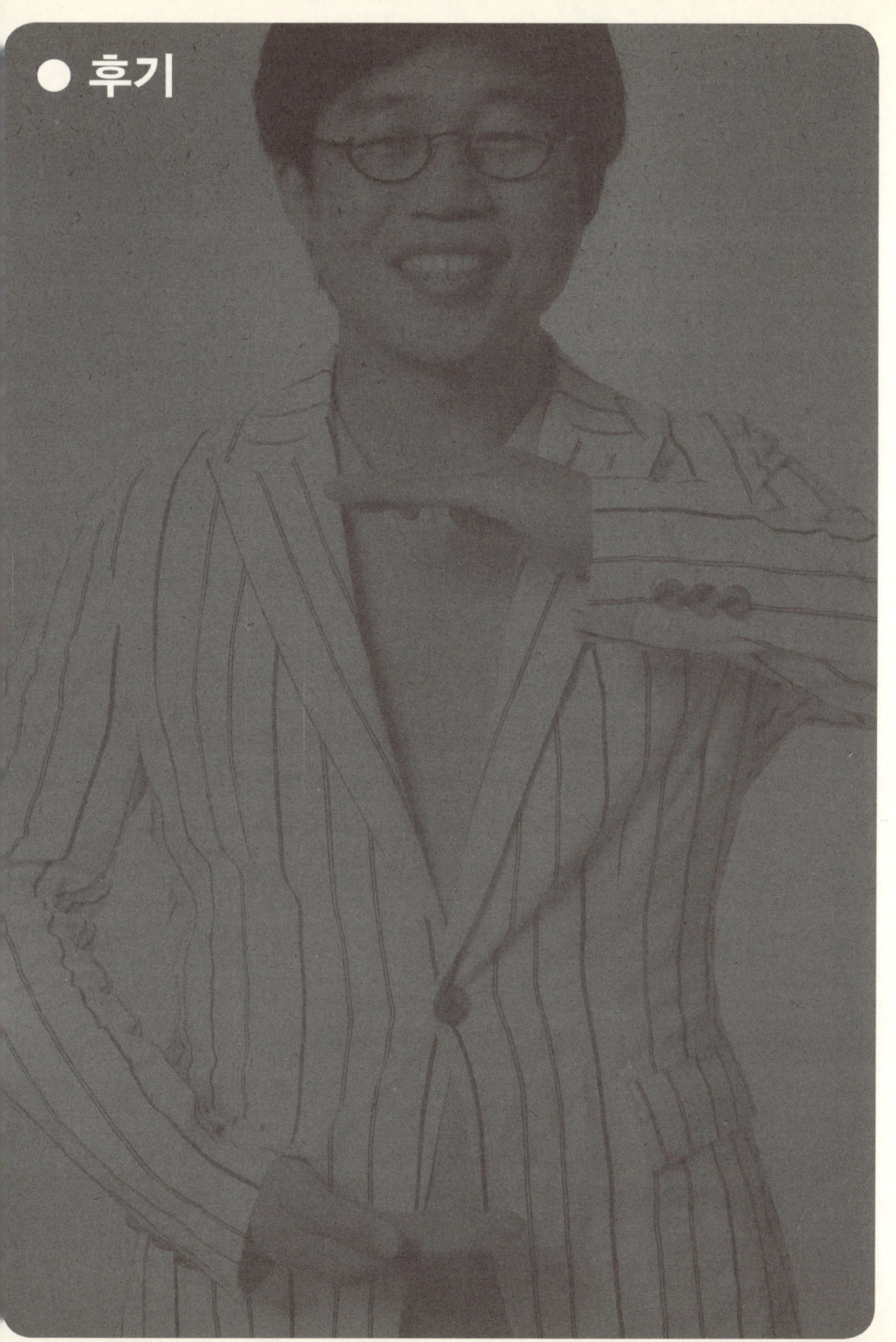

최근의 내 이력에 대해 어느정도 설명이 필요한 상황인 것 같다. 2003년 연말에 메가스터디를 그만두면서 학원가에서 은퇴를 하고 나서, 2004년부터 2007년까지 강남구청에서 무료인터넷강의를 했고, 이후 EBS와 곰TV에서도 무료인터넷강의를 했다. 2006년 봄, 서정 출판에이전시 김준호 대표의 권유로《이범, 공부에 반(反)하다》를 출간했다. 이 책의 부제가 '연봉 18억을 포기한 괴짜 강사 이야기'였는데, 이 부제가 관심을 불러일으켰다. 연봉 18억이나 받던 잘 나가던 학원 강사가 왜 그만두고 무료강의를 할까, 궁금하기도 했을 것이다. 갑자기 언론 인터뷰와 강연 요청이 들어오기 시작했다. 아직도 스타강사 자리에서 스스로 내려온 이유를 묻는 질문이 많은데, 그 이유는《이범, 공부에 반(反)하다》에 밝혀 놓았다.

| 학원가와의 질긴 인연, 그리고 무료강의의 우여곡절 |

2007년이 되자 국회나 시민사회단체에서 주최하는 교육문제 관련 토론회, 공청회 등에 나를 부르기 시작했다. 우리나라의 교육문제는 사교육과 밀접한 연관을 맺고 있는데, 현재 사교육계에 종사하는 업자를 불러서 이야기를 듣자니 그 신뢰도가 미덥지 못했을 것이다. 그런데 나는 사교육계의 핵심부에서 풍부한 경험을 해봤으면서도 사교육계를 떠나 있었으므로, 비교적 무리없이 이런 자리에 초빙할 만하다고 여겨졌던 것 같다.

사실 엄밀히 따지고 보면 2007년에는 다시 사교육계에 한발을 들이밀은 상태였다. 학원에서 이전에 재미를 보던 수능 강의가 아닌, 논술 강의를 여름에 2개월, 겨울에 2개월간 진행한 것이다. 2008학년도 대입 정시전형에서 이과^{자연계열} 논술고사가 대거 부활했는데, 이과 논술고사는 대부분 과학논술과 수리논술 문제로 구성되었다. 나는 대치동의 과학전문학원과 수학전문학원의 원장 및 강사들이 참여하는 팀을 꾸려서 '대치 드림팀'이라는 이름을 붙이고, 대치동 한복판에 있던 '세븐이엑스'라는 학원에서 논술 강의를 진행했다. 우리 팀은 수시와 정시전형을 합쳐 이과생만 1천 명 가까이 가르쳐서 매출과 학생수 면에서 1위를 기록했다. 예전에 비할 바는 아니지만 나름대로 오랫만에 짭짤한 수입을 거뒀다.

하지만 학원계로의 외도는 결국 1회성으로 끝났다. 우리 팀의

한 핵심 강사가 약속을 저버리고 개강이 임박한 상황에서 배신을 하는 모습을 보면서, '내가 이런 모습 보려고 다시 사교육계에 들어갔나?' 하는 자괴심에 빠진 것이다. 또한 내가 세븐이엑스 학원에 투자를 했다는 내용의 악성 루머도 돌았다. 물론 전혀 근거없는 소문이었지만, 이 모든 게 학원가에 다시 발을 들여놓은 내 잘못이라는 생각이 들었다. 결국 애써 개척한 황금시장(?!)에서 조용히 발을 빼고 말았다. 세븐이엑스 학원은 논술강의가 끝나고 몇 달 뒤 운영적자로 인해 문을 닫았고, 우리 논술팀은 강사료의 일부를 끝내 받지 못했다.

아울러 2006년 하반기부터 2007년까지 그래텍 곰TV 교육사업총괄이사로 재직하면서, 민간 차원에서 '광고료 수익에 기반한 무료강의'를 안착시키려고 시도하였다. 이런 사업을 구상하게 된 직접적인 계기는 2006년 강남구청장이 바뀌면서 강남구청 인터넷강의의 강의료가 크게 인상될 조짐이 보였기 때문이었다. 원래는 연회비 1만 원에 모든 과목의 모든 강좌를 수강할 수 있게 되어있었는데, 신임 구청장이 이를 과목별 또는 강좌별로 과금해서 크게 인상하겠다는 뜻을 내비친 것이다. 결과적으로 강남구청 강의료는 애초에 우려했던 만큼 대폭 인상되지는 않았지만(당시 모든 과목·강좌 수강하는 데 1년당 2만 원으로 올랐고, 최근 3만 원으로 재차 인상되었다), 당시 나는 대안을 찾아야겠다고 생각했고 마침 2006년초에 시작된 곰TV 서비스를 이용하여 민간 차원의 무료 인터넷 강의를 제공하는 사업을 구상했던 것이다. 하지만 나의 역량 부족과 상황판단 미숙으로 인해 이 사업은 의도했던 성과를 내지 못했다.

| 2 0 0 7 년 대 통 령 선 거 |

학 원계로의 짧은 외도가 진행되던 2007년 연말에, 갑자기 민주당
당시 당명은 대통합민주신당 대통령 선거본부로부터 연락이 왔다. 대통령선
거에 출마한 정동영 후보의 TV 지지유세를 해달라는 것이었다. 몇 개월
전에 선배와 술을 마시다가 그 선배의 지인이던 민주당 국회의원이 우연
히 합석하면서 인사를 나눈 적이 있는데, 그 의원이 나를 추천한 것이었
다. 나는 교육 관련 시민사회단체들과 함께 대선 후보들의 교육공약 평
가모임을 진행하고 있었기 때문에, 정동영 후보의 교육공약을 잘 알고
있었다. 노무현 정부의 교육정책의 실패를 바로잡기는커녕 오히려 증폭
시킬 우려가 있는 공약이었다. 그래서 민주당 대선캠프 관계자들을 만
나 '당신들의 교육공약에 찬동할 수 없다'고 밝혔다. 하지만 이들은 뜻
밖에도 '생각이 다르다는 얘기를 해도 좋으니, 이명박 후보의 교육공약
을 비판해다오'라고 부탁해왔다. 워낙 판세가 이명박 후보 쪽으로 기울
어져 있었기 때문에, 앞뒤 가릴 상황이 아닌 것 같았다.

　　　　MBC에서 20분짜리 TV 지지유세를 녹화하기로 한 날은 공교
롭게도 검찰이 BBK 수사결과를 발표하여 이명박 후보에게 면죄부를 준
날의 다음 날로서, 사실상 이명박 후보의 당선이 확정된 상황이었다. 민
주당 선본 측에서는 내가 혹시 지지유세를 녹화하러 오지 않을까봐 거
듭 확인전화를 해왔다. 내가 직접 쓴 연설 원고에는 차기 대통령이 될
것이 확실한 사람을 맹비난하는 내용이 가득 쓰여 있었던 지라, 혹시

내가 변심하여 녹화를 불발시킬까봐 걱정한 것이다. 아내도 좀 걱정되는 눈치였다. 하지만 나는 아랑곳하지 않고, MBC TV에 20분간 출연하여 전국의 시청자를 상대로 이명박 후보의 교육정책에 대해 날선 비판을 날렸다.

정동영 대통령후보 TV 지지유세 연설문

안녕하세요. 저는 이범이라고 합니다. 저는 경기과학고등학교를 졸업했고, 서울대에서 학부와 석사과정을 졸업하고 박사과정을 수료했습니다. 그리고 학원에서 과학을 가르치기 시작해서 지난 2003년까지 몇 년 동안 우리나라 전체 학원 강사 중에서 두 번째로 많은 소득을 기록하던 이른바 스타강사입니다. 그러던 중에 사교육계의 풍토에 회의를 느껴서 학원을 그만두고, 2004년부터 4년째 무료 인터넷강의를 해왔습니다.

우리나라에는 무료로 인터넷 강의를 들을 수 있는 사이트가 몇 군데 있습니다. 곰TV, EBS, 강남구청 같은 곳입니다. 여기에는 모두 제 과학 강의가 올라가 있습니다. 그러던 중에 최근에는 논술 때문에 대치동의 한 학원에서 다시 분필을 잡았습니다. 논술은 학생과 얼굴을 직접 맞대고, 학생이 글을 쓰게끔 만들어야 학습효과가 나기 때문입니다. 며칠 전에 학원에 갔다가 예전에 꽤 가깝게 지내던 수학선생님 한 분을 만났습니다. 함께 식사를 하던 중에 그분이 이런 얘기를 하시더라구요. "이범선생, 학원에서 일하는 사람들은 모두 이명박 찍어야 돼. 만약 정동영 같은 사람이 대통령 되면 학원은 큰일나." 물론, 학원가에서 일하는 분들이 모두 이명박 후보를 지지한다는 뜻은 아닙니다. 하지만 '이명박 후보가 당선되어야 학원이 더 잘된다', 솔직히 말해서 이게 학원가의 일반적인 정서지요.

지금 전 세계의 자본이 한국의 사교육 시장으로 몰려들고 있습니다. 난리입니다. 지금 대치동에서 좀 잘된다 싶은 학원 원장님들은 거의다 '거액의 돈을 줄 테니 학원을 넘겨라', 이런 제안을 받아본 적이 있습니다. 저도 500억 규모의 펀드가 만든 사업기획서를 직접 본 적이 있습니다. 어떤 원장님이 저보고 그 기획서 내용좀 검토해달라고 부탁하셨거든요. 이런 펀드를 움직이는 분들은 모두 이명박 후보의 당선을 간절히 바라고 있습니다. ● 왜 그럴까요? 본고사도 본고사지만, 무엇보다 자율형사립고 100개를 세우겠다는 공약 때문이죠. 이명박 후보 측은 자사고 100개 공약이 사교육비를 줄여줄 공약이라고 말합니다. 과연 그럴까요? 아니죠. 정반대입니다. 진실은, 자사고가 외고보다 훨씬 큰 사교육시장을 몰고 온다는 것입니다. 대한민국 학원가에서 다 아는 이 사실을 이명박 후보측만 거꾸로 선전하고 있습니다.

최근에 외고 입시가 점점 더 과열되고 있습니다. 거의 광풍 수준이죠. 그런데 자사고는 외고의 인기를 능가할 겁니다. 우선 외고보다 등록금을 더 많이 받을 수 있으니 시설이나 교육여건이 좋겠죠. 교과운영도 더 자유롭죠, 그러니 더 입시 위주로 가르치는 게 가능합니다. 학생 선발도 외고보다 더 마음대로 할 수 있게 되어있습니다. 우리나라의 대표적인 자사고인 민족사관고등학교는 이 학교에서 개최하는 수학경시대회를 치르지 않으면 아예 지원이 불가능합니다. 그리고 이른바 '영재판별검사'라는 굉장히 어려운 시험을 거쳐야만 합격이 가능합니다. 이러한 민사고에 가려고 학원 민사고반에 다니는 학생들이 전국적으로 엄청난 숫자입니다. ● 이런 자율형사립고를 전국에 100개 세운답니다. 아직 실감이 안 나시죠? 서울-수도권에는 아직 자사고가 없습니다. 그래서 아직 많은 분들이 실감을 못하는 거죠. 서울-수도권 지역에 자사고가 20개만 생기면 그 정원은 최소한 5000명은 될 겁니다. 여기에 들어가기를 원하는 학생들은 최소 5만 명은 되겠죠. 중학교 1학년에서 3학년까지만 잡아도 최소한 5만 명의 세 배, 즉 15만 명의 새로운 사교육 시장이 형성되는 겁니다. ● 이들이 한 달에 30만 원씩의 학원비를 낸다면, 서울-수도권 지역에만 한 달에 450억, 1년에 5000억이 넘는 새로운 사교육 시장이 형성됩니다. 20개만 세워도 그렇습니다. 그러니 전국적으로 100개를 세운다면, 1조가 넘는 시장이 생길 겁니다.

자, 여러분, 교육시장을 기웃거리는 자본들이 왜 이명박 후보의 당선을 그토록 바라는지 이해가 되시죠? 본격적으로 자사고가 설립되기 시작하는 날은 우리나라의 '교육공공성'이 끝장나는 날입니다. 그리고 사교육업계의 기념비적인 축제일이 될 겁니다.

그런데, 더욱 무시무시한 일이 있습니다. 벌써 서울 지역 최초로 설립인가를 앞두고 있는 자사고가 있습니다. 그런데 그 자사고를 설립하려는 재단은 우리나라 굴지의 사교육업체가 만든 재단입니다. 그리고 그 업체는 다른 한편으로 자사고-특목고 입시로 아주 유명한 학원업체를 인수했습니다. 이게 어찌된 일입니까? 자사고를 지망하는 학생들은 그 학교와 연계된 학원에 다니는 게 당연시되고, 거기서 주최하는 경시대회를 치러야만 하는 일이 벌어질 수 있는 거죠. 최근 우리 사회를 떠들썩하게 했던 김포외고 입시부정 사건은 한마디로 '비리'였죠. 하지만 이제 자사고와 사교육업체가 구조적으로 유착해서 자사고에 투자한 돈의 열배 백배를 자사고 입시시장에서 뽑아내는 일이 가능해질 수 있습니다. '비리'가 '시스템'으로 진화할 수 있는 거죠.

더더욱 충격적인 일이 있습니다. 그 자사고 설립추진 위원단장을 맡고 계신 분이 이명박 후보의 특보로 영입됐다는 겁니다. 이 분은 예전에 교육부장관으로 임명된 지 20일 만에 도덕성 논란으로 물러났고, 그후 사교육업체에서 일하고 있습니다. 이거 정말 대단히 걱정스러운 상황입니다. 이명박 후보는 아예 자사고와 사교육업계의 유착을 도와주려는 건가요? 그래서 국민의 돈이 지금보다 더 많이 사교육업계로 쏟아지는 걸 방조하려는 겁니까?　●　이명박 후보가 진정으로 우리나라 교육을 걱정한다면, 이렇게 약속해야 합니다. '사교육업체에서 관여해서 세운 재단에는 절대로 자사고 설립인가를 내주지 않겠다.' 이렇게 확실히 약속해야죠. 그리고 자사고 100개를 설립하면 도대체 어떻게 사교육비가 줄어든다는 건지, 저하고 공식적인 토론을 해볼 것을 제안합니다.

저는 근본적으로 특정 정당이나 정치인을 편드는 입장에 있지 않습니다. 현 정부의 교육정책에 대해서도 비판적입니다. 인터넷 검색창에 '이범의 거꾸로 공부법'이라고 입력해 보십시오. 제가 연재하고 있는 신문칼럼들을 보시면, 이명박 후보뿐만 아니라 현 정부의 교육정책들도 조목조목 비판하고 있는 걸 아실 수 있을 겁니다. 하지만 현 정부의 교육정책이 국민들에게 짜증을 안겨준 수준이라면, 이명박 후보의 교육정책은 국민들에게 서러운 눈물과 깊은 좌절을 안겨줄 겁니다.

정동영 후보의 교육공약도 고칠 점들이 있다고 생각합니다. 제 생각과 다른 부분도 적지 않게 눈에 띕니다. 그리고 어차피 세상에 완벽한 건 없는 거니까요. 하지만 저는 정동영 후보에게 각별히 기대를 걸 수 있는 요소가 적어도 세 가지 있다고 생각합니다.
● 첫 번째 이유는, 차기 대통령의 잘못된 정책 때문에 온 국민이 사교육 광풍에 시달리게 될 위험을 막아줄 대안이기 때문이죠. 정동영 후보는 '공교육을 살려서 사교육비를 줄인다'라는 '상식'에서 출발하고 있습니다. 우수 공립고등학교 300개를 육성하고 거기서 검증된 성과를 전국 1400개 고등학교로 확산시키겠다는 공약, 이거 보면 볼수록 괜찮은 공약입니다. 이렇게만 된다면 우리 교육의 수준이 한 단계 끌어올려질 겁니다. ● 두 번째 이유는, 2009년까지 고등학교 무상교육을 추진하겠다는 공약입니다. 아직 우리나라에는 학비 마련조차 어려운 가정들이 있습니다. 우리나라의 경제규모를 생각해 보면, 아직도 고등학교 무상교육이 실현되지 않았다는 건 좀 부끄러운 일입니다. ● 세 번째 이유는, 대선후보들 가운데 유일하게, 대통령에 취임하면 첫해를 "사회적 교육대협약의 해"로 정하고 대통령이 직접 주재하는 "국가미래전략교육회의"를 설치해서 주요한 교육문제에 대한 국민적 합의를 이끌어내겠다고 공약했다는 겁니다. ● 특히 이 세 번째 이유가 중요합니다! 교육문제에 있어 국민적 합의를 이끌어내겠다는 발상… 이것이야말로 지금까지 역대 정권과 여타 후보들에게 부족했던 점입니다. 우리나라 국민들은 여태까지 '누가 대통령이 되면 입시제도가 하루아침에 어떻게 바뀐다더라', '자사고가 단숨에 몇 개 생긴다더라' 하면서 불안해했습니다. 그런데 정동영 후보만은 다른 후보들과 달리, 2008년 1년간 교육문제와 관련하여 사회적 타협과 합의를 이끌어 내겠다고 공약하고 있습니다. 정 후보가 꼭 당선되셔서 이 약속만은 반드시 지켜주시기를 간절히 바랍니다.

작년에 한 학부모의 전화를 받은 적이 있습니다. "우리 딸이 중학교 2학년인데요, 학교에서는 전교1등만 해요. 그런데 자사고인 민족사관고등학교에 가고 싶대요. 그런데 우리 남편은 평범한 샐러리맨이고, 집을 마련한 지도 오래 되지 않았거든요. 어떻게 해야 할지 모르겠습니다." ● 저는 바로 직접 만나서 상담을 하기로 했습니다. 마침 주말이어서 그 학생과 어머님 아버님 세 명이 함께 저를 찾아왔어요. 학생한테 "네 목표가 뭐냐", 이렇게 물었습니다. 그러자 학생이 "민사고에 가서 미국 대학으로 진학해서 국제변호사가 되는 게 꿈"이라고 겁니다. 저는 작정하고 말했습니다. "너 민사고 가면 3년간 1억은 든다, 만약 미국 대학으로 유학가면 최소한 2억은 더 든다, 너 나중에 부모님에게 이 돈을 갚아드릴 수 있니?" 잘 모르는 분들을 위해 말씀드리면, 민사고는 등록금에 더해서 여러 가지 명목으로 경비가 들어가서 3년 동안 1억 가까운 돈이 듭니다. ● 이 말을 하자 그 학생의 얼굴이 금방 어두워졌습니다. 저도 마음이 아팠죠. 하지만 어쩔 수 없었습니다. 아직 어린 학생인데, 이런 가슴아픈 진실을 부모님한테 듣는 것보다는, 처음 만난 저에게 듣는 게 훨씬 나을 테니까요. 상담이 끝나자 그 부모님들은 고맙다고 여러 차례 인사를 하면서 자리를 떴습니다. 그 분들의 뒷모습이 정말 쓸쓸하게 보였습니다 ● 이런 학생과 학부모들에게 이명박 후보는 과연 어떤 이야기를 해줄 수 있나요? 앞으로 자사고 100개가 설립되어서 자사고 학비와 자사고 입학을 위한 사교육비가 치솟을 때, 그 빈약하다 못해 빈곤한 교육철학으로 국민에게 어떤 변명을 내놓을지 정말 걱정스럽습니다.

어떤 분들은 이렇게 이야기합니다. 고교평준화로 인해 우리나라 교육 수준이 낮아졌다고. 참으로 웃음만 나옵니다. 고교평준화의 의미가 뭡니까? 고등학교를 무시험으로 배정한다는 원칙이죠. 고교평준화는 박정희 대통령의 가장 중요한 업적 중의 하나입니다. 선진국 중에 이 원칙을 따르지 않는 나라가 어디 있습니까? 미국, 영국, 프랑스, 독일, 스웨덴, 핀란드… 다 둘러보십시오. 성적으로 선발하는 고등학교는 거의 없습니다. 대부분 근거리 배정 원칙에 따라서, 집에서 가까운 고등학교에 다닙니다. 물론 좀 유연하게 옮길 수 있는 나라도 있죠. 하지만 적어도 성적으로 학생 뽑는, 그런 촌스러운 제도 없습니다. 그런데도 '성적으로 학생 뽑는 고등학교가 많아져야 교육이 선진화된다', 이렇게 믿는 분들이 있습니다. 참으로 큰 착각입니다. ● 또 어떤 분들은 이렇게 얘기합니다. "학교가 학원만도 못하다." 참으로 안타까운 일입니다. 학교가 학원만도 못한 점이 있는 건, 학교가 경쟁을 덜 해서가 아닙니다. 학교가 주입식 교육을 하기 때문이죠. 주입식 교육에 있어서는 학교가 학원을 따라갈 수가 없습니다. 학원은 원래 '누가 누가 주입 잘하나'를 놓고 치열한 경쟁을 하는 곳이죠. 그러니까 주입식 교육에서는 학교가 학원에 뒤지는 겁니다.

우리한테 비교적 친숙한 미국의 경우를 보지요. 미국의 대학입시에는 고교 내신성적하고 SAT라 불리는 수능이 비슷한 비중으로 반영됩니다. 그런데 최근 미국에서도 학원이 점점 늘어나고 있답니다. 그런데 직접 가서 보세요. 그거 다 수능성적을 높이기 위한 학원입니다. 내신성적를 위한 학원은 없지요. 왜 그런지 아십니까? 학교가 주입식 교육에서 벗어나 있거든요. 주입식이 아니라 참여형·소통형 교육을 하거든요. 그러니까 학원이 끼어들 수가 없는 거죠. 미국에 조기유학 간 학생들이 이구동성으로 이야기하는 게 있습니다. 미국 학교의 숙제가 생각보다 만만치 않다는 거죠. 숙제가 뭐냐? 늘 수업과 연관된 자료를 찾아서 읽고 거기에 대해 뭔가를 써야 합니다. 그리고 그것을 수업시간에 발표하고 토론합니다. 이처럼 강의-과제-발표-토론이 톱니바퀴처럼 맞물려 돌아갑니다. 시험도 단순암기식이 아니라 이런 과정을 총체적으로 잘 수행한 학생이 높은 성적을 받게 냅니다. 이러니 내신성적을 잘 받기 위한 과외나 학원이 끼어들래야 끼어들 수가 없는 거죠.

선진국들이 고교평준화의 원칙을 지키면서도 왜 그렇게 창의적이고 유능한 인재들을 키워낼 수 있는 거냐? 그 비밀이 여기에 있습니다. 학교의 교육과 운영 원리가 우리나라와 전혀 다른 거죠. 학교가 애초에 학원과 비교할래야 비교할 수 없는 곳인 겁니다. 그건 학교가 더더욱 치열한 주입식 교육으로 학원과 경쟁하도록 해서 되는 게 아닙니다. 자사고를 100개 세워서 성적순으로 학생을 선발하도록 해서 되는 게 아닙니다.

학교의 운영을 더욱 민주화해서, 선생님들이 교장이나 높은 사람 눈치 안 보고, 오로지 학생들을 바라보게 만들어야 됩니다. 선생님들을 관료적 통제에서 해방시켜서, 교사가 가르치고 싶은 내용을 자신의 뜻대로 가르칠 수 있도록 해야 합니다. 학제와 교과운영을 최대한 유연하게 만들어서, 어느 과목 더 배우고 싶은 학생은 그런 학생대로, 또 다른 어떤 과목을 못 따라가는 학생은 그런 학생대로, 학생들의 재능과 특성에 걸맞는 유연하고 다양한 교육과정을 운영할 수 있도록 해야 됩니다.　●　이거야말로 선진국들이 '자사고 100개' 같은 황당한 정책 없이도 창의적 인재와 리더를 길러낼 수 있는 방법입니다. 이런 식으로 학교 교육이 새로워지고, 주입식 교육에서 탈피해 간다면, 대입에서 내신성적의 반영비율을 서서히 높여가고 그럼으로써 사교육비를 서서히 줄여가는 게 가능합니다. 물론 이 과정에서 학교에 더 많은 교육예산을 투자하고, 교사들이 자발적으로 노력하도록 각종 제도를 정비해야겠죠.

만약 이명박 후보가 당선되어 자사고가 100개가 생기고 학생들을 더욱 치열한 주입식 교육으로 내몬다면 어떻게 될까요? 사교육비는 더욱 치솟겠죠. 한국 경제의 블랙홀이 되어버릴 겁니다. 그뿐만이 아닙니다. 주입식 교육으로는 우리나라의 미래에 필요한 인재를 만들어낼 수 없습니다. 산업화 시대에는 주어진 문제를 잘 풀어제끼는 사람이 필요했지요. 하지만 지금 이른바 지식기반 경제에서 우리에게 필요한 사람은, 새로운 발상으로 새로운 문제를 창조해내는, 그런 사람입니다. 그런데 이명박 후보의 후진적인 교육철학으로, 이게 가능할까요?   • 　저는 이른바 스타강사입니다. 우리나라의 왜곡된 교육 구조로 인해서 부당한 이득을 많이 봐왔습니다. 제 허물을 돌이켜보면 저 자신을 도저히 '교육자'라고 부를 수가 없습니다. 내일도 학원에 나가 강의를 해야 됩니다.   • 　그런 제가 이런 말씀을 드리는 게 좀 어색할 겁니다. 마치 담배를 팔면서 담배가 해롭다고 선전하는 것과 비슷하니까요. 하지만 만약 내년에 시판될지도 모르는 새 담배가 유난히 더 해롭고 더 암을 많이 일으키는 것이라면, 그런데 그 사실을 담배판매상만이 알고 있다면, 아무리 담배를 파는 사람이라 해도 국민들에게 이러한 사실을 똑바로 알려드리는 게 당연한 일일 겁니다.

학부모 여러분은 다 잘 아실 겁니다. 교육이란 게 참으로 민감한 영역이죠. 아주 세밀하고 정교한 접근이 필요합니다. 자칫하면 사교육비가 더 커질 위험이 곳곳에 도사리고 있습니다. 그런데 이명박 후보의 공약들을 보면, 이건 아무리 봐도 80년대 건설사 사장하던 마인드, 운하 만들겠다는 마인드로 교육 몰아붙이는 겁니다. 이렇게 되면 우리나라 교육은 더 어려워집니다. 자사고와 사교육이 유착합니다. 사교육비 더 올라갑니다. 이명박 후보가 내놓고 있는 밀어붙이기식, 개발독재식, 70년대식 교육공약에 현혹되지 마십시오. 이를 바로잡을 수 있는 기회가 여러분 앞에 놓여져 있습니다.

국민 여러분! 특히 커나가는 자녀를 둔 학부모 여러분! 이 문제는 제가 부탁드릴 일이 아니라 어쩌면 여러분 스스로가 먼저 고민해야 될 문제입니다. 그리고 자녀들에게 미칠 결과에 대해서도 함께 책임져야 될 엄중한 문제입니다. 투표장에 꼭 나가셔서, 합리적이고 냉정하게 선택해 주실 것을 간곡히 부탁드립니다. 감사합니다.

      이 연설 내용 가운데 자사고 문제에 대해서는 한 가지 언급해 둘 점이 있다. 이명박 후보의 교육공약의 핵심은 '자사고^{자율형사립고} 100개'였는데, 이와 연관된 우려는 두 가지였다. 첫째는 자사고의 등록금이 공립고등학교 등록금의 최소한 3배 이상으로 예상되므로 어려운 집안의 아이들은 들어가기 어렵다는 것이었다. 이렇게 되면 '균등한 교육기회'라는 헌법상의 원리에는 큰 균열이 생기는 것이다. 둘째는 자사고의 학생선발 방식이 별도의 입시가 치러지거나 내신성적순으로 선발될 것으로 전망되었으므로 입시과열과 사교육비 증가가 예상되었다는 것이다. 그런데 첫째 문제는 여전하지만, 둘째 문제는 당시의 예상보다 크게 완화될 것으로 보인다. 자사고의 학생선발 방식이 성적순 선발이 아닌 추첨선발로 결정되었기 때문이다(다만 학교별로 지원자격을 내신성적 상위 50% 한도까지 제한할 수 있게 허용되었다).

| 2008년 총선 |

대선이 끝나고 나서 2008년에 연달아 두 번의 선거를 더 경험했다. 4월 총선 선거기간에는 진보신당 심상정 대표의 지역구에서 지원활동을 했다. 17대 국회에서 민주노동당의 스타 국회의원이었고 민주노동당에서 분리되어 나온 신생 진보신당의 공동대표를 맡고있던 심상정 의원은, TV로나 접해봤을 뿐 직접 만나본 적은 한번도 없었다. 하지만 대한민국 선거 역사상 최초로 공교육을 근본적으로 혁신하겠다는 공약을 내걸고 나온 것을 보고 너무나 반가왔으며, 그가 제시한 공교육 혁신의 방향 또한 내 생각과 일치했기 때문에 마음에 딱 들었다. 마침 시간적 여유가 있는 상황이기도 해서 열흘 동안 심상정 대표의 선거구로 매일 출근하면서 지지유세를 했다. 총선이 끝난 다음에 그때의 사정을 신문에 기고했다.

나는 왜 심상정 후보를 지지했는가?

4·9 총선을 앞둔 3월 27일, 나는 고양시 덕양갑에 출마한 심상정 후보가 공교육 특구화를 통해 관내 공립 중·고등학교를 핀란드형 자율학교로 전환하겠다는 공약을 내놓은 것을 알게 되었다. 나는 바로 다음 날 선거사무실에 찾아가 지지를 선언하고, 이후 매일 그곳으로 출근하여 대중유세를 진행하고 유권자와의 대화를 통해 이 공약의 의미와 실현가능성을 역설했다. 언론보도를 통해 접한 독자도 있겠지만, 이와 아울러 두 가지 약속을 발표했다. 심후보가 당선되면 지역 고교에서 방과후학교 강사로 일할 것이며, 공교육 특구화가 실현되면 아예 교사로 일하면서 새로운 학교모델을 만들어가는 데 동참하겠다는 것이었다.

교원단체, 교육관료, 정치권, 그리고 교육수요자(학생·학부모) 가운데 현재 교육개혁의 리더십을 기대할 수 있는 곳은 정치권뿐이다. 그런데 한나라당의 정책은 고교평준화 원칙을 파괴한다는 점에서 대부분의 선진국과 정 반대일 뿐만 아니라 사교육비를 급등시킬 것이다. 통합민주당은 교육예산 증액을 통한 '교육여건 개선'만을 주장할 뿐, 학교에서 교사와 학생이 만나는 방식을 근본적으로 바꿔보겠다는 발상은 없다. 내가 아는 한, 총선이나 지자체 선거에서 현존하는 학교를 완전히 리모델링해보자는 공약은 심상정 후보의 것이 처음이었다. 지난 대선에서 권영길·문국현 두 후보가 고교평준화를 유지하는 가운데 현존 학교 체제를 크게 바꿔보자는 공약을 내놓은 적이 있지만, 전국의 모든 학교를 일시에 바꾸기 어려운 현실에서 '공교육 특구화'나 '핀란드형 학교', 그리고 특구화를 위한 특별법의 주요 항목에 이르기까지 구체적인 형태로 지역공약이 제시된 것은 상당한 역사적 의미가 있는 것이었다.

내가 보기에 핀란드형 교육의 핵심은 교육기회 균등을 전제로 한 '책임교육·맞춤교육·창의적 교육'에 있다. 나는 이 가운데 유권자인 학부모들에게 가장 와닿는 것은 '책임교육'이라고 보고 이를 집중적으로 강조했다. 실제로 학교에 대한 학부모들의 원망은 대부분 학교의 '무책임함'과 연관되어 있기 때문이다. 영어를 가르치면서도 학생들의 잘못된 발음을 교정해주지 않고, 논술고사를 치러야 하는 학생들에게 글쓰기를 손봐주지 않으며, 학부모가 교사와 상담하다가 '공부좀 더 시키셔야겠어요', '이 과목은 학원에 보내세요'라는 말을 들어야 하는 현실에서 학부모들은 학교에 대해 거의 모든 기대를 접어버렸기 때문이다.

한나라당 후보는 특목고 유치를 공약으로 내세우고 있었다. 주민들은 특목고가 생기면 집값이 오르고 좋은 학원도 들어설 것이라고 여기는 듯했다. 이미 고양시의 지원을 받는 고양외고와 고양예고가 있는 상황에서 덕양구내에 특목고를 유치할 수 있을지도 의문이었지만, 나는 근본적으로 특목고 유치가 '지역공약'으로 나오는 이유를 이해할 수 없었다. 최고 명문고인 서울과학고나 대원외고 주변의 집값이 높은 것도 아니고, 특목고 주변에 특목고생이 다니는 명문학원이 자리잡는 경우는 거의 없기 때문이다. 게다가 그 학교의 명성이 높아질수록 정작 주변지역 학생들이 입학하기는 더 어려워질 뿐 아닌가? 결국 우리동네에 명문학교가 있다는 '막연한 자부심'을 제외한다면, 주민들에게 실질적인 혜택은 거의 없는 것이다. ● 초반에는 단순지지율 격차가 10% 정도였고 무응답층을 고려한 예상지지율 격차는 15% 가량이었다. 하지만 공격적인 교육공약이 심상정 후보의 부드러운 카리스마, 문소리 씨를 비롯한 지지자와 자원봉사자들의 헌신적인 노력과 어우러지면서 아파트 밀집지역에서는 지지율을 대부분 역전시켰다. 비록 낙선했지만 최종 투표결과 차이는 5%대에 불과했고, 무엇보다도 한나라당의 교육공약에 맞설 수 있는 가능성을 보였다는 점에서 큰 의미가 있었다.

_한겨레신문 2008년 4월 21일자

심상정 대표와의 인연은 그가 총선에서 낙선한 이후로도 계속 이어졌다. 2008년 하반기에 그가 출마했던 고양시에 '마을학교'라는 사단법인을 만들면서, 내가 이사를 맡게 된 것이다. 마을학교에서는 일상적으로 각종 강좌·체험 프로그램들을 진행해 왔고, 최근에는 교육문제에 관한 사회적 논의와 대안적 실천방안을 제기하기 위한 활동을 기획중이다.

| 2008년 서울시 교육감 선거 |

2008년 4월 9일 총선이 끝나자마자, 나는 서울시 교육감 선거에 관여하기 시작했다. 사실 이 일은 2008년 연초부터 어느정도 예견된 일이었다. 2007년 교육 관련 시민사회단체의 여러 인물들과 이런저런 일을 함께 하면서, 아름다운학교운동본부의 이인규 상임대표를 알게 되었다. 이인규 대표는 2008년 연초에 '반(反)이명박을

표방하고 서울시 교육감 선거에 출마할 테니 도와달라'는 말을 하기 시작했고, 4월 중순에는 예비후보로 등록할 테니 정책위원장을 맡아달라고 부탁하였다. 참여정부에서 평통자문위원과 교육혁신위원을 지낸 자신이 민주당을 중심으로 범야권표를 결집해낼 것이며, 젊다는 장점을 부각시키고 이명박 정부의 교육정책에 대한 대중적 반감을 모아내면 당선가능성이 충분히 있다는 것이었다.

나는 나름대로 복잡한 공식을 머릿속에 그려보았다. 난 이미 이명박 정부의 교육정책에 대한 대표적인 비판자로 나선 상태였다. 명분상 뿌리치기 어려운 제안이었다. 한 가지 변수는 진보진영에서 후보를 낼 경우였다. 진보진영에서 후보를 낸다면 전교조가 핵심이 될 것이라고 생각되었는데, 나름대로 정보력을 가동하여 알아보니 전교조 쪽에서 후보를 옹립하기 어렵다는 결론이 내려졌다. 그렇다면 이인규 후보를 도와 당선시키는 게 최선이라고 판단되었다. 나는 이인규 후보의 정책위원장을 맡아 광범위한 사람들을 만나 조언을 들으며 미래 서울시 교육의 청사진을 그리기 시작했다.

2008년 5월이 되자 이 모든 상황을 일거에 바꿔놓은 일이 시작되었다. 촛불집회가 시작된 것이다. 처음 촛불을 들고 나온 것은 어린 학생들이었다. 문제는 광우병 쇠고기뿐만이 아니었다. 정부가 0교시와 우열반 등을 허용하기로 하면서 학생들을 자극한 것이었다. 학생들은 '미친소, 미친교육'이라는 슬로건을 들고 광장으로 나왔다. 연일 촛불집회가 이어지던 5월 하순이 되자, 주경복 교수가 '촛불후보'로서 이명박 교육정책에 대한 반대를 표방하고 후보로 나설 것이라는 소식이 들려왔다. 촛불정국이라는 비상 상황에, 처음 치러보는 직선제 교육감 선거… 더구나 이인규 후보 선본 내에는 풍부한 선거경험을 가진 사람이 없었다. 후보를 포함한 선본 관계자 모두들 심경이 복잡했다. 주경복 후보와 단일화 협상을 진행해야 할까? 끝까지 독자노선을 유지해야 할까?… 이인규 후보는 공정택과 주경복 양측의 협공 사이에서 본인의 독자성을 드러내기 위해 '반反이명박, 반反전교조'라는 슬로건을 내세웠다. 전교조 참교육실천위원장을 역임하기도 했던 이인규 후보로서는, 전교조에 반대한다는 슬로건을 내세운다는 것이 쉬운 일이 아니었을 텐데 말이다.

정책위원장으로서 나는 물론 공정택 후보의 정책에 강한 반감을 가지고 있었지만, 주경복 후보의 정책에도 도저히 동의할 수 없었다. 주경복 후보 측에서 내놓은 정책들은 '반대' 일색이었고, 도대체 무엇을 하겠다는 것인지 알 수가 없었다. 나는 한 인터넷 언론에 주경복 후보의 정책을 강하게 비판하는 글을 기고하기도 했다. 하지만 물밑으로는 주경복 선본의 핵심 관계자들과 접촉하고 라인을 유지해갔다. 이것은 후보 단일화 국면에 대비한 것이었다.

하지만 이러한 긴장된 상황은 이인규 후보의 실수로 순식간에 정리되어 버렸다. 이인규 후보가 박사모 박근혜를 사랑하는 모임 인터넷 까페에 가입하면서 '박근혜 대표님 사랑해요~', '박사모 파이팅' 등의 인사말을 남긴 것이 네티즌들에 의해 발각(?)된 것이었다. 아무리 한 표가 아쉬운 상황이라 할지라 해도 박근혜의원 지지자들의 지원을 기대하고 접근했다는 것은 정치적인 판단력의 부족을 여실하게 드러낸 것이었고, 특히 격앙된 촛불정국의 상황 속에서 후보에게 매우 치명적인 상처를 입혔다. 실제로 네티즌들은 이인규 후보를 반^{反} 촛불후보로 낙인찍었다. 주경복 후보 측에서는 '박사모 후보와 단일화한다는 이미지가 생길 수 있다'는 이유로 후보단일화 교섭창구를 닫아버렸다.

선거를 한 달 가까이 남겨놓은 7월 4일 나는 난국을 타개하기 위한 두 가지 해결책을 이인규 후보에게 제안했으나 거부당했고, 나는 그날 바로 정책위원장직을 사임하였다. 공정택-주경복 2파전으로 압축되는 선거 구도에서 나의 마지막 제안마저 거부당한다면 이인규 후보가 아무런 힘을 쓰지 못하게 될 것이라고 판단되었기 때문이다. 결국 이인규 후보는 서울 교육감 선거에서 6%의 득표로 4위에 그쳤다.

아쉬웠다. 내가 개발하고 정리한 정책은 사장되어 버렸다. 당시 경실련을 포함한 4개 시민단체 공동으로 진행한 교육감 후보들의 정책평가에서 1등을 차지한 정책이었다. 하지만 촛불정국이라는 비상 상황에서, 정책 내용 따위는 아무런 주목을 받지 못했다. 이때 나의 경험은 '교육이 곧 정치이고 정치를 배제한 교육은 존재하지 않는다'는 사실을 머릿속에 구체적이고 선명하게 각인시켰다.

| 2009년 경기도 교육감 선거 |

2009년 4월, 경기도 교육감 선거에서 범도민후보로 추대된 김상곤 후보의 선거본부에서 연락이 왔다. 뭔가 지원을 해달라는 것이었다. 선본을 방문한 날은 투표일을 딱 일주일 남겨놓은 상황이었다. 나는 세 가지 정책을 제안했고, 그중 두 가지는 선본에 의해 채택되어 공약으로 발표되었다. 그리고 진중권 교수와 함께 기자들 앞에서 김상곤 후보에 대한 지지선언을 했다. 나의 이런 활동이 김상곤 후보에게 별다른 도움이 되었을 것이라고는 생각하지 않는다. 어쨌든 김상곤 후보는 경기도 교육감에 당선되었고, 나는 투표일 밤에는 얼떨결에 선거 승리를 자축하는 모임에까지 동석했다.

김상곤 후보가 예상밖의 무난한 표차로 당선된 것은 이명박 정부의 교육정책에 대한 국민들의 피로감이 어느 정도 수준인지를 알려주는 것이었다. 2008년의 서울시 교육감 선거와는 그 양상이 확실히 달랐다. 서울의 공정택 후보처럼 경기도의 김진춘 후보도 막판에 '전교조 경계령'을 내세웠지만, 몰표가 쏟아져나왔던 2008년의 강남과 달리 2009년의 분당에서는 김진춘과 김상곤이 거의 동률이었다. 왜 그랬을까? 서울시 교육감 선거와 경기도 교육감 선거 사이의 1년 동안에, 대중은 이미 이명박 정부의 교육정책에 대하여 '이건 아니다'라는 확실한 판단을 하게 된 것이다. 이명박 정부 교육정책에 대한 반대세력이 결집하기 시작하는 것이다. 반면 옹호세력은 와해되어 가고 있다.

2010년이면 전국 지방선거와 동시에 전국의 교육감 선거가 이뤄진다. 2010년부터는 모든 광역시도에서 임기 4년의 교육감을 동시에 선출하기로 되어있기 때문이다. 여기서 주의할 점은, 교육감은 생각보다 할 수 있는 일이 많지 않다는 것이다. 집행하는 예산의 대부분은 교사급여나 학교시설비 등의 경직성 예산이어서 교육감의 뜻에 따라 과감한 정책을 펴기 어렵다. 특히 서울·경기·인천의 일부 지역은 학교부족과 과밀학급 문제가 심각한데, 이건 정부 차원의 특별한 대책 없이는 교육감의 힘만으로 어떻게 해보기 어려운 문제이다.

이뿐만이 아니다. 그리고 우리나라의 모든 교육에 대한 관심이 깔대기처럼 수렴하는 영역이 바로 대학입시인데, 교육감은 대학의 학생선발에 관여할 수 있는 권한이 없다. 따라서 교육감을 '교육 대통령'이라고 부르는 것은 잘못된 비유이며 다만 초중등 교육의 일부를 제한적으로 개선하는 일이 가능할 뿐이다. 따라서 유능함과 교육에 대한 건전한 마인드를 겸비한 인물이 교육감이 되도록 만드는 것도 중요하지만, 교육 문제를 해결할 수 있는 올바른 관점을 가진 정치권력을 구성하는 일이 더욱 중요한 일이다.

나의 경험과 역량을 이용하여 가장 잘 할 수 있는 일은 학부모와 함께 하는 일인 듯하다. 우리나라의 학부모는 우리나라의 심각한 교육문제 앞에서 대체로 모순적인 태도를 보일 수밖에 없다. 즉 자녀가 극심한 경쟁에서 낙오하지 않고 승리자가 되기를 원하면서, 동시에 우리나라의 교육시스템 전반을 혐오하고 이로부터 벗어나기를 원하는 것이다.

나는 앞으로 교육문제를 해결하기 위해 개인적인 발언력을 더욱 키워가면서, 학부모에게 올바른 교육정보를 제공함과 아울러 학부모들이 미래 교육의 모습을 구체화하는 데 일조할 수 있도록 돕는 일을 하려 한다. 이 책의 후속으로 학부모들이 자녀를 키워가는 과정에서 부딪히는 자잘한 문제들 앞에서 쉽게 참고할 수 있는 교육 가이드북을 펴내려고 하는 것은 이러한 발상에서 나온 것이다.

이범의 교육 특강

초판 1쇄 발행 2009년 8월 25일
초판 9쇄 발행 2009년 10월 29일

지은이 이 범
펴낸이 김선식

PD 이선아
다산에듀 이선아, 박은정
마케팅본부 민혜영, 이도은, 김하늘, 박고운, 권두리
저작권팀 이정순, 김미영
홍보팀 서선행, 정미진
광고팀 한보라, 김태수
디자인본부 최부돈, 김희림, 손지영, 조혜상
경영지원팀 김성자, 김미현, 유진희, 원지혜
미주사업팀 우재오
외부스태프 기획 서정 Contents Agency, 표지디자인 디자인뿌직

펴낸곳 (주)다산북스
출판등록 2005년 12월 23일 제313-2005-00277호
주소 서울시 마포구 염리동 161-7번지 한청빌딩 6층
전화 02-702-1724(기획편집) 02-703-1723(마케팅) 02-704-1724(경영지원)
팩스 02-703-2219
이메일 dasanbooks@hanmail.net
홈페이지 www.dasanbooks.com

필름 출력 스크린그래픽센타
종이 신승지류유통(주)
인쇄·제본 영신사

ISBN 978-89-6370-058-8 03370

· 책값은 표지 뒤쪽에 있습니다.
· 파본은 구입하신 서점에서 교환해드립니다.
· 이 책은 저작권법에 의하여 보호를 받는 저작물이므로 무단 전재와 복제를 금합니다.